Inhalt

Vorbemerkungen

Wenn Sie dieses Buch in Händen halten, dann haben oder hatten Sie bestimmt schon einmal Schülerinnen und Schüler[1] mit einer Auffälligkeit, wie z. B. einer Sprachauffälligkeit, einer Störung, wie z. B. einer Verhaltensstörung, oder einer Behinderung, wie z. B. einer Körperbehinderung, in ihrer Klasse. Vermutlich gibt es jetzt einiges, was Sie über diese Kinder und Jugendlichen wissen – sozusagen als pädagogisches Handlungswissen. Sie haben Erfahrungen gesammelt im Umgang mit Kindern ohne Behinderung und solchen, die von Behinderung bedroht oder betroffen sind. Es gibt aber bestimmt auch noch einige offene Fragen, wenn es darum geht, die Idee der Inklusion in ihrer Schule und Klasse umzusetzen oder gar weiterzuentwickeln:

- Wo kann ich mir Informationen über die Gestaltung des inklusiven Unterrichts einholen?
- Wie sollte der gemeinsame Unterricht von Kindern mit und ohne Behinderung gestaltet werden?
- Was bedeutet eigentlich individualisierender Unterricht?
- Wie gut oder schlecht verläuft die Zusammenarbeit mit den Förderschullehrinnen und -lehrern, die zu mir in die Klasse kommen?
- Brauche ich ein multiprofessionelles Team, um Inklusion umsetzen?
- Was versteht man unter dem Nachteilsaugleich?
- Wo kann ich Integrationshelfer beantragen oder machen das die Eltern?
- Warum zeigen manche Eltern so wenig oder kein Interesse am schulischen Fortkommen ihrer Kinder?
- Wie kann ich Informationen über die Migrationsgeschichte, die familiäre Situation, die Fluchterfahrung einholen oder Sichtweisen von Eltern dazu nutzen, Schüler besser auf ihrem Bildungsweg zu begleiten?

Genau hier setzt dieses Buch an: Wir brauchen mehr Wissen, übergreifende Informationen und weitergehende Kenntnisse über die Vielzahl der organisatorischen, ministeriellen, behördlichen und strukturellen Möglichkeiten, die die

1 Die weiblichen und männlichen Bezeichnungen werden wegen der sprachlichen Kürze und besseren Lesbarkeit abwechselnd benutzt. Die männliche oder die weibliche Genderform wird ohne diskriminierende Absicht verwendet.

Umsetzung von Inklusion unterstützen oder auch blockieren können. Dieses Buch ist aus der Praxis für die Praxis entstanden. Die Autorinnen und betroffenen Eltern sind gegenwärtig mit der Umsetzung von Inklusion beschäftigt. Sie berichten aktuell von ihren Erfahrungen. Alle pädagogisch Verantwortlichen sollten bemüht sein, die Schülerinnen und Schüler innerhalb und außerhalb des Unterrichts und des Schulbetriebs besser kennenzulernen und zu verstehen. Das kann sich sehr positiv auf die Zusammenarbeit zwischen den Förderschullehrinnen und Grundschullehrern, den Eltern, den Kollegen und den Kindern auswirken.

In diesem Buch werden die folgende Handlungsfelder der Inklusion behandelt:

- die Entwicklung eines inklusiv ausgerichteten Konzepts,
- die Beantragung von Schulassistenzen, die Ermittlung des sonderpädagogischen Förderbedarfs und die Beantragung von Nachteilsaugleich,
- die Planung und Umsetzung guten Unterrichts und der individuellen Förderung der Schülerinnen und Schüler,
- die Gestaltung des Übergangs von der Kita in die Grundschule und konkrete Probleme mit dem Jugendamt,
- die Entwicklung des individualisierenden Unterrichts und die Umsetzung des individuellen und differenzierten Lernens in den Fächern Deutsch und Mathematik,
- die Möglichkeiten und Grenzen der Zusammenarbeit zwischen der Grundschullehrerinnen und Förderschullehrerinnen und
- die Befragung von Eltern sowie neue Wege der partnerschaftlichen Zusammenarbeit zwischen Schule und Eltern.

Ausgehend von der Änderung der persönlichen Einstellung und Haltung des Lehrers gegenüber der Inklusion, stehen wir am Anfang eines sensiblen Prozesses der Umsetzung des Inklusionsgedankens in der Schulpolitik. Exemplarisch wird dies an der aktuellen Situation im Saarland (2013) dargestellt. Inklusion bedeutet, dass alle Kinder und Jugendliche – mit und ohne Behinderung, mit oder ohne gute Deutschkenntnisse in Wort und Schrift und auch hochbegabte – unabhängig von ihrer sozialen, religiösen, sprachlichen und kulturellen Herkunft grundsätzlich Zugang zu allen Bildungsangeboten erhalten. Allen Kindern und Jugendlichen sollte ein gleichberechtigter und barrierefreier Zugang zu allen Schulen angeboten werden. Ob dieser Zugang dann genutzt wird, hängt vom einzelnen Kind, seinen Lern- und Leistungsvoraussetzungen und den Eltern ab.

Das vorliegende Buch bezieht sich auf den Grundschulbereich. Die Autoren verfolgen keine totale, sondern eine gemäßigte, moderate und ausschließlich an der Persönlichkeit, dem Wohlbefinden und den Lernvoraussetzungen des Kindes ausgerichtete Inklusion. Inklusion verstehen sie als eine individuelle Förderung und ein differenziert aufgebautes Lernen, das jeder Schülerin und jedem Schüler gemäß seinen Fähigkeiten und Möglichkeiten gerecht wird. Individualisierender Unterricht in der Grundschule ist möglich, sofern bestimmte innere und äußere Rahmenbedingungen stimmen.

Das Buch hätte nicht entstehen können, wenn nicht engagierte Eltern und erfahrene Lehrkräfte, aber auch junge Lehrerinnen sowie Mitarbeiter aus Sozial- und Jugendamt in zahlreichen Vorgesprächen aus ihrer tagtäglichen Arbeit mit Kindern berichtet hätten. Dies gilt in besonderem Maße für die im Buch erwähnte Mutter eines Schulkindes und den Vater eines Kindergartenkindes, die erfahrenen Förderschullehrerinnen Susanne Staub, Konrektorin an einem Förderzentrum, und Sabrina Kientz, die an einer Grundschule Lehrerinnen und Lehrer in der inklusiven Arbeit unterstützt. Die Grundschullehrerin Christina Bauer-Rehlinger hat uns einen Einblick in die individualisierende Arbeit in ihrer Klasse gewährt und Sabina Molaen, Schulleiterin einer Grundschule, die Probleme der Kooperation von Kindergarten und Grundschule mit dem zuständigen Jugendamt dargestellt. Christine Sutter, die erst in diesem Schuljahr ihre Arbeit als Grundschullehrerin in einer Grundschulklasse aufgenommen hat, berichtet über ihre bisherigen Erfahrungen. So wird deutlich, was in der Inklusion bereits geht und was nicht. Damit sind wir beim Thema und Tenor des Buches: Inklusion in der Kita und Grundschule ist möglich und funktioniert – in einigen Fällen aber auch nicht.

Für die konkrete Arbeit im inklusiven Unterricht gibt es zwei wichtige Prinzipien: Erstens die Anerkennung der Vielfalt der Klasse als heterogene Lerngruppe sowie die Verschiedenartigkeit der einzelnen Schülerinnen und Schüler hinsichtlich ihrer persönlichen Lern- und Leistungsmöglichkeiten und zweitens die Planung und Umsetzung des individualisierenden und differenzierenden Unterrichts in allen Fächern, wobei unter individualisierendem Unterricht nicht ein Einzelunterricht mit einem einzelnen Kind verstanden wird; Einzelarbeit ist durchaus möglich und auch zuweilen angezeigt, ist aber nicht die Regel.

Wenn uns diese pädagogische Herausforderung in der täglichen Arbeit in der Grundschule auch nur ansatzweise gelingt, dann können wir selbst als Kollegium und pädagogisches Team sowie in weiterführenden Schulen davon profitieren.

Wir sollten stärker als bisher die betroffenen Kinder und Jugendlichen fragen und mit in die organisatorischen und pädagogischen Entscheidungen einbeziehen, in welcher Schule und Klasse sie künftig gerne unterrichtet werden wollen. So können wir früh die Eigenverantwortlichkeit und Selbständigkeit zumindest fordern, anbahnen und vielleicht ein klein wenig fördern.

Die Entscheidung für oder gegen einen bestimmten Ort der Förderung bleibt den Eltern vorbehalten. Von daher ist das gesetzlich verankerte Wahlrecht der Eltern ein wichtiger Grundpfeiler dieses Inklusionsansatzes. Darüber hinaus brauchen wir eine Schulleitung, die der Inklusion offen gegenübersteht und ein engagiertes Kollegium, das sich wenn möglich gemeinsam den neuen Herausforderungen der Inklusion stellt.

Schließlich sollten wir als Lehrkraft immer im Einzelfall auf der soliden und serösen Grundlage der Kind-Umfeld-Diagnose und im Einvernehmen mit den Eltern die Entscheidung für einen bestimmten Förderort treffen: Regelschule oder Förderschule. Die folgenden drei Fragen sollten vom Förderausschuss oder der Bildungswegekonferenz diskutiert und beantwortet werden:

(1) Sind geeignete Bedingungen in der Schule und Klasse vorhanden oder lassen sich die notwendigen personellen, räumlichen, sächlichen, medialen und speziell für das Kind unterstützenden Bedingungen herstellen?
(2) Sind der Träger, die Schulleitung und das Kollegium bereit, sich dieser Aufgabe zu stellen und die inklusive Arbeit konzeptionell und praktisch aufzunehmen?
(3) Sind alle Eltern über die geplanten Vorhaben informiert und stimmen sie den künftigen Veränderungen in der Schule und in ihrer Klasse zu?

Wir wollen mit diesem Buch die Anregungen der Kultusministerkonferenz aus dem Jahre 2011 mit der Empfehlung „Inklusive Bildung von Kindern und Jugendlichen in den Schulen“ aufgreifen und weiterführen. Die oberste Richtschnur des pädagogischen Handelns ist das Wohlbefinden des einzelnen Kindes in seiner Klasse und Schule.

1. Wo stehen wir? Der Weg ist das Ziel? – Nein, das Ziel ist das Ziel!

Es geht bei der konzeptionellen und praktischen Umsetzung der angestrebten Inklusion nicht nur um die Entwicklung der Schule und des Unterrichts. Das Bildungssystem ist nur ein System von mehreren. Daneben müssen wir im Kontext des Inklusionsthemas weitere Systeme in den Blick nehmen. Auf der Basis der interdisziplinären Zusammenarbeit und im Sinne einer konzertierten Aktion (Wiesner 2012, 10) sind Reformen in den Systemen der Bildungseinrichtungen – allen voran Kitas und Schulen –, der Sozialhilfe, der Kinder- und Jugendhilfe, des Gesundheitssystems und der Arbeitswelt anzustreben. Hier sollten wir im Sinne des deutschen Soziologen Max Weber „dicke Bretter" bohren; dazu brauchen wir Zeit, Geduld, gute Nerven und dicke Bohrer.

Der Beginn der Inklusion

Die brillante Idee der Inklusion ist aber auch gleichzeitig ein brisantes Vorhaben. Das Pro und Contra wird landauf landab teilweise heftig diskutiert. Bekannte Talk-Shows – wie beispielsweise die Talkshow von Günter Jauch am Sonntagabend – hatte im vergangen Jahr das Thema der Inklusion am Beispiel des elfjährigen Henry mit Trisomie 21 kontrovers und ergebnisoffen diskutiert. Die Eltern wollten das Kind aus dem baden-württembergischen Walldorf auf ein Gymnasium schicken. Doch das aufnehmende Gymnasium sah sich personell und fachlich nicht in der Lage, den gestellten Anforderungen der Umsetzung eines inklusiv ausgerichteten Unterrichts gerecht zu werden. Der elfjährige Henry wurde nicht aufgenommen.

1976 wurde in den USA zum ersten Mal ein wissenschaftlicher Text mit dem Begriff und Thema „inclusive education" veröffentlicht. Zur damaligen Zeit wurde in Amerika eine uneinheitliche und ungerechte Integration praktiziert. Nach dem „cascade-model" wurde je nach Art und Umfang der Behinderung eine zweifelhafte Integration in verschiedenen Formen und Stufen umgesetzt. Je nach Umfang und Art der vorliegenden Schädigung wurde eine bestimmte „Schublade“ gezogen und bis zu einer festgelegten Stufe integriert. An diesem sehr pauschalen und ausschließlich an dem Ausmaß der Schädigung orientierten Vorgehen wurde starke Kritik geübt mit dem Hinweis, den Unterstützungsbedarf am einzelnen Kind auszumachen (Hinz 2008).

Seit den neunziger Jahren des 20. Jahrhunderts haben sich die Begriffe „inclusion“ und „inclusive education“ in der Fachliteratur festgesetzt und die Thematik wurde ebenso in der Fachliteratur diskutiert. Das englische Wort „inclusion“ wurde zum ersten Mal offiziell 1990 auf der UNESCO-Konferenz in Thailand gebraucht und zwar im Zusammenhang mit dem Begriff der grundlegenden Bildung. Auf der Salamanca-Konferenz der UNESCO 1994 wurde Inklusion als das große Ziel der internationalen Bildungspolitik deklariert und ist seit dieser Zeit nicht mehr wegzudenken aus der nationalen und internationalen Bildungsdebatte. In dieser Salamanca-Erklärung heißt es: (siehe nachfolgenden Kasten)

Kerngedanken dieser Erklärung sind:

- Das Recht des Kindes auf Bildung
- Entfaltung der kindlichen Potenziale, Interessen und Fähigkeiten
- Zugang zu regulären Schulen
- Anspruch auf eine kindzentrierte Pädagogik
- Bildung für alle Menschen gleichermaßen
- **Effektive Bildung für einen Großteil aller Kinder**

Der letztgenannte Punkt „Effektive Bildung für einen Großteil aller Kinder“ sollte zum Nachdenken über den zu entwerfenden Masterplan der Inklusion anregen, zu einer versachlichten Diskussion über organisatorische Möglichkeiten der Beschulung und über die konkrete Gestaltung des Schulsystems. Dabei ist die Frage wichtig: Wie gehen wir bei unseren aktuellen Planungen im konzeptionellen, organisatorischen und personellen Bereich künftig mit unseren Förderschulen um? Der Hinweise in der Salamanca-Erklärung, dass ein **Großteil aller Kinder effektiv gebildet werden** kann, bedeutet, dass effektive Bildung durch Inklusion nicht für **alle** Kinder gewährleistet und damit auch schulisch umgesetzt werden kann.

„Wir glauben und erklären,
- *dass jedes Kind ein grundsätzliches Recht auf Bildung hat und dass ihm die Möglichkeit gegeben werden muss, ein akzeptables Lernniveau zu erreichen und zu erhalten,*
- *dass jedes Kind einmalige Eigenschaften, Interessen, Fähigkeiten und Lernbedürfnisse hat,*
- *dass Schulsysteme entworfen und Lernprogramme eingerichtet werden sollten, die dieser Vielfalt an Eigenschaften und Bedürfnissen Rechnung tragen,*
- *dass jene mit besonderen Bedürfnissen Zugang zu regulären Schulen haben müssen, die sie mit einer kindzentrierten Pädagogik, die ihren Bedürfnissen gerecht werden kann, aufnehmen sollten,*
- *dass Regelschulen mit dieser inklusiven Orientierung das beste Mittel sind, um diskriminierende Haltungen zu bekämpfen, um Gemeinschafften zu schaffen, die alle willkommen heißen, um eine integrierende Gesellschaft aufzubauen und um Bildung für alle zu erreichen; darüber hinaus gewährleisten inklusive Schulen des gesamten Schulsystems* ***eine effektive Bildung für den Großteil aller Kinder*** *und erhöhen die Effizienz sowie schließlich das Kosten-Nutzen-Verhältnis."*

(Salamanca-Erklärung der UNESCO 1994)

Eine der größten Herausforderungen auf diesem Weg und zu diesem Ziel hin ist der konstruktive und vor allem sachliche Dialog mit Eltern, Lehrern und Politikern, die eine andere pädagogische Haltung und ein anderes Gesellschaftsbild vertreten. Genau hier beginnt Inklusion, indem sie der Aussonderung Andersdenkender entgegengewirkt und stattdessen ein Weg des Miteinanders gefunden wird. An dieser Stelle kann ein Transfer zu unserer jetzigen gesellschaftspolitischen Situation hergestellt werden. Es kann niemals das Ziel einer demokratischen, liberalen Gesellschaft sein, Vorbehalte, Ängste und kritisches Nachfragen bewusst nicht zu diskutieren, ja zu missachten und zu diskreditieren. Es muss darum gehen, zu verstehen, wo Ängste und Unsicherheiten vorliegen, um diese gemeinsam anzugehen und passende Lösungen zu finden. Nur miteinander geht es, nicht gegeneinander. Druck, Anordnung oder persönliche Ausgrenzung Andersdenkender führt in eine Sackgasse. Das ist ein wichtiges Anliegen der Autorin und des Autors und des gesamten Buchprojektes.

Bitte an die junge Generation

Auf dem weiteren Weg der Schulen hin zur Inklusion sollten wir uns den Hinweis unseres ehemaligen Bundespräsidenten Richard von Weizsäckers stets vor Augen halten, den er in seiner berühmten Rede vor dem Deutschen Bundestag am 8. Mai 1985 u.a. so formuliert hat:

Die Bitte an die jungen Menschen lautet:
„Lassen Sie sich nicht hineintreiben in Feindschaft und Hass
gegen andere Menschen,
gegen Russen oder Amerikaner,
gegen Juden oder Türken,
gegen Alternative oder Konservative,
gegen Schwarz oder Weiß,
gegen Behinderte, Schwache, Kranke oder Alte (Ergänzung der Autoren).

Lernen Sie, miteinander zu leben, nicht gegeneinander!

Die inklusiv ausgerichtete Grundschule unterstützt und fördert jedes einzelne Kind so gut es geht und so gut es die Lehrerein und die Klasse leisten können. Darüber hinaus sorgt der inklusiv orientierte und individualisierende Unterricht für die Anerkennung und Unterstützung jedes Kindes im Rahmen seiner Persönlichkeitsentwicklung. In der Tat steht der Lehrer oft in dem Spannungsverhältnis zwischen der Förderung der Persönlichkeit und den Vorgaben des Lehrplans bzw. dem Erreichen der Bildungsstandards. Einerseits geht es darum, beim einzelnen Kind mit all seinen Stärken und Schwächen anzusetzen und die Selbständigkeit zu fördern. Andererseits geht es um die gezielte Vermittlung von Wissen, Kenntnissen in einzelnen Fächern, Fertigkeiten wie Lesen und Schreiben und Fähigkeiten wie Miteinanderumgehen und um Kommunikation und das soziale Miteinander (Bräu 2013).

Da jegliches Lernen individuell verläuft, mit Höhen und Tiefen, Stagnationen und Sprüngen und abhängig ist vom Vorwissen des einzelnen Kindes, sollte der individualisierende Unterricht geeignete und passende Anknüpfungspunkte liefern. Das ist die große Herausforderung im Unterricht der heutigen Grundschulen.

2. Handlungsfelder der Inklusion

Die Umsetzung von Inklusion befindet sich in Deutschland noch in den Kinderschuhen. Vielen Schulen fällt der Wandel hin zur Inklusion nicht leicht. Träger und Schulleitungen sind gut beraten, die Ängste bei den Kolleginnen und Kollegen ernst zu nehmen, aufzugreifen und zum Thema in Gesprächen und Konferenzen zu machen (Standop 2014, 10). Einige Schulen – insbesondere die Grundschulen – haben sich seit einigen Jahren auf den Weg gemacht, der Prozess der internen Umstrukturierung in den Schulen, im Kollegium und im Unterricht hat begonnen. Es gibt noch viele Fragen, große Unsicherheiten, Berührungsängste vor dem Anderssein und der Fremdheit und die Gefahr der Überforderung von pädagogischen Fachkräften innerhalb und außerhalb des Unterrichts.

Pädagogen in der Praxis müssen jetzt behutsam, aber bestimmt die ersten inklusiven Schritte gehen. Die Aufgabe besteht darin, inklusionsorientierte Schulen und Klassen zu installieren, den Gedanken der Inklusion in der Gesellschaft zu leben und vor allem in den Bildungseinrichtungen zu praktizieren. Bildungssysteme müssen so umgestellt werden, dass es nicht zu einer frühen Aussonderung und Sortierung von Schülerinnen und Schülern in bestimmte Gruppen, Klassen und Schularten kommt.

Das gemeinsame Lernen aller Kinder ist das große Ziel, das wir in den kommenden Jahrzehnten im Sinne der UN-Konvention, der Kinderrechte und des Grundgesetzes anstreben und umsetzen möchten. Integration und/oder Inklusion – das ist in diesem Buch nicht die entscheidende Frage; wichtig für die Kinder und Jugendlichen ist die Möglichkeit, gemeinsam zu lernen, miteinander zu arbeiten und zu leben. Die Aufgabe von Pädagogen ist es, das Kind in seiner Individualität zu erkennen und es innerhalb einer heterogenen Kindergruppe auf seinem individuellen Lernweg zu unterstützen.

Dieses Buch will allen pädagogischen Fachkräften im Elementarbereich und im Primarbereich einen roten Faden liefern, wie das gemeinsame Lernen angegangen werden kann. Wir können gemeinsam Schule verändern, gestalten und leben. Das große Ziel ist die Entwicklung einer inklusiven Schule und eines individualisierenden Unterrichts.

In den folgenden Kapiteln werden die zentralen Handlungsfelder näher beschrieben:

(1) Entwicklung eines inklusiven Konzepts
(2) Leistungs-Dschungel
(3) Förderschulen und Förderschwerpunkte
(4) Inklusiver Unterricht
(5) Übergänge und Einschulung
(6) Praxistransfer Grundschule
(7) Elternbildung – Neue Wege der Zusammenarbeit

Leitphilosophie

Die Leitphilosophie des pädagogischen Vorgehens zur Umsetzung des Inklusionsplans besteht aus den folgenden drei Botschaften:

1. Botschaft: Entwicklungs-Zeit für gute Konzepte

Wir brauchen Zeit, viel Entwicklungs- und Erprobungszeit, gute Nerven und einen langen Atem, um den inklusionsorientierten Unterricht, der sehr stark individualisierend zugeschnitten sein soll, auf den Weg zu bringen. Wir sollten auf keinen Fall in Tagen, Wochen und Monaten planen, sondern in Jahren, eher noch in Jahrzehnten. Auf die Schnelle geht das nicht. Wir brauchen zwei bis drei Generationen, um die Inklusion in der Gesellschaft, in unseren Köpfen und Herzen umzusetzen und zu implementieren. Darüber hinaus sollten wir den Kindergarten und die Grundschule – also die frühe und mittlere Kindheit – bildungsmäßig als eine pädagogische Einheit betrachten. Bildung und Erziehung sind nicht eng an die Bildungsorte angebunden; wir brauchen zur Entwicklung von guten Konzepten Lern- und Bildungsräume.

2. Botschaft: Herkulesaufgabe braucht alle Kräfte

Es handelt sich bei dem inklusionsorientierten Vorgehen und Unterricht für den einzelnen Lehrer um eine kraftvolle Aufgabe, ein steiniges und hürdenreiches Mammutprogramm, dass alle zur Verfügung stehenden Kräfte im Kollegium und in der Schule beansprucht. Alle Ebenen sind hier gefordert: die persönliche Ebene des Lehrers und der Kollegen, die Schulleitung, der Träger, der die notwendigen Finanzen besorgen oder bereitstellen muss, die außerschulische Ebene mit Vereinen, Stiftungen, Sponsoren, die räumliche Ebene hinsichtlich der Ausstattung der Schule und Unterrichtsräume sowie die notwendige Barrierefreiheit in den Schulen und die ministerielle Ebene mit den notwendigen administrativen Veränderungen in der Aufsicht und den unterrichtlichen Rahmenbedingungen, wie z. B. der Klassenarbeits-Erlass, die Versetzungsordnung oder die Ermittlung des sonderpädagogischen Förderbedarfs. Alle zur Verfügung stehenden Ressourcen der Schule müssen angezapft werden, um kreative Organisationsstrukturen und passende Lösungen zu finden!

3. Botschaft: Masterplan für Schule und Unterricht

Wir sind auf einem guten Weg, gerade im Bereich der Kita und der Grundschule. Nehmen wir den Schwung mit und übertragen ihn auf die weiterführenden Schulen, denn dort gibt es noch viel zu tun. Wir brauchen Mitstreiter „inclusion fighters", die mit Kopf, Herz und Hand, den eingeschlagenen Weg der Integration fortsetzen und nach und nach das gemeinsame Lernen aller Schüler vorbereiten. In der Schule heißt das konkret, dass die Schulleitung in enger Kooperation mit dem Träger, dem Kollegium und den Eltern einen realistischen Inklusionsplan ausarbeiten und mit Zeit und Geduld managen muss.

2.1 Inklusives Konzept

Ein konkretes, praktikables Konzept ist gefragt, um in der Schule inklusionsorientiert arbeiten zu können. Neue Positionen und innovative Aspekte müssen kritisch hinterfragt und die notwendigen „Umbauarbeiten" in den Köpfen, in den Herzen und mit den Händen der Verantwortung tragenden Personen angegangen werden.

2.1.1 Merkmale inklusiv ausgerichteter Schulen

Erfahrungsberichte aus verschiedenen Bundesländern, zur Verfügung stehende wissenschaftliche Studien sowie der Index für Inklusion (2003) sind Grundlage der hier genannten Gelingens-Faktoren, die Autoren in griffige Bausteine umwandeln, um den Umbau des Systems Schule zu realisieren. Jede Schule sollte ihre eigene Planung entwerfen und eine pädagogische Konzeption entwickeln, um den Umbau innerhalb und außerhalb der Schule vornehmen zu können. Dabei spielt die Region und Gemeinde eine entscheidende Rolle. Ein Grundriss mit inklusivem Konzept ist gefragt.

Durch die erstellte pädagogische Konzeption sollte das gesamte pädagogische Planen und Arbeiten im Schulalltag nach innen in den Unterricht hinein, aber auch in der Außendarstellung in der Öffentlichkeit transparent in einer einfachen Sprache dargestellt werden. Damit wird der künftige Kurs der Schulentwicklung vorgegeben und jede Lehrkraft hat einen roten Faden, an dem sie sich in der praktischen Arbeit orientieren kann. Dazu werden im Folgenden einige wichtige Aspekte und Faktoren genannt. Als wesentliche Merkmale inklusiver Schulen sind folgende zu nennen (Werning/Arndt 2013):

- Kritisches über Möglichkeiten und Grenzen der schulischen Inklusion als permanente Entwicklung ohne feste Zeitachse kennen;
- Inklusion ist eine komplexe Angelegenheit, eine Herkulesaufgabe, wo alle Personen auf allen Ebenen zusammenarbeiten sollten;

- die Veränderung der Schule in ein inklusives Konzept bewegt sich auf einem Kontinuum zwischen den Polen Innovationsfreude und Routinealltag;
- Teamwork in einem multiprofessionellen Team bietet eine gute Grundlage für die Lernbeobachtung und die Entwicklung eines Förderplans;
- die inklusive Haltung der einzelnen Kollegen und die Einstellung hin zur Veränderung sind notwendig, um Schule zu verändern;
- die Akzeptanz der Heterogenität der Schülerschaft, der Eltern und der Lehrer und davon abgeleitet die notwendige Individualisierung des Unterrichts;
- Schulleitung, Kollegium und Eltern müssen an einem Strang ziehen und den inklusiven Kurs geduldig verfolgen;
- das soziale Lernen mit Empathie, Toleranz, Respekt, Solidarität und Vertrauen sowie ein positives „soziales Klima“ sind ebenso Grundvoraussetzungen einer inklusiven Schule;
- die sensible Balance zwischen Anspannung und Belastung im Unterricht einerseits und Phasen der Erholung und Entspannung andererseits gehören zum Alltag und
- die individuelle Hilfe und Unterstützung durch personelle, räumliche, materielle, mediale und finanzielle Ressourcen bilden einen wichtigen Rahmen

2.1.2 Grundlagen erörtern

In einem weiteren Schritt sollten wir ein Entwicklungsteam (E-Team) im Kollegium unter Einbeziehung der Schulleitung, des Trägers und der Elternvertreter bilden. In einer Grundlagendiskussion sollten wir die eigene Haltung der einzelnen Lehrer, eine notwendige Teamphilosophie und ein Leitbild mit dem zu Grunde gelegten Bildungsverständnis breit diskutieren. Ohne eine solche konsensfähige Grundhaltung ist es fast unmöglich, eine pädagogische Konzeption der Schule auf den Weg zu bringen.

- E-Team

E-Team ist ein aktives Entwicklungs-Team der Schule, das sich mit der Sozialraumorientierung und der Lebenswelt der Schüler beschäftigt, die Schule nach innen und außen öffnet und den Unterricht modernisiert. Die Schule braucht zunächst ein kreatives, mutiges und innovatives Team, das sich zusammensetzt aus den Kolleginnen und Kollegen, der Schulleitung, Förderschullehrerinnen, Schulpsychologe, Schulärztin und inklusionsberatenden Personen aus dem Rathaus, evtl. der Kirchen, aus dem Ministerium und der mittleren Schul-Aufsichtsbehörde; in der Regel sind das Schulrätinnen und Schulräte. Wir sollten Kolleginnen, die der Inklusion gegenüber kritisch eingestellt sind, ernst nehmen.

- Pädagogische Haltung

Haltung wird definiert als innere Einstellung, die der Lehrer zu der Heterogenität der Lerngruppe hat und die das eigene Handeln bewusst und unbewusst steuert. Die Heterogenität innerhalb einer Kindergruppe oder Schulklasse als „normal“ anzunehmen und in dieser Annahme Vorteile und Chancen für die pädagogische Arbeit zu sehen, ist keine selbstverständliche Grundhaltung von Pädagogen. Die professionelle inklusive Haltung beinhaltet ein professionelles Rollen- und Selbstverständnis und die sich weiterentwickelnde Persönlichkeit der pädagogischen Fachkraft. Eine solche professionelle Haltung der Lehrkraft ist vielleicht in Ansätzen bereits vorhanden, kann sich aber nur prozesshaft bilden. Sie ist mit einer kontinuierlichen Reflexion der eigenen Person und Rolle verbunden. Im Folgenden werden drei Aspekte angesprochen, die bei der Entwicklung einer inklusiven Haltung förderlich sein können (Fritsch 2012, 32).

- Bewusstsein über eigene Werteorientierungen

Das Bewusstsein des eigenen Wertesystems und die unbewusste Einflussnahme desgleichen auf das pädagogische Handeln sind wichtige Voraussetzungen, um professionell zu arbeiten. Das eigene Handeln oder auch Nicht-Handeln vollzieht immer unbewusst eine Bewertung. Das Bewusstsein über diese Tatsache kann das eigene Handeln schon verändern. Hierbei bedarf es professioneller Begleitung, um die Bedeutung der eigenen Biografie in Bezug zum inklusiven pädagogischen Handeln zu setzen. In Teamfortbildungen oder Supervisionen sollten Wertvorstellungen und biografische Prägungen thematisiert werden. Die Reflexion der persönlichen Haltungen und Wertorientierungen macht deutlich, worauf die eigenen Verhaltensweisen und Einstellungen zurückzuführen sind. Dieses Bewusstsein kann Verhalten, das einer inklusiven Pädagogik widerspricht, verändern. Es ist bedeutsam, dass an solch einem Reflexionsprozess alle Mitglieder eines pädagogischen Teams gleichermaßen beteiligt sind. Lehrer und Erzieher sollten in Fortbildungen oder Supervisionen gemeinsam die Möglichkeit haben sich auszutauschen. Dies wirkt sich positiv auf die Zusammenarbeit innerhalb der Bildungseinrichtungen, aber auch auf die Kooperation zwischen Kindertagesstätte und Grundschule aus. Es stellt eine Möglichkeit der Annäherung der Professionen dar. Pädagogische Fachkräfte sollten qualitätsbewusste Erziehung und Bildung in Einrichtungen praktizieren (Fritsch 2012, 32).

- Gemeinsame Definitionen

Weder für Integration noch für Inklusion gilt eine allgemein gültige Definition in Deutschland, folglich klaffen die Vorstellungen, auch bei pädagogischen Fachkräften und den Lehrern aller Schulformen darüber, was Inklusion bedeutet, weit auseinander. Die Entwicklung einer gemeinsamen Definition im pädagogischen Team ist daher eine zentrale Voraussetzung dafür, Inklusion professionell umzusetzen. Im Zuge der Auseinandersetzung mit Inklusion bietet es sich an, eine gemeinsame Definition zu entwickeln. Jeder Mitarbeiter sollte ein Bewusstsein darüber haben, was Inklusion semantisch bedeutet und wie sie in der jeweiligen Einrichtung umgesetzt werden kann. Der Index für Inklusion in Boban und Hinz (2003) stellt hierfür ein geeignetes Instrument dar.

- Inklusives Leitbild

Ein Leitbild enthält Aussagen über die grundlegenden Werte der Einrichtung. Eine Entwicklung sollte einhergehen mit einer Wertediskussion und einem gesamtheitlichen Bewusstwerdungsprozess. Die grundlegenden Normen, Werte, Ziele und Schwerpunkte einer inklusiven Einrichtung müssen hier benannt sein. Inklusiv pädagogisch zu arbeiten ist eine so grundlegende Entscheidung, dass sich diese im Leitbild einer Einrichtung deutlich spiegeln muss. Eine Auseinandersetzung mit der persönlichen Werteorientierung und der autobiografischen Prägung sowie die Entwicklung einer gemeinsamen Definition von Inklusion im Team sind idealerweise Teil der Leitbildentwicklung. Voraussetzung ist es, verbindliche Leitlinien zu schaffen, die die Einrichtung dazu befähigen, auf die Heterogenität der Schüler adäquat einzugehen. Diese Leitlinien müssen von allen Teammitgliedern getragen werden. Großes Ziel hierbei ist es, eine Einrichtung zu schaffen, die für alle zugänglich ist und Barrieren für Spiel, Lernen und Partizipation verringert. Es gilt hier aktiv gegen Ausgrenzungsprozesse und bestehende Vorurteile vorzugehen. Die Arbeits- und Kompetenzfelder sollten in den Leitsätzen des Leitbildes genau beschrieben werden. Es wird beschrieben, was die Einrichtung tut, um Inklusion umzusetzen und was unter qualitativer inklusiver Arbeit verstanden wird. Pädagogische Arbeit kann als eine qualitative Dienstleistung beschrieben werden. Es wird definiert, was unter inklusiver pädagogischer Qualität verstanden wird. Im Leitbild sollte die Teamkultur transparent werden. Wie wird die Heterogenität innerhalb des Teams als Ressource genutzt? Haben Mitarbeiter spezielle Kompetenzbereiche (Fritsch 2012, 33)?

Inklusion versteht sich als ein umfassendes Konzept des menschlichen Zusammenlebens, das den gesellschaftlichen Umgang mit Vielfalt in grundlegender Weise zum aktuellen Thema macht. Das pädagogische Konzept der Inklusion geht dabei über dasjenige der Integration insofern hinaus, als nicht mehr nur die Frage des angemessenen und geeigneten Förderortes für bestimmte Gruppen im Vordergrund steht, sondern auch die der sozialen Interaktion – also nach den Möglichkeiten gefragt wird, soziale Teilhabe für alle Kinder und Jugendlichen zu schaffen. Die konkreten Inhalte und Strukturen dieses Konzepts werden jedoch durch die jeweiligen regionalen und lokalen Lernumfeldbedingungen je spezifisch interpretiert und adaptiert werden müssen. Die systemische Sichtweise von Inklusion wird hier deutlich hervorgehoben. So werden die Möglichkeiten des Zugangs zu Bildung geprüft und ausgelotet, die Akzeptanz von Kindern und Jugendlichen mit besonderen Förderbedürfnissen in den Kitas und Schulen thematisiert und nach der größtmöglichen Umsetzung von sozialer Partizipation Ausschau gehalten. Dabei sollte die Perspektive der Verbesserung der Persönlichkeits-, Lern- und Leistungsentwicklung von Kindern und Jugendlichen stets im Fokus stehen (Autorengruppe Bildungsberichterstattung 2014, 158).

- Zum Bildungsverständnis

Das menschliche Gehirn ist in vielen Bereichen in seiner Komplexität noch nicht ausreichend untersucht, jedoch haben in den letzten Jahren einige Ergebnisse der Hirnforschung dazu geführt, dass sich die bisherige Vorstellung von Lernen verändert hat. Das menschliche Lernen beschränkt sich nicht auf das Aufnehmen vorgefertigter Informationen. Menschen lernen, indem sie eingehende Informationen mit bereits vorhandenem Wissen abgleichen, nach den vorhandenen Deutungsmustern einordnen und daraus eine neue Struktur bilden. Ein Lernender ist ein aktiver und selbständiger Konstrukteur neuer Inhalte und Vorstellungen über sich und die Welt. Die Vernetzung des Gehirns spielt hierbei eine große Rolle. Alle Informationen werden mit anderen Gehirnarealen und Funktionen rückgekoppelt.

Vielfältige Sinneswahrnehmungen, d. h. die Möglichkeit, einen Gegenstand auf allen vorhandenen Wahrnehmungskanälen und über erprobendes Handeln zu erfassen, bietet eine gute Möglichkeit, die vernetzte Arbeitsweise am stärksten anzuregen. Je mehr differenzierte und komplexe Informationen an das Gehirn geliefert werden, desto höher ist die Wahrscheinlichkeit, dass sie sich in angemessenen neuronalen Strukturen abbilden. Lerninhalte, die allem Anschein nach nur abstraktes Denken beanspruchen, werden mit Arealen abgeglichen, die für Emotionen zuständig sind. Lernen scheint also immer in direkter Verbindung mit den Emotionen und Motivationen des Lernenden zu stehen, d. h. Erkennen und Entscheiden findet gleichzeitig auf allen Ebenen des Gehirns statt.

Eine weitere wichtige Feststellung über Lernverhalten ist, dass Lernbereitschaft am meisten durch Erfolg und besonders durch Anerkennung der Mitmenschen gefördert wird. Druck, Angst und Bestrafung sind kontraproduktiv, da sie die Motivation und damit den Lernerfolg behindern.

Bildung und Lernen ist ein aktiver, sinnlicher und sozialer Prozess. Kinder lernen immer durch Interaktion mit anderen Menschen. Ihre Äußerungen benötigen Rückmeldungen und sollten angenommen werden. Werden kindliche Äußerungen, Theorien und Denkansätze von den Interaktionspartnern ernst genommen, werden sie immer weiter dazu angeregt, sich ihre Welt differenziert zu erschließen.

Kinder wollen ihre eigenen Erfahrungen machen. Sie lernen Dinge, die sie lernen wollen, viel eher als Dinge, die sie lernen sollen bzw. lernen müssen. Es ist sehr wichtig Kinder dazu anzuregen, durch eigene Tatkraft etwas herauszufinden. Das fördert ihre Bereitschaft zu lebenslangem Lernen.

Einige Ergebnisse der Hirnforschung sollten unbedingt bei der Planung und Gestaltung von Förderung und Unterricht bedacht werden. Der klassische Frontalunterricht sollte aufgrund dieser Erkenntnisse nur temporär, themenbezogen und punktuell berücksichtigt werden. Die große Herausforderung ist es, Bildungsangebote im Sinne der Hirnforschungsergebnisse zu gestalten und dabei zusätzlich individuell auf einzelne Förderbedürfnisse einzugehen.

- So lernen Kinder heute

Jedes Kind ist anders und damit ist jegliches Lernen des Kindes individuell ausgerichtet. Die Konstruktivisten gehen davon aus, dass Wissen und Erkenntnisse nicht das Resultat von einem passiven Empfangen und Aufnehmen von Anweisungen oder Sinneseindrücken sind, sondern das Ergebnis von aktiven Handlungen des Schülers. Der Schüler kommt als unbeschriebenes Blatt – als Tabula rasa – zur Welt. Dieses weiße Blatt Papier wird nach und nach im Laufe seines Lebens beschrieben. Der Wissenserwerb erfolgt nicht im Sinne des „Nürnberger Trichters", sondern in der aktiven und konkreten Auseinandersetzung des lernenden Schülers mit seiner personalen und dinglichen Umwelt. Dabei konstruiert der einzelne Schüler seine Sicht von der Welt und eignet sich so sein Wissen an. Das neu erworbene Wissen sollte immer mit dem Vorwissen eng verknüpft werden und dort andocken können. Der von den Lehrerinnen und Lehrern klug und intelligent geplante und entsprechend umgesetzte Unterricht sollte den Schülerinnen und Schülern gemäß ihren unterschiedlichen Lernvoraussetzungen immer wieder geeignete und griffige Anknüpfungspunkte liefern. Das ist die große pädagogische Kunst, Unterricht zu individualisieren (Bräu 2006).

- Neue Aufgaben

Die Lehrkräfte sollten sich den ständig neuen Herausforderungen im schulischen Alltag stellen. Der Wandel unserer Wissensgesellschaft und damit die Veränderungen in der Kindheit führen zu immer komplexeren Aufgaben und verlangen pädagogisch seriöse Lösungen. Bisher fühlte sich die Lehrerin bzw. der Lehrer als „Einzelkämpfer", der die Türe hinter sich zumachte und die Schülerinnen und Schüler in dem entsprechenden Fach unterrichtete. Heute soll der Lehrer immer mehr als Moderator, Coach, Lernbegleiter, Kümmerer oder Teamplayer in einem multiprofessionellen Team mit Schulbegleiter, Integrationshelfer, Schulassistenten, Sozialpädagogen, Schoolworkern, Therapeuten, Streetworkern, Schularzt, Zahnarzt und Psychologe zusammenarbeiten. Er soll die Stärken der Schüler sehen, nicht so sehr seine Schwächen und soll insbesondere die vorhandenen Entwicklungspotentiale der Schülerinnen und Schüler erkennen, beschreiben und im Rahmen seiner Möglichkeiten innerhalb des Unterrichts zur Entfaltung bringen. So wird der Lehrer heutzutage auch als Potenzialentfalter (Potenzial lat. Möglichkeiten, Leistungsfähigkeit) bezeichnet.

- Neue Lehrerrolle

Die Veränderung der eigenen Lehrerrolle erfolgt über die Veränderungen der Haltung und Einstellung zu Bildung, Schule und Unterricht. Die eigene Haltung kritisch hinterfragen, reflektieren, über die eigenen Aufgaben und Verhaltensweisen nachdenken und dann auch an der eigenen Haltung arbeiten und sie verändern. Wenn wir die Schule vor Ort und unseren Unterricht den täglichen Herausforderungen wie die Unterrichtung syrischer Flüchtlinge oder die gemeinsame Unterrichtung von Kinder mit und ohne Behinderung anpassen wollen, dann geht das nur über eine Haltungsänderung. Die Veränderung der eigenen Haltung hat mit einem veränderten Rollenbild und einem veränderten Bildungsverständnis zu tun. Wir sind aufgefordert, uns für eine Haltung der Stärken- und Ressourcenorientierung einzusetzen und eine Atmosphäre der Fehlerfreundlichkeit zu schaffen. Fehler gehören zu jedem Lernprozess und sollten im Sinne der Diagnostik und individuellen Analyse betrachtet werden. Über diese pädagogische und persönliche Haltung kommen wir zu der Einstellung, dass alle Schülerinnen und Schüler offene und teilweise versteckte Entwicklungspotentiale haben, die der Lehrer im Unterricht sehen und zur vollen Entfaltung bringen sollte. Hierzu gehören in erster Linie die sogenannten Basiskompetenzen, wie z. B. die Potentiale in den Entwicklungsbereichen der Motorik, der Wahrnehmung und der Sprache, aber auch die Humankompetenz, die Sach- und Sozialkompetenz. Wie können nun die Lehrer als Lernprozessbegleiter und Potentialentfaltungscoaches auf ihre neue Rolle für eine zeitgemäße Bildung im 21. Jahrhundert in der Praxis vorbereitet und darin gestärkt werden?

- Flexible Lehrer-Rolle

Der Lehrer sollte allein, im Team bzw. im Kollegium die Eigenschaften seiner neuen Rolle überdenken und sich für einen bestimmten Erziehungs- und Führungsstil entscheiden. Er ist ein pädagogischer „Abenteurer“ sein mit Visionen, einfühlsam sein, begeisterungsfähig in der Klasse unterrichten, vielfältige Beziehungen herstellen, das notwendige Lernfeuer in den Kindern wecken, die innere Balance und notwendige Lern-Ruhe suchen, ein aufrichtiger Kommunikator und aktiver Zuhörer sein, wertschätzend, neugierig, helfend, selbstsicher, offen, bescheiden und respektvoll sein, Geborgenheit bieten, vertrauenswürdig und ausreichend Zeit und Geduld für sich selbst und für die Schülerinnen und Schüler aufbringen, um die Potentiale und Kräfte des Kindes freisetzen zu können (bildungsstifter 2013).

- Möglichkeiten entfalten

So forderte bereits Wilhelm von Humboldt (1767-1835) als Bildungstheoretiker, Bildungsreformer und Mitbegründer der Universität Berlin – orientiert an dem griechischen Bildungsideal „Körper, Geist und Seele“ – die volle Entfaltung aller Fähigkeiten und Kräfte des Menschen. Der deutsche Vorschulpädagoge Hans-Joachim Laewen stützt diese Auffassung mit der Forderung: „Die Entfaltung der in der genetischen Struktur der Kinder angelegten Möglichkeiten bedarf dabei zwar aller Unterstützungen, die wir kennen: Wärme, Nahrung, Schutz, Zuwendung – um nur einige der wichtigeren Hilfeleistungen der Erwachsenen zu nennen (Laewen/Andres 2002, 51). Das alles, was sich mit unserer Hilfe und Unterstützung entfaltet, kommt also nur in einem geringen Umfang von uns und den Eltern, sondern gehört dem Kind als Mitglied seiner biologischen Art als „homo sapiens sapiens". Ob sich all die im Kind angelegten Möglichkeiten in vollem Umfang entfalten können, hängt von den Bedingungen ab, die wir dem Kind in seiner Umwelt, in seiner Lebenswelt bieten. Die notwendigen Bildungs- und Lernprozesse sind u. a. die Aufgabe der Schule und des Unterrichts. Somit fällt dem unterrichtenden Lehrer die Aufgabe zu, den Unterricht und die Lernbedingungen so zu gestalten, dass möglichst bei allen Schülerinnen und Schülern, die in ihnen schlummernden Fähigkeiten und Potentiale geweckt und optimal gefördert werden. Eine große Herausforderung – gerade in Zeiten der Integration von zugewanderten und geflüchteten Kindern und Jugendlichen sowie der geforderten gemeinsamen Bildung aller Kinder. Bildung ist der umfassende Prozess der Entfaltung der Fähigkeiten, die den Menschen befähigen, zu lernen, Leistungspotentiale zu entwickeln, Probleme zu lösen und soziale Beziehungen zu initiieren. Die volle Entfaltung der Fähigkeiten eines Kindes obliegt aber nicht nur und ausschließlich der Schule.

2.1.3 Diskussion des Begriffs der Behinderung

Es gibt unterschiedliche Definitionen in Deutschland darüber, was Behinderung ist, wer behindert ist und welche Verantwortung die Bildungsinstitutionen im Hinblick auf Chancengleichheit tragen. Im Folgenden wird aufgezeigt, an welcher Definition sich die Autoren orientieren.

Bedeutung für die inklusive pädagogische Praxis hat zunächst das Normalisierungsprinzip, das 1950 von dem dänischen Juristen Niels Erik Bank Mikkelsen als Fürsorgegesetz entwickelt worden ist. Mikkelsen kritisierte die Lebensumstände geistig behinderter Menschen. Das Fürsorgegesetz reduzierte sich zunächst nur auf diese Menschengruppe, es sollte ihnen eine weitgehend normale Existenz ermöglichen. 1960 wurde das Normalisierungsprinzip von dem schwedischen Psychologen Bengt Niriim konzeptionell weiterentwickelt. Der Psychologe Wolf Wolfensberger erweiterte das Prinzip in den USA auf alle gesellschaftlich benachteiligten Gruppen (Lerbs 2009, 2).

In Deutschland entwickelten Walter Thimm und Christian von Ferder eine verallgemeinernde umfassende Konzeption. Die Normalität, die in dem Prinzip für alle Menschen verlangt wird, bezieht sich auf folgende Lebensbereiche. Jeder Mensch hat das Recht auf einen normalen Tages- und Jahresrhythmus und sollte normale Erfahrungen im Ablauf des Lebenszyklus machen können sowie Respekt und Recht auf Selbstbestimmung erfahren. Jede Person hat das Recht auf normale sexuelle Lebensmuster ihrer Kultur sowie auf normale ökonomische Lebensmuster und Rechte im Rahmen gesellschaftlicher Gegebenheiten. Alle haben das Recht auf normale ökonomische Umweltmuster und Umweltstandards innerhalb der Gesellschaft.

Thimm dokumentiert in einem Sammelwerk die Entwicklung und Vielfalt des Normalisierungsprinzips. Darin erklärt er, dass es bei dem Prinzip nicht um das ‚normal machen' behinderter Menschen geht, sondern darum, dass die Heterogenität der Menschen normal ist und diese Normalität angenommen wird (Biermann 2008, 10). Dies ist Inhalt des heutigen Inklusionsgedankens, nämlich die Heterogenität der Menschen als Normalität anzunehmen und keine vorherrschende Norm gelten zu lassen.

In der pädagogischen Praxis bedeutet das, dass inklusive Bildungssysteme allen Bedürfnissen gleichermaßen nachgekommen müssen. Behinderung reduziert sich nicht auf körperliche oder geistige Beeinträchtigungen. Es ist ein Wechselspiel zwischen verschiedenen Faktoren. Im Hinblick auf Inklusion im pädagogischen Bereich kommt den Kontextfaktoren eine besondere Bedeutung zu (Fritsch 2012, 8).

Trotz aller begrifflicher Diskussionen ist für die Gewährung von Leistungen der sozialrechtliche Begriff von zentraler Bedeutsamkeit.

Sozialrechtliche Definition von Behinderung im SGB VIII (§ 2 Behinderung)

„(1) Menschen sind behindert, wenn ihre körperliche Funktion, geistige Fähigkeit oder seelische Gesundheit mit hoher Wahrscheinlichkeit länger als sechs Monate von dem für das Lebensalter typischen Zustand abweichen und daher ihre Teilhabe am Leben in der Gesellschaft beeinträchtigt ist. Sie sind von Behinderung bedroht, wenn die Beeinträchtigung zu erwarten ist.

(2) Menschen sind im Sinne des Teils 2 schwerbehindert, wenn bei ihnen ein Grad der Behinderung von wenigstens 50 vorliegt und sie ihren Wohnsitz, ihren gewöhnlichen Aufenthalt oder ihre Beschäftigung auf einem Arbeitsplatz im Sinne des § 73 rechtmäßig im Geltungsbereich dieses Gesetzbuches haben.

(3) Schwerbehinderten Menschen gleichgestellt werden sollen behinderte Menschen mit einem Grad der Behinderung von weniger als 50, aber wenigstens 30, bei denen die übrigen Voraussetzungen des Absatzes 2 vorliegen, wenn sie infolge ihrer Behinderung ohne die Gleichstellung einen geeigneten Arbeitsplatz im Sinne des § 73 nicht erlangen oder nicht behalten können (gleichgestellte behinderte Menschen)" (Wiesner 2001).

Internationale Klassifikation der Funktionsfähigkeit, Behinderung und Gesundheit

Die Weltgesundheitsorganisation (WHO) hat eine internationale Klassifikation über Funktionsfähigkeit, Behinderung und Gesundheit (ICF) entwickelt. Diese dient als länder- und fachübergreifende einheitliche Sprache, um funktionale Gesundheitszustände, Behinderungen, soziale Beeinträchtigungen und beeinflussende Umgebungsfaktoren einer Person zu definieren. Die Umsetzung wird in den Richtlinien über Leistung zur medizinischen Rehabilitation des Gemeinsamen Bundesausschusses (G-BA) geregelt.

Die Gestaltung des Sozialgesetzbuches (SGB), 9. Buch (IX), ‚Rehabilitation und Teilhabe behinderter Menschen', wurde wesentlich durch die Vorläuferfassungen der ICF beeinflusst. Es besteht eine Wechselwirkung zwischen den Ebenen der Schädigungen, den damit verknüpften Fähigkeitsstörungen und den daraus resultierenden Beeinträchtigungen in der Lebensgestaltung. Dies hat Auswirkungen auf das Selbstbild, Selbstvertrauen und das Selbstkonzept eines Menschen und beeinflusst die Motivation und das Handeln von Menschen. Diese Wechselwirkung muss berücksichtigt werden, um die Ergebnisse therapeutischer oder medizinischer Interventionen zu begünstigen (http://www.bio-psycho-soziales-modell.de).

Die Wechselwirkung von verschiedenen Komponenten wird in dem ‚bio-psycho-sozialen' Modell der Komponenten der Gesundheit dargestellt. Das

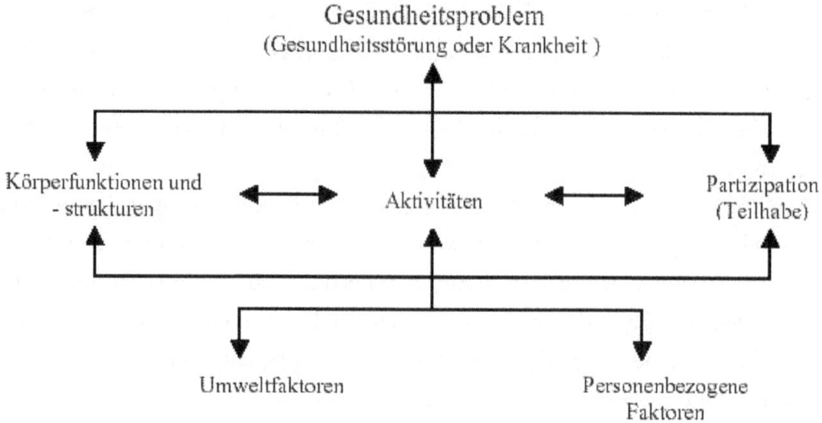

Abbildung 2: Bio-psycho-soziales Modell (Deutsches Institut für Medizinische Dokumentation und Information, DIMDI (Hrsg.) (2004): Internationale Klassifikation der Funktionsfähigkeit, Behinderung und Gesundheit. WHO Genf).

Modell wurde Ende der siebziger Jahre von dem amerikanischen Medizintheoretiker G. L. Engel entwickelt.

Gesundheitsprobleme werden nach der ICD-10 (Internationale Klassifikation von Krankheiten) kodiert. Akute oder chronische Erkrankungen sind Gesundheitsstörungen, Traumata oder Verletzungen. Es kann sich dabei auch um genetische Dispositionen, Schwangerschaft, Stress oder kongenitale Anomalien handeln. Mit Körperfunktionen sind die physiologischen und psychologischen Funktionen von Körpersystemen gemeint. Dabei handelt es sich zum Beispiel um das Hörvermögen oder kognitive Fähigkeiten. Die Körperstrukturen bezeichnen die anatomischen Teile des Körpers, wie Gliedmaßen oder innere Organe. Eine Aktivität ist die Durchführung einer Handlung durch eine Person. Der Mensch ist funktionsfähig, wenn er alle Aktivitäten, die von einem Menschen ohne Gesundheitsproblem erwartet werden, ausführen kann. Schwierigkeiten, die bei der Durchführung einer Aktivität entstehen, werden als Beeinträchtigungen der Aktivität bezeichnet. Mit Teilhabe ist die Entfaltung eines Menschen in allen ihren Lebensbereichen gemeint. Die Teilhabe ist beeinträchtigt, wenn ein Mensch nicht auf die Art und Weise wie eine Person ohne gesundheitsbedingte Schädigungen oder Beeinträchtigungen an den Aktivitäten der Lebensbereiche teilhaben kann, die ihr wichtig sind.

Umwelt und personenbezogene Faktoren können auch als Kontextfaktoren bezeichnet werden. Sie beziehen sich auf den Lebenshintergrund eines Menschen. Die umwelt- und personenbezogenen Faktoren stehen in Wechselwirkung mit allen anderen Komponenten, d. h. den Körperfunktionen und Körperstrukturen, Aktivitäten und der Teilhabe. Die Umweltfaktoren beziehen sich auf die materielle, soziale und einstellungsbezogene Umwelt, in der die Menschen ihr Leben gestalten.

2.1.4 Masterplan der inklusionsorientierten Entwicklung von Schule und Unterricht

Der Masterplan will die großartige und weit in die Zukunft hinausragende Idee der Inklusion im Schulalltag praktisch umsetzen. Bei der Schulentwicklung sind u. a. folgende Leitlinien prägend: der sich fortsetzende gesellschaftliche Wandel mit den demografischen Tendenzen, der aktuelle Zeitgeist inklusiven Denkens in Deutschland, der sicherlich notwendige pädagogische Mut, das Aufleben von Visionen und Träumen, die sicherlich überfällige schulinterne Innovation, die für alle wichtige Transparenz von dem, was in der Schule passiert und noch geplant ist, die Kooperation auf allen schulischen Ebenen, die Vernetzung von Schulen und die Öffnung des Unterrichts. Es geht um den größten gemeinsamen pädagogischen Nenner.

Ein konkretes, praktikables und tragfähiges Konzept ist gefragt, um in der Grundschule inklusionsorientiert arbeiten zu können. Positionen und Aspekte müssen kritisch hinterfragt werden und Umbauarbeiten bzw. Veränderungen in den Schulen angegangen werden. Erfahrungsberichte aus verschiedenen Bundesländern, zur Verfügung stehende wissenschaftliche Studien sowie der Index für Inklusion aus dem Jahre 2003 sind Grundlage der hier genannten Gelingens-Faktoren, die die Autoren in griffige Handlungsfelder umwandeln, um den Umbau des Systems Schule zu realisieren.

• Entwurf einer Planskizze

Im folgenden Flussdiagramm werden wichtige Ebenen und Aspekte der Schulentwicklung aufgezeigt.

Schulaufsicht	Ministerium, die mittlere Aufsichtsebene mit dem Schulrat
Träger	Staat, Evangelische oder Katholische Kirche, Private Trägervereine
Schulleitung	Schulleiter, Stellvertreter
Kollegium	Lehrerinnen und Lehrer – dazu gehören die Fachlehrer mit zwei der Ausbildung in zwei Unterrichtsfächern, Quereinsteiger in den Fächern Kunst, Musik und Sport sowie die Fachlehrer
Pädagogische Fachkräfte	Sozialarbeiter, Sozialpädagogen, Erzieherinnen; Heilpädagogen; Krankengymnasten, Ergotherapeuten, Logopädinnen; Inklusionspädagogen
Nichtpädagogische Fachkräfte	Hausmeister, Sekretärin, Reinigungskräfte, Integrationshelfer, Busfahrer; Busbegleiter; Personen, die ein Bistro betreuen
Elternschaft	Elternvertreter, Zusammenkünfte, Aktionen
Netzwerke	Gremien, Förderverein, Stiftungen, Sponsoren aus dem Dorf oder der Stadt, wie z. B. Handwerker

Inklusion – eine brillante Idee

Inklusion ist wie ein Rohdiamant zu betrachten, der von allen pädagogisch und politisch Verantwortlichen mit höchster Präzision und Sorgfalt fein geschliffen werden muss und zwar so, dass er glänzt und ausstrahlt auf alle, die damit zu tun haben. Am Anfang steht die brillante Idee der Inklusion mit dem Ziel der gleichberechtigten Teilhabe aller Menschen an unserem gesellschaftlichen Leben. Das Adjektiv „brillant“ wurde deshalb ausgesucht, weil die Idee der Inklusion dem Edelstein entsprechend glänzt und brilliert und sich durch besondere Leistungen hervortun kann.

Ablaufschema

Im Folgenden werden die wichtigsten Etappen und Schritte benannt, wobei die Reihenfolge des Vorgehens im konkreten Fall nicht vorgeschrieben wird.

Politischer Wille: Behindertenrechtskonvention (BRK), Leitbild der Europäischen Union (EU), Grundgesetz von Deutschland (GG), verschiedene Empfehlungen der deutschen Kultusministerkonferenz (KMK), Schulordnungsgesetz, Schulpflichtgesetz, aktuell erlassene Inklusionsgesetze sowie die dazugehörenden Durchführungsverordnungen inklusive der Erlasse (Leserechtschreibschwäche, Dyskalkulie) der einzelnen Bundesländer
Pädagogische Ideen: Werte, Kinderrechte, Menschenrechte, Menschenbild, Bild vom Kind, Bildungsprogramm der Kitas, Lehr- und Bildungspläne der spezifischen Schularten in den einzelnen Bundesländern, spezielle pädagogische Konzeption der jeweiligen Bildungseinrichtung, dabei sind je nach Schultyp bzw. Schulart Unterschiede denkbar: Kita, Grundschule, Realschule, Gymnasium usw.
Haltung und Einstellung: persönliche Haltung, Teamphilosophie, günstige Entwicklungs- und Lern-Dynamiken pro Inklusion; positive Grundeinstellung; „Engelskreis"; ungünstige Entwicklungs- und Lern-Dynamiken gegen Inklusion; negative Grundeinstellung; Teufelskreis; Lösung: Kompromissfindung vor Ort in der jeweiligen Schule; betroffene Eltern, Lehrkräfte, Schulleitung und Schüler sitzen alle in einem Boot mit Kurs auf Inklusion
Lebenswelt und Familie: soziale Herkunft, soziale Schichten und Milieus, soziale Brennpunkte, bildungsferne vs. bildungsnahe Familien, taktische Überlegungen und Varianten des Vorgehens in dem Sozialraum der Bildungseinrichtung und in der Lebenswelt des Kindes; Wohnort, Nachbarschaft, Community, Dorf, Stadt usw.
Individualisierender Unterricht: heterogene Schülerschaft und Individualisierung des Lernens bzw. Überlegungen, den Unterricht zu individualisieren; Unterstützungsangebote und Nachfrage sollten zusammenpassen und nicht auseinanderdriften, praktikable Strategien der Umsetzung durchspielen und diskutieren; innere und äußere Differenzierungsvarianten; Sozialformen; Arbeitstechniken; Aufgaben- und Feedbackkultur

Pädagogische Plan: Orientierungsgrundlage schaffen: Wohin soll die pädagogische Reise der Inklusion gehen? Umfassende Kind-Umfeld-Analyse bzw. Förderdiagnostik zum Einholen der Entwicklungs- und Lernvoraussetzungen; Lernstandserhebungen; der Förderplan zur Umsetzung eines Lernangebotes in der Kita bzw. einer Unterrichtseinheit und -stunde in der Schule
Überprüfung: Kontrolle der Wirkung und Überprüfung der Effizienz von Unterricht und Förderung; Entwicklungsgespräche mit den Eltern, Portfolio für Schüler und Lehrkräfte, Leistungsbeurteilung: Noten, Verbalbeurteilung, Qualitätsmanagement, Evaluation, Monitoring

• Zur Konzeptionsentwicklung

Ein pädagogisches Konzept ist immer dann erfolgreich, wenn

- die Qualität von Schule und Unterricht verbessert wird, indem sie auf neue Beratungs-, Bildungs- und Unterstützungsangebote aufmerksam macht,
- die einzelnen Schüler in ihren Klassen auch wirklich erreicht werden durch neue Sozialformen, spezielle Förderangebote und einer möglichen Rhythmisierung des Unterrichts,
- die Schule sich als Lern- und Lebensraum und lernendes System der Schüler versteht,
- die Eltern in die schulischen Aktivitäten voll einbezieht,
- mögliche Ressourcen zugänglich und Netzwerke gebildet werden,
- Schule die Gesundheit der Lehrkräfte im Blick hat, d. h. zu Entlastungen im Schulalltag und im Unterricht führt und
- die Qualität der Konzeption in ihrer Entwicklung bilanziert und evaluiert, d. h. kritisch auf die pädagogische Arbeit schaut.

Bei der Erstellung einer pädagogischen Konzeption sollten die Schulleitung, das Kollegium, der Träger und die mitverantwortlichen Eltern alle an einem Strang ziehen und folgende Punkte in den Blick nehmen:

(1) Leitbilder

Jede Schule braucht eine Leitidee, die konsensfähig ist und an der sich alle bei der künftigen Arbeit ausrichten, wie z. B. das Bild vom zukünftigen Schüler, aber auch von unserer Gesellschaft, ebenso Lehrerleitbilder und eine Teamphilosophie abgestimmt mit Schulleitung, den Eltern und dem Träger.

- Gesellschaftsbild
- Lehrerleitbilder
- Schülerleitbilder

(2) Träger

Ebenso sind Angaben zum Träger und zur Art der Einrichtung, wie z. B. öffentlich-staatliche, private oder kirchliche Einrichtung mit den dazugehörenden Grundhaltungen, Wertorientierungen und Ressourcen notwendig. Es ist wichtig, dass die Träger den Fach- und Lehrkräften volles Vertrauen entgegenbringen, damit sie ihre Arbeit auch mit Kopf, Herz und Hand umsetzen wollen und können.

(3) Einrichtung

Die Beschreibung der Einrichtung sollten so erfolgen, dass alle Menschen – auch die bildungsfernen deutschen Eltern und die zugewanderten Menschen mit Schwierigkeiten in der deutschen Sprache – den Text auch verstehen; hier ergeht die Forderung nach einer einfachen, gut verständlichen Sprache, wenn nötig auch in verschiedenen Sprachen, wo die wichtigsten Begriffe der Schule erklärt werden.

(4) Aufnahme

Die Aufnahme von Schülerinnen und Schülern in die jeweilige Schule sollte an den aktuellen gesetzlichen Bestimmungen des jeweiligen Bundeslandes ausgerichtet werden, wie z. B. dem Schulordnungsgesetz, dem Schulpflichtgesetz und neueren gesetzlichen Bestimmungen wie das Inklusionsgesetz. Bei der Inklusion spielt das Wahlrecht der Eltern eine ganz wichtige Rolle.

(5) Grundlagen

Darunter verstehen wir die pädagogischen Ziele und Grundlagen der Schule, des Trägers und des Kollegiums mit partnerschaftlicher Einbeziehung aller Eltern, nicht nur der interessierten und akademischen Eltern, auch der Eltern, die wenig oder keine Zeit und Interesse für ihre Kinder haben.

(6) Unterrichtsalltag

Hierunter fällt die Strukturierung des Schulalltags, wie die Hausordnung mit den Schulhof- und Busregeln, die Rhythmisierung des Unterrichts, die Erstellung der Stundenpläne mit dem Hinweis auf die Förderstunden, die Gestaltung und Entwicklung der Förderpläne, Arbeitsgemeinschaften, Projekte, Öffnungszeiten, Tagesablauf, Versorgung, Möglichkeiten der Elternmitarbeit, Bring- und Abholmöglichkeiten und wichtige Verhaltensweisen zum Transport der Schüler.

(7) Krisensituationen

Darunter verstehen wir die Arbeits- und Ablaufprozesse für ein Vorgehen in Krisensituationen, wie z. B. bei Feuerausbruch, bei Schul- und/oder Sportunfällen, Läusen in der Klasse, Kinderkrankheiten, wie z. B Masern oder Windpocken. Aber auch die Übergänge von der Kita in die Grundschule oder von der Grundschule in die weiterführende Schule können uns als Krise des Kindes und seiner Eltern begegnen und beschäftigen. Hier brauchen wir dann konkrete und erfolgreiche Lösungen.

(8) Eltern

Die Zusammenarbeit mit allen Eltern unter besonderer Berücksichtigung des Wissens um die große Bedeutung von Eltern und Familie für die Entwicklung des eigenen Kindes und der schulischen Lernentwicklung. Wir wissen heute aus verschiedenen Studien, dass die Familie – in welcher Form auch immer – der erste, natürlichste und wohl wichtigste Lern- und Bildungsort des Kindes ist. Insbesondere geht es um die Einbindung der bildungsfernen Familien, der Eltern, die die deutsche Sprache nicht oder nur sehr spärlich beherrschen und geflüchteten Kindern aus Syrien, Irak oder Ägypten, die überhaupt kein Deutsch sprechen und verstehen. Auch hier brauchen wir geeignete Kommunikationsformen.

(9) Ämter und Behörden

Die Kooperation mit dem Jugendamt, der Schule und anderen Partnern bei der Beantragung von besonderen Leistungen ist notwendig, wie z. B. der notwendige Einsatz von Integrationshelfern im Zuge der Betreuung von seelisch, geistig oder körperlich behinderten Kindern und Jugendlichen, die Ermittlung des sonderpädagogischen Förderbedarfs und die Gewährung von Nachteilsausgleich. Hier brauchen gerade die Eltern gezielte Hilfe und Unterstützung, insbesondere dann, wenn sie die deutsche Sprache nicht so gut beherrschen.

(10) Personal

Grundsätzlich brauchen wir nicht nur ausreichendes Personal, sondern auch gut qualifizierte, hoch kompetente und inklusionswillige Lehr- und Fachkräfte.

(11) Qualität

Maßnahmen zur Qualitätsentwicklung und Qualitätssicherung, insbesondere der Schulkultur und des Unterrichts sollten zum Alltag gehören. Die Schulleitung und das Kollegium müssen sich den kritischen Fragen und neuen Herausforderungen ohne Wenn und Aber stellen, auch den Kolleginnen, die gegenüber der Inklusion kritisch eingestellt sind.

(12) Anlagen

Betriebsnotwendige Anlagen sind Gebäudeversicherung, Gemeindeunfallversicherungsverband, Sicherheitsbeauftragter, Brandschutzbeauftragter, Verkehrsbeauftragte, Verbindungspersonen zu den Behörden, wie z. B. Gesundheitsamt.

Moderne Schulentwicklung sollte dabei die folgenden Eckpfeiler des beabsichtigten Umbaus in den Blick nehmen und berücksichtigen:

Schulentwicklung
d. h. die Entwicklung der Schule als Organisationseinheit und Bildungseinrichtung hin zu einer inklusionsorientierten Schule mit einem Inklusionsprofil;

Teamphilosophie
d. h. die Weiterentwicklung des Kollegiums und der Schulleitung sowie die Betrachtung der vorhandenen, bisher jedoch nicht entdeckten Ressourcen und

Unterrichtsgestaltung
d. h. die notwendige Unterrichtsentwicklung hin zum individualisierenden und differenzierenden Unterricht.

2.2 Leistungs-Dschungel

Die Beantragung von Leistungen für das einzelne Kind mit einer Behinderung, die vom Gesetzgeber her erbracht werden müssen, sind zum einen sehr vielfältig und zum anderen in der Form der Beantragung oft den Lehrern und betroffenen Eltern nicht ganz klar. Es geht um die Ermittlung des sonderpädagogischen Förderbedarfs, die Beantragung von Sozialhilfe und Jugendhilfe sowie von Integrationshelfern und Nachteilsaugleich. Diese Aspekte werden im Folgenden beleuchtet und erklärt.

2.2.1 Feststellung einer Behinderung

Es geht um wichtige und aktuelle Fragen bzw. Ansprüche von Kindern und Jugendlichen mit und ohne Behinderung, die durch das Sozialrecht geklärt und beantwortet werden können. Die Voraussetzungen für den Bezug von Leistungen sind im Sozialgesetzbuch – § 2 Abs. 1 SGB IX – festgehalten. Hier legt man folgenden Ansatz und Behinderungsbegriff zugrunde:

> „Menschen sind behindert, wenn ihre körperliche Funktion, geistige Fähigkeit oder seelische Gesundheit mit hoher Wahrscheinlichkeit länger als sechs Monate von dem für das Lebensalter typischen Zustand abweichen und daher ihre Teilhabe am Leben in der Gesellschaft beeinträchtigt ist. Sie sind von Behinderung bedroht, wenn die Beeinträchtigung zu erwarten ist."

Alle Leistungssysteme – wie z. B. die Kinder- und Jugendhilfe (KJ-Hilfe), die Bildungseinrichtungen, die Schule, das Gesundheitssystem, die Eingliederungshilfe und die Arbeitsverwaltung sind daraufhin zu überprüfen, ob sie die Bedürfnisse von Menschen im Blick haben und wie sie die sich daraus ergebenden Aufgaben bewältigen wollen.

Die Problematik im Umgang mit den zentralen Begriffen Sonderpädagogik und Behinderung zeigt sich in der allgemein beklagten Unschärfe. Dies gilt für den pädagogischen Behinderungsbegriff, nicht aber für den sozialrechtlichen und medizinischen Behinderungsbegriff. Da es um zu erbringende Leistungen geht und die und Gewährung von gesetzlich definierten Hilfen und Unterstützungsleistungen, ist der Personenkreis der seelisch, körperlich und geistig behinderten Menschen klar definiert. Auf diese gesetzlich geregelten Eingliederungshilfen besteht nach dem Bundessozialhilfegesetz (BSHG) ein einklagbarer Rechtsanspruch. Da wir in Deutschland weder eine Meldepflicht für Behinderungen noch klar abgegrenzte Begriffe haben, können bis dato keine Angaben darüber gemacht werden, wie hoch der Prozentsatz an Menschen mit Behinderungen in Deutschland ist (Borchert 2007, 9). Schätzungen gehen davon aus, dass zwischen sechs und zehn Prozent der Bevölkerung als behindert gelten können.

Das gesamte Spektrum der zu bewältigenden Aufgaben in seiner momentanen gesetzlichen Ausgestaltung sowie die praktische Umsetzung sind auf den Prüfstand zu stellen und neu auszurichten. Erst dann kann entschieden werden, welche spezifischen Leistungen für Kinder und Jugendliche mit Behinderung erforderlich sind. So können Assistenzleistungen für andere Systeme, wie z. B. die Schulbegleitung durch die KJ-Hilfe, dann durchaus ihre Berechtigung verlieren. Weiterhin ist im Hinblick auf das systemische Konzept der KJ-Hilfe zu prüfen, inwieweit spezielle Unterstützungsleistungen für Eltern mit Behinderung – die sogenannte Elternassistenz – in das Leistungssystem der KJ-Hilfe einzubinden sind. Grundsätzlich können wir den Anspruch von Kindern und Jugendlichen auf inklusive Bildung juristisch ableiten: den Anspruch auf Erziehung, Bildung und Betreuung. Damit gehen die definierten Forderungen der UN-Behindertenrechtskonvention weit über die bisherige Situation hinaus und verlangen eine große Lösung im Hinblick auf Neugestaltung des Sozialleistungsrechts und aller anderen Fördersysteme, allen voran die Schule (Wiesner 2011, 457). Im Folgenden wollen wir uns zunächst mit der Heterogenität der deutschen Trägerlandschaft beschäftigen.

2.2.2 Zur Trägervielfalt und zum Behindertenbegriff

Bei der Erbringung von Leistungen in der sozialen und pädagogischen Arbeit mit Kindern und Jugendlichen werden unterschieden: die Sachleistungen, die sozialen Dienstleistungen und die persönlichen Hilfen. Sie werden von dem Sozialleistungsträger gewährt. Dabei kommen soziale Dienstleister und spezielle Einrichtungen als Leistungserbringer ins Spiel. Die Träger, die auf dem Gebiet der Jugendhilfe tätig sein dürfen, unterscheiden sich grundsätzlich in öffentliche und freie Träger, die „zum Wohl junger Menschen und ihrer Familien partnerschaftlich zusammenarbeiten" (§ 4 Abs. 1 KJHG).

Überblick über die Träger in Deutschland

Öffentliche Träger	**Freie Träger**
Örtliche Träger Kreise, Landkreise und kreisfreie Städte; ihnen obliegt auch die Einrichtung von Jugendämtern, die die im KJHG festgelegten Aufgaben übernehmen müssen Überörtliche Träger das Landesjugendamt unterliegt einer landesrechtlichen Regelung und hat in dem jeweiligen Bundesland übergreifende Aufgaben zu erledigen, wie z. B. die Erteilung und den Entzug der Betriebserlaubnis und der notwendigen Kontrolle	Kirchen Religionsgemeinschaften des öffentlichen Rechts Wohlfahrtsverbände: Arbeiterwohlfahrt (AWO), Deutscher Caritasverband (DCV), Deutscher Paritätischer Wohlfahrtsverband (DPWV), Deutsches Rotes Kreuz (DRK), Diakonisches Werk (DW) und die Zentralwohlfahrtsstelle der Juden in Deutschland (ZWSt) Jugendverbände Vereine Stiftungen

Die Rechtsformen dieser Träger reichen vom eingetragenen Verein über die gemeinnützige GmbH bis hin zu Stiftungen und Körperschaften des öffentlichen Rechts, wie z. B. Kirchengemeinden und Kommunen (Deutscher Verein für öffentliche und private Fürsorge 2011, 566).

Ausgangspunkt für den Bezug von Leistungen ist die Feststellung einer Behinderung durch eine ärztliche Stellungnahme und/oder ein sonderpädagogisches Fachgutachten. Die zu beanspruchenden und dem Einzelnen zustehenden Leistungen sind notwendig, damit die notwendigen Rahmenbedingungen geschaffen und die Gewähr gegeben ist, dass die schulische Inklusion auch gelingen kann. Dabei stützen sich alle Verantwortlichen heutzutage auf die Neuorientierung des Behinderungsbegriffes im Sinne des bekannten bio-psycho-sozialen Modells, das von vielfältigen Wechselwirkungen der einzelnen Person und der Umwelt, in der die Person lebt, ausgeht. So knüpft die UN-Behindertenrechtskonvention in Art. 1 an ein solches Verständnis von Behinderung an:

> „Zu den Menschen mit Behinderungen zählen Menschen, die langfristige körperliche, seelische, geistige oder Sinnesbehinderungen haben, welche sie in Wechselwirkung mit verschiedenen Barrieren an der vollen, wirksamen und gleichberechtigten Teilhabe an der Gesellschaft hindern können."

Hier haben wir es mit einer Neuorientierung im Umgang und im Verständnis mit Behinderungen zu tun. Der gesellschaftliche Umgang mit den Behinderten und wiederum die Kommunikation mit den Nichtbehinderten rückt mehr und mehr in den Vordergrund und die gleichberechtigte Teilhabe der Menschen mit Behinderungen am Leben in unserer Gesellschaft wird kontrovers, aber auch zielführend diskutiert. Dabei geht es nicht nur um die verschiedenen Barrieren in den Gebäuden, den öffentlichen Plätzen und auf den Straßen, sondern auch um die Grenzen und Schranken in den Köpfen und Herzen der Menschen ohne Behinderungen. Der große Traum ist die Teilhabe behinderter Menschen in unserer Gesellschaft ohne Einschränkungen und Ausgrenzungen.

Wir müssen im gesellschaftlichen Umgang mit Menschen mit Behinderungen ohne Wenn und Aber zwei Besonderheiten registrieren:

Zum einen wird der Bezug von speziellen Leistungen zur individuellen Unterstützung der behinderten Person im Bildungswesen der Bundesrepublik Deutschland nur auf der Grundlage eines anerkannten Behinderungsbegriffs ermöglicht. Wir brauchen die Anerkennung einer Behinderung durch eine ärztliche Stellungnahme und/oder sonderpädagogisches Gutachten.

Zum anderen werden spezielle Angebote und Fördermaßnahmen von Bildungseinrichtungen, wie der Kita und den Schulen und anderer gesellschaftlicher Institutionen, sowie der Kirchen und der Wohlfahrtsverbände nur im Hinblick auf die speziellen Förderbedürfnisse des behinderten Kindes und der Jugendlichen ausgewählt und angeboten.

2.2.3 Schulassistenzen

Zur Sicherung der Aktivitäten vor, während und nach dem Schulbesuch und zur Absicherung der gleichberechtigten Teilhabe an unserem Leben bei ganztägiger schulischer Bildung können Schulassistenzen als Schulbegleitpersonal gemäß SGB VIII (§ 35a) und SGB XII (§ 53) eingesetzt und finanziert werden. Dabei geht es bei der Klärung der Rechtsfragen um zwei unterschiedliche Rechtsgebiete, die meistens weder von den Lehrkräften noch von den betroffenen Eltern so in ihrer Wirkung erkannt werden.

Jugendhilfe oder Sozialhilfe?

Das deutsche Sozialleistungssystem kennt zwei Kategorien:

- Für Kinder und Jugendliche, die eine (drohende) seelische Behinderung aufweisen, ist die Jugendhilfe – das Jugendamt – zuständig (SGB VIII § 35a).
- Für Kinder und Jugendliche, die eine geistige und/oder körperliche Behinderung haben, ist das System der Sozialhilfe – Sozialamt – nach SGB XII § 53 vorrangig zuständig.

Gemäß dem Sozialgesetzbuch liegt eine Behinderung dann vor, wenn die körperliche Funktion, die geistigen Fähigkeiten oder seelische Gesundheit länger als sechs Monate von dem für das Lebensalter typischen Zustand abweichen und daher die Teilhabe der betroffenen Personen am Leben in der Gesellschaft beeinträchtigt ist. Kinder und Jugendliche sind dann von einer Behinderung bedroht, wenn eine Beeinträchtigung der gesellschaftlichen Teilhabe mit hoher Wahrscheinlichkeit zu erwarten ist.

- Eingliederungshilfe für seelisch behinderte Kinder und Jugendliche (weitere Bearbeitung im Jugendamt)

Die Leistungserbringung bei festgestellter seelischer Behinderung erfolgt über die Eingliederungshilfe nach § 35a SGB VIII. Kinder und Jugendliche, die seelisch behindert oder von einer solchen Behinderung bedroht sind, haben einen eigenen Anspruch auf Eingliederungshilfe nach dem Kinder- und Jugendhilfegesetz. Als mögliche Erscheinungsformen sind zu nennen: überaus große Angstzustände, unerklärliches Einkoten oder Einnässen, Sprech- und Sprachprobleme, Essstörungen. Diese Symptome können den Alltag des Kindes in der Familie, in der Kita und in der Schule erheblich belasten und die Teilnahme am gesellschaftlichen Leben erschweren oder gar unmöglich machen.

Defizite und Probleme in den Kernfächern der Schule sollten durch die Schule selbst – etwa durch speziellen Förderunterricht – angegangen und behoben werden, wie beispielsweise eine Lese-Rechtschreib-Störung – auch Legasthenie genannt – oder eine erkennbare und nachweisbare Rechenstörung – auch Dyskalkulie genannt. Hierzu gibt es in allen Bundesländern entsprechende Erlasse. Bei schulischen Defiziten, wie zum Beispiel Legasthenie und Dyskalkulie sollten vorrangig Hilfen durch die Schule selbst in Anspruch genommen werden.

Der Anspruch auf Eingliederungshilfe besteht unabhängig davon, wie lange oder wie schwer die „seelische Behinderung" des Kindes oder Jugendlichen ist. Die Feststellung der seelischen Behinderung erfolgt durch einen Arzt oder Psychotherapeuten. Über die Beeinträchtigung der Teilhabe in der Gesellschaft und die geeignete und notwendige Hilfe entscheidet das Jugendamt. Nach dem Kinder- und Jugendhilfegesetz können folgende Hilfen in Anspruch genommen werden: ambulante Hilfe, etwa durch Hebammen in der Familie, Hilfen in den Kitas, Leistungen durch kompetente Pflegekräfte und spezielle Hilfen in Wohnformen über Tag und Nacht.

Zur Feststellung des Anspruchs auf Hilfe nach dem § 35a SGB VIII sind somit auch zwei verschiedene fachliche Einschätzungen notwendig: Wir brauchen eine ärztliche/psychologische Stellungnahme gemäß ICD 10 der Weltgesundheitsbehörde (WHO), um die seelische Behinderung zu diagnostizieren und eine sozialpädagogische Diagnose zur Feststellung der Beeinträchtigung der Teilhabe am Leben in unserer Gesellschaft. Nicht jede psychische Störung führt also „automatisch" zu einer seelischen Behinderung. Wesentlich sind die Ressourcen, die zum Umgang damit zur Verfügung stehen. Als hilfreich bzw. schützend können sowohl persönliche Ressourcen des Kindes/Jugendlichen als auch familiäre Faktoren und sonstige soziale Bedingungen und Umstände des Lebensumfeldes angesehen werden. Die persönliche Robustheit (Resilienz), die Stärke und Stabilität der Familie, in der das Kind lebt, und schließlich die Bedingungen der Lebenswelt des Kindes sind drei wichtige Faktoren. Die abschließende Bewertung der verschiedenen Informationen aus Perspektive unterschiedlicher Personen und Institutionen ist Aufgabe der zuständigen regionalen Jugendämter. Die Gesamtbewertung muss fachlich fundiert und systematisch erfolgen. Als Zielgruppe der hier gemeinten Hilfe zur Eingliederung haben Kinder oder Jugendliche Anspruch auf Eingliederungshilfe, wenn

- erstens ihre seelische Gesundheit mit hoher Wahrscheinlichkeit länger als sechs Monate von dem für den Betroffenen typischen Entwicklungsalter abweicht und
- zweitens die Teilnahme am Leben in unserer Gesellschaft beeinträchtigt ist oder aber mit hoher Wahrscheinlichkeit eine solche Beeinträchtigung zu erwarten ist.

Der Träger der öffentlichen Jugendhilfe ist hinsichtlich der vermuteten Abweichung von der Norm dazu aufgefordert, die Stellungnahmen einzuholen von

- einem Arzt für Kinder- und Jugendpsychiatrie und -psychotherapie,
- einem Kinder- und Jugendpsychotherapeuten oder eines Arztes oder
- einem psychologischen Psychotherapeuten, der über besondere Erfahrungen auf dem Gebiet seelischer Störungen bei Kindern und Jugendlichen verfügt.

Die Stellungnahme ist auf der Grundlage der Internationalen Klassifikation der Krankheiten in der vom Deutschen Institut für medizinische Dokumentation und Information herausgegebenen deutschen Fassung zu erstellen. Dabei ist auch darzulegen, ob die Abweichung Krankheitswert hat oder auf einer Krankheit beruht. Die Hilfe soll nicht von der Person, dem Dienst oder der Einrichtung, der die Person angehört, die die Stellungnahme abgibt, erbracht werden. Die Hilfe wird gemäß den vorliegenden Erscheinungsformen und speziellen

Förderbedürfnisses des Kindes im Einzelfall geprüft. Dabei können folgende Angebote gemacht werden: Hilfen in ambulanter Form, in Tageseinrichtungen für Kinder oder in anderen teilstationären Einrichtungen, durch geeignete Pflegekräfte, in Tag-und-Nacht-Einrichtungen sowie anderen Wohnformen.

- Sozialhilfe für geistig und/oder körperlich behinderte Kinder und Jugendliche (weitere Bearbeitung im Sozialamt)

Die Leistungserbringung bei festgestellter geistiger und/oder körperlicher Behinderung erfolgt über die Eingliederungshilfe nach § 53 SGB XII. Für Kinder und Jugendliche mit einer geistigen Behinderung und/oder einer Körperbehinderung, die entweder angeboren oder erworben sein kann, liegt die Zuständigkeit in der Regel bei dem Sozialhilfeträger, in dessen Bereich das Kind wohnt und lebt. Liegen mehrere Behinderungen vor, so richtet sich die Zuständigkeit danach, welche Behinderung als ursächlich ausgemacht werden kann. Besondere Schwierigkeiten können sich allerdings bei Kindern in Pflegefamilien ergeben. Hier sollte im Vorhinein eine telefonische Kontaktaufnahme mit dem Sozialhilfeträger (Sozialamt) erfolgen.

Die Beurteilung und Einschätzung einer Körperbehinderung erfolgt in der Regel auf Grund der eingereichten medizinischen Unterlagen, die möglicherweise durch eine amtsärztliche Untersuchung ergänzt werden kann. Der Bedarf wird geprüft, etwa wenn ein Integrationshelfer beantragt wird. Die Schule legt einen Bericht über das Lern-, Leistung- und Sozialverhalten des Schülers vor, der zum einen die akute Problemsituation des betroffenen Schülers schildert und zum anderen auch darstellt, wieweit die Schule bereits auf die Situation hin entsprechende Maßnahmen getroffen hat oder eben nicht. Ist das behinderte Kind dem Sozialhilfeträger bereits bekannt, wie z. B. durch den Besuch eines Sonderkindergartens, so wird der Teilhabeplan weitergeführt. Ist das Kind dem Sozialamt bisher nicht bekannt, so muss ein Teilhabeplan entwickelt und aufgeschrieben werden. Die Aufstellung eines solchen Teilhabeplans erfolgt in enger Kooperation mit dem Leistungsanbieter, den Eltern und sinnvollerweise mit der Schule. Die eigentliche Entscheidung wird dann in einer sogenannten Teilhabekonferenz getroffen. Teilnehmer dieser Konferenz sind das Kind, die Eltern, der Leistungsanbieter und ein Vertreter der Schule. In dieser Teilhabekonferenz wird über die Art und den Umfang der zu gewährenden und notwendigen Hilfe entschieden. In diesem Gremium wird aber auch entschieden, wann die nächste Konferenz einberufen wird, um dann über eine Fortsetzung des Teilhabeplans weiter zu entscheiden (Amt für Jugend, Familie, Senioren und Soziales der Stadt Koblenz 2008; aktualisiert 2012).

Wichtiger Hinweis für die praktische Arbeit:
Das Amt für Jugend, Familie, Senioren und Soziales – Jugendamt – der Stadt Koblenz hat eine übersichtliche und praxisnahe Arbeitshilfe für „Integrationshilfe an Schulen" 2008 herausgegeben und 2012 aktualisiert. Diese Vordrucke sind als Anlage in den Download-Materialen einsehbar und können dort zur Verwendung ausgedruckt werden.

Erste Arbeitshilfe:	Der Schulbericht
Zweite Arbeitshilfe:	Muster eines Förderplans
Dritte Arbeitshilfe:	Dokumentationsbogen für Integrationshelfer in Schulen
Vierte Arbeitshilfe:	Schematischer Ablauf, der das beschriebene Verfahren skizziert

Die genannten Arbeitshilfen können als Download-Materialen abgerufen werden!

Die Eingliederungshilfe umfasst auf der Grundlage der Eingliederungshilfeverordnung folgende Leistungen:
- heilpädagogische Leistungen vor der Einschulung, wie z. B. Sprachtherapie, Physiotherapie, Krankengymnastik, Ergotherapie,
- Hilfen zu einer angemessenen Schulbildung, wie z. B. der schulbegleitende Integrationshelfer oder eine kompetente Personen zur persönlichen Unterstützung beim Besuch der Kita oder Schule und
- gezielte Hilfen zur schulischen Ausbildung für eine angemessene Berufsausbildung und Berufstätigkeit.

Die Leistungen der Integrationshelfer werden nach SGB VIII (§ 35a) und SGB XII (§ 53) erbracht und finanziert entweder über das örtliche Jugendamt oder den zuständigen örtlichen Sozialhilfeträger In einigen Bundesländern werden folgende Begriffe synonym gebraucht: persönliche Assistenten, Integrationshelfer, Integrationsfachkraft, Schulbegleiter, Eingliederungshelfer, Integrationspädagogin, Schulinklusionspädagogin, Fachkraft für Inklusion, Schulassistenten und Integrationslotse. Dies führt in der öffentlichen Diskussion und mit den Eltern von Kindern und Jugendlichen mit und ohne Behinderung zu sprachlichen Irritationen und Missverständnissen. Wir sprechen von Integration, meinen aber offenbar Inklusion. So kommen wir mit dem Thema der Integration von Menschen mit Migrationshintergrund, die aus anderen Ländern, Kulturen, Religionen und Sprachgemeinschaften zu uns nach Deutschland in einen nicht unbedingt notwendigen sprachlichen Disput um den korrekten Begriff. Hier sind die hauptamtlich eingestellten Integrationslotsen gemeint und auch gefragt, die meistens eine sozialpädagogische Ausbildung haben. Grundsätzlich brauchen wir im offiziellen amtlichen Sprachgebrauch der Behörden, Ämter und Ministerien und im Alltag von Schulen und Jugendhilfe eine begriffliche Neubestimmung und inhaltliche Abgrenzung der genannten Begriffe voneinander, Integration bei Migration und Inklusion.

Der Integrationshelfer als Begleiter eines behinderten Kindes oder Jugendlichen in die Schule unterstützt im Rahmen der gesetzlich geregelten Eingliederungshilfe Kinder mit Körperbehinderung, geistiger Behinderung oder psychischer Störung, die an einer allgemeinen Schule – Regelschulen und Förderschulen – unterrichtet werden. Schulbegleiter sind eine ambulante Form der Eingliederungshilfe (Bayerisches Staatsministerium 2013, 13). Ebenso können Kinder, die eine Förderschule besuchen, einen Integrationshelfer zugewiesen bekommen, weil sich die Schule – meist aufgrund eines medizinisch festgestellten Förderbedarfs – nicht in der Lage sieht, den Schüler oder die Schülerin ohne die hier durchgeführte individuelle Betreuung angemessen zu unterrichten. Als Voraussetzung für die Zuweisung eines Integrationshelfers ist die Tatsache, dass der Schüler überwiegend in der Klassengemeinschaft unterrichtet wird und dabei schulische Fortschritte erzielen kann. Der Integrationshelfer wird bei folgenden Störungen oder Beeinträchtigungen eingesetzt: bei geistiger Behinderung, bei Aufmerksamkeitsstörungen, bei verschiedenen Formen des Autismus, bei Sprachstörungen, Legasthenie, Dyskalkulie, einer Schwerstbehinderung und Körperbehinderung. Der Integrationshelfer übernimmt die notwendige tägliche Pflege, wie z. B. die Körperpflege oder den Toilettengang, und leistet in bestimmten Situationen des Schulalltags Hilfestellung und individuelle Unterstützung, wie z. B. das An- und Ausziehen beim Sportunterricht und Schwimmen, das Bereitstellen von Materialien beim Malen, Basteln usw. Dabei ist der Integrationshelfer kein Ersatzpädagoge, kein pädagogischer „Hilfssheriff", der auch erziehungsmäßig eingreifen darf, also kein Zweitlehrer, kein Nachhilfelehrer mit pädagogischem Auftrag, sondern er unterstützt den Schüler z. B. durch strukturelle Hilfen bei der Umsetzung von Übungen (z. B. Handführung und Wahrnehmungsübungen). Er bietet auch Unterstützung im sozialen und emotionalen Bereich, wie z. B. die Beruhigung des Schülers in Stresssituationen, bei Streitigkeiten in der Lerngruppe oder Klasse und hilft bei der täglichen Verständigung untereinander.

- Antragstellung

Die Beantragung eines Integrationshelfers für einen bestimmten Schüler in der Regelschule oder in der Förderschule erfolgt nicht wie vielfach angenommen und auch praktiziert auf Antrag des zuständigen Lehrpersonals, sondern erst auf Antragstellung der Eltern bzw. der Sorgeberechtigten, allerdings nach Möglichkeit in Rücksprache mit den zuständigen Fachlehrern, dem Klassenlehrer oder dem Schulleiter.

- Rekrutierung

Die Rekrutierung der Integrationshelfer unterliegt keinen Vorschriften, sie ist sehr bunt und unterschiedlich. Integrationshelfer waren früher oft Zivildienstleistende oder Studenten mit einer entsprechenden Ausbildung, wie z. B. der Lehrerausbildung, es wurden aber auch Honorarkräfte oder Mitarbeiter im freiwilligen sozialen Jahr angeworben und eingestellt. Mittlerweile bildet sich eine eigene Berufsgruppe heraus, in die u. a. Akademiker mit und ohne Abschluss quereinsteigen. Hier gibt es in vielen Bundesländern Probleme, insbesondere weil oft die Haltung, das Engagement und die Qualifikationen fehlen.

- Qualifikation

In einigen Bundesländern, wie z. B. in Thüringen, formieren sich Leuchtturmprojekte, die eine Zusatzausbildung zum sogenannten Schulbegleiter ermöglichen. Im Saarland und in Bayern beispielsweise ist eine berufliche Qualifikation nicht erforderlich. Die Rekrutierung, Vorbereitung auf die Tätigkeiten, die Organisation und Verwaltung werden unter anderem von Vereinen für Menschen mit Behinderungen und Sozialverbänden wie der Diakonie, der Lebenshilfe, dem Roten Kreuz, den Maltesern oder dem Caritasverband durchgeführt. Entscheidend ist die notwendige Befähigung und Eignung im Einzelfall (Bayerisches Staatsministerium 2013, 14).

Wichtige Erfordernisse
Erforderlich sind zum einen ein erweitertes polizeiliches Führungszeugnis, zum anderen die Zustimmung der Schule und drittens die Verpflichtung zur Verschwiegenheit und die Einhaltung des Datenschutzes.

- Übernahme der Kosten

Der zuständige Sozialhilfeträger muss die Kosten für die Integrationshilfe übernehmen, soweit die zuständige Schulbehörde nachweisen kann, dass ein Schüler oder eine Schülerin die Regelschule erfolgreich besuchen kann und keinen Unterricht in einer Förderschule benötigt. Im Zuge der angestrebten Inklusion wird in allen Bundesländern verstärkt Wert darauf gelegt, dass Schülerinnen und Schüler mit Behinderungen Regelschulen besuchen können.

2.2.4 Sonderpädagogischer Förderbedarf

Im Schulalter tritt der in den Schulgesetzen grundlegende Begriff des „sonderpädagogischen Förderbedarfs" hinzu. Sonderpädagogischer Förderbedarf besteht immer dann, wenn eine Behinderung so umfassend und schwerwiegend ist, dass der Schüler ohne besondere Hilfestellung und Unterstützung im Regelunterricht nicht ausreichend gefördert und unterrichtet werden kann. Zurzeit werden gemäß den Empfehlungen der KMK aus den Jahren 1996 bis 2000 acht verschiedene Förderschwerpunkte unterschieden: Lernen, Sprache, emotionale und soziale Entwicklung, geistige Entwicklung, körperliche und motorische Entwicklung, Horen, Sehen und (langdauernde) Erkrankung. Im Jahr 2000 hat die KMK mit den „Empfehlungen zu Erziehung und Unterricht von Kindern und Jugendlichen mit autistischem Verhalten" eine Problem- und Zielgruppe von Kindern und Jugendlichen angesprochen, die in den letzten Jahren quantitativ relativ stark angestiegen ist (Autorengruppe Bildungsberichterstattung 2014, 159).

Interessant sind hierbei folgende Aspekte:

- Wir wollen eine sehr breit angelegte und mit hohem Grad definierte Differenzierung des sonderpädagogischen Förderbedarfs, die damit auch hohe Ansprüche und Herausforderungen an die sonderpädagogische Diagnostik stellt.
- Es geht in den Empfehlungen der KMK nicht nur um die Unterrichtung der Schülerinnen und Schüler, sondern auch in einigen Empfehlungen um die Erziehung. Damit haben Unterrichtung und Erziehung eine sich ergänzende Aufgabenstellung und Funktion. Im Bereich der sonderpädagogischen Diagnostik und damit hinsichtlich der Feststellung von Behinderungen und sonderpädagogischem Förderbedarf sollten wir uns auf einen Weg der Diagnostik einigen. Wir bewegen uns zwischen medizinischen, psychologischen und pädagogischen Paradigmata (Denkmuster und Perspektiven der Betrachtung) und diagnostischen Handlungsmodellen.
- Wir treffen Entscheidungen, wo das Kind hingehen und beschult werden soll – Förderschule oder Regelschule und
- wir wollen die Lernentwicklung des einzelnen Schülers beobachten und den Verlauf dokumentieren. Dies gehört heutzutage zum Lehrerhandeln und ist damit die Grundlage für die Förderung und die Unterrichtung.

Die Platzierungsdiagnostik und die Lernverlaufsdiagnostik werden in den einzelnen Bundesländern unterschiedlich bewertet und eingesetzt. Sie gehen damit von unterschiedlichen Voraussetzungen aus und führen auch zu unterschiedlichen Konsequenzen. Hier brauchen wir durch die zuständigen Wissenschaftsdisziplinen Klarheit, sonst können wir keine Vergleiche anstellen oder Analysen durchführen (Autorengruppe Bildungsberichterstattung 2014, 161).

Im Schuljahr 2012/2013 lag der Anteil der Schülerinnen und Schüler mit sonderpädagogischem Förderbedarf bei 6,6 % bezogen auf den jeweiligen Altersjahrgang. 4,8 % davon besuchen eine Förderschule, 1,8 % eine Regelschule. Im Kindertagesstättenbereich werden bundesweit 60 %, in den Grundschulen 44 % und in der Sekundarstufe I werden 23 % der Kinder mit Förderbedarf in den Regeleinrichtungen gemeinsam mit anderen Kindern und Jugendlichen gefördert. Weiterhin können wir zwischen den einzelnen Bundesländern und ebenso zwischen den einzelnen Förderschwerpunkten wie Sprache oder Lernen teilweise große Unterschiede beobachten.

Ermittlung des sonderpädagogischen Förderbedarfs

Zu der gesetzlich geregelten Eingliederungshilfe tritt im schulpflichtigen Alter der in den Schulgesetzen definierte Begriff des Sonderpädagogischen Förderbedarfs hinzu. Der sonderpädagogische Förderbedarf wird in den einzelnen Bundesländern unterschiedlich rechtlich geregelt und diagnostisch festgestellt. In allen Bundesländern ist ein justiziables Überprüfungsverfahren notwendig, das zu jedem Zeitpunkt während der Schullaufbahn eines Kindes in die Wege geleitet werden kann. Es kommt daher in den einzelnen Bundesländern zu unterschiedlichen Resultaten, was sich u. a. auch in der Anzahl der Kinder mit sonderpädagogischem Förderbedarf und bei der Verteilung auf die einzelnen Förderschulen zu Buche schlägt. Die Orientierung an der Integration und neuerdings an der Inklusion führt zu einer Veränderung im Verständnis der Förderdiagnostik. Die verbreitete Platzierungs- und Zuweisungsdiagnostik wird spürbar und erkennbar durch die Prozess- und Lernverlaufsdiagnostik ersetzt. Es geht nicht mehr um die Aussage: Das Kind ist lernbehindert und soll in eine Schule mit dem Förderschwerpunkt Lernen gehen, sondern jetzt stehen förderrelevante Informationen für eine konkrete und praktische individuelle Unterstützung des jeweiligen Kindes in der Klasse im Mittelpunkt der diagnostischen Überlegungen. Der Antrag zur Einleitung eines Überprüfungsverfahrens kann zum einen durch die Eltern, aber auch durch die Schulleitung unter der Beteiligung der zuständigen Schulaufsicht umgesetzt werden. Multiprofessionell zusammengesetzte Diagnostik-Teams, in einigen Ländern auch noch einzelne Förderschullehrer mit pädagogischer Kompetenz und sonderpädagogischer Expertise, führen die notwendige Förderdiagnostik durch. Erstaunlich ist die Tatsache, dass wir zurzeit in Deutschland trotz allgemein sinkender Schülerzahlen hier eine steigende Förderquote von Schülerinnen und Schülern mit sonderpädagogischem Förderbedarf registrieren (Autorengruppe Bildungsberichterstattung 2014, 163). Wie wird nun der sonderpädagogische Förderbedarfs durch einen Förderschullehrer festgestellt?

Verfahren zur Feststellung des sonderpädagogischen Förderbedarfs
Das Verfahren zur Feststellung des sonderpädagogischen Förderbedarfs setzt sich zusammen aus Antragstellung, Gutachtenerstellung und Entscheidung der Schulaufsichtsbehörde zur Feststellung des sonderpädagogischen Förderbedarfs auf der Grundlage des sonderpädagogischen Gutachtens.

Einen Antrag zur Feststellung eines vermutlichen sonderpädagogischen Förderbedarfs können die Personensorgeberechtigten oder die Schule des betreffenden Kindes stellen. Der Antrag geht – hier die Verfahrensreglung im Saarland beschrieben – an das zuständige Referat des Ministeriums für Bildung und Kultur. Dieses beauftragt dann nach Überprüfung des Antrags die zuständige Förderschule mit der Erstellung des sonderpädagogischen Gutachtens im Hinblick auf den ausgewiesenen Förderbedarf. Der Antragstellung muss ein umfassender pädagogischer Bericht, der die Grundlage der Prüfung der Antragsberechtigung ist, beiliegen. Der pädagogische Bericht der Schule beschreibt die erreichten Lernstände des Kindes in den verschiedenen Unterrichtsfächern und Lernbereichen. Weiterhin sind die genutzten Maßnahmen zur Förderung mit den jeweils erzielten Ergebnissen auszuweisen. Darüber hinaus ist das Arbeits-, Lern- und Sozialverhalten im Zusammenhang mit unterschiedlichen Anforderungssituationen zu beschreiben. Dem Antrag werden Zeugnisse und zur Verfügung stehende Gutachten im außerschulischen Bereich (medizinische Gutachten, therapeutische Entwicklungsberichte etc.) beigefügt. Die mit der Gutachtenerstellung beauftragte Förderschullehrkraft erstellt ein sonderpädagogisches Gutachten, das neben der Empfehlung zur Feststellung des sonderpädagogischen Förderbedarfs im Hinblick auf Inklusion auf jeden Fall auch lernförderliche Maßnahmen bzw. Maßnahmen zum Nachteilsausgleich für das jeweilige Kind als Grundlage zur Erstellung des individuellen Förderplans beinhaltet. Als Grundlage zur Empfehlung ist eine eingehende Kind-Umfeld-Analyse notwendig, die das Kind ganzheitlich in seinem gesamten Lebensumfeld beschreibt. Dazu ist das Gespräch mit den Beteiligten (den Personensorgeberechtigten, dem Kind, den Lehrkräften und der Schulleitung) notwendig. Außerdem stellen die Ergebnisse von formellen und informellen Tests und Überprüfungen sowie Unterrichtsbeobachtungen eine weitere Grundlage der Empfehlung für die Schulaufsichtsbehörde dar. Berichte und Gutachten außerschulischer Einrichtungen fließen in die Gutachtenerstellung ein. Das Inhaltsverzeichnis eines sonderpädagogischen Gutachtens im Hinblick auf einen vermuteten Förderbedarf im Bereich Sprache könnte so aussehen:

1. Persönliche Daten
2. Anlass der Überprüfung
3. Anamnese
3.1. Vorschulische Laufbahn
3.2. Informationen von Seiten der Eltern
3.3. Bericht der Klassenlehrerin und des Schulleiters
3.4. Informationen von Seiten des Schulpsychologischen Dienstes
3.5. Informationen der behandelnden Logopädin
4. Diagnostik
4.1. Diagnostische Fragestellung und Begründung des Vorgehens
4.2. informelle Testung
4.2.1. Beobachtung während des Unterrichts
4.2.2. Überprüfung der Leistungen im Fach Deutsch
4.2.3. Überprüfung der Leistungen im Fach Mathematik
4.2.4. sprachliche Leistungen
4.3. formelle Diagnostik – Überprüfung der Intelligenzleistung
5. Interpretation der Ergebnisse und Empfehlungen
6. Lernförderliche Maßnahmen, Maßnahmen zum Nachteilsausgleich – Förderbedarf Sprache

Da es in den einzelnen Bundesländern ähnliche und leicht abweichende Verfahrensreglungen gibt, ist es auch schwer möglich, Vergleiche zwischen einzelnen Bundesländern vorzunehmen und seriöse statistische Zahlen bundesweit zu ermitteln.

2.2.5 Anspruch und Gewährung von Nachteilsausgleich

Was bedeutet eigentlich Nachteile auszugleichen? Wer stellt diese Nachteile fest? Wer beobachtet sie und welche Ansprüche haben die Schülerinnen und Schüler? Haben Schüler mit Behinderung oder Schüler mit sonderpädagogischem

Förderbedarf Anspruch auf Nachteilsausgleich für die wichtigen Prüfungen in den Schulen? Wissen die Lehrer darüber Bescheid? Wer beantragt den Nachteilsausgleich?

Schülerinnen und Schüler mit einer Behinderung haben einen Anspruch auf einen Nachteilsausgleich, unabhängig davon, ob sonderpädagogischer Förderbedarf festgestellt wurde oder nicht. Was bedeutet nun der Ausgleich eines Nachteils. Wie wird der Nachteil des einzelnen Kindes oder Schülers errechnet oder definiert und welche Personen sind dazu geeignet und kompetent?

- Was ist Nachteilsausgleich?

Unter dem Begriff Nachteilsausgleich verstehen wir notwendige und geeignete Maßnahmen, die dazu beitragen, dass alle Schüler mit Behinderung einen freien Zugang im Unterricht und in der Schule zu den Lerngegenständen und Aufgabenstellungen haben (Zimmermann/Wachtel 2013, 449). Doch nicht wenige Schüler mit und ohne sonderpädagogischem Förderbedarf brauchen auf Grund einer Erkrankung, eines Klinikaufenthalts, einer besonders schweren Beeinträchtigung im Lesen und Schreiben – auch in der Handschrift – in der Schule eine besondere Hilfe und Unterstützung sowie einen Ausgleich ihrer Nachteile im Unterricht und insbesondre in Prüfungen, wie z. B. der Abiturprüfung. Diese Kinder und Jugendlichen brauchen im Unterricht Erleichterungen und Hilfestellungen auch personeller, materieller, zeitlicher oder auch technischer Art, um die Leistungsanforderungen erfüllen zu können. Die hierzu von der Schule bereitgestellten Hilfsmaßnahmen werden als Nachteilsausgleich bezeichnet. Diesen Nachteilsausgleich können alle Kinder und Jugendliche während ihrer Schulzeit erhalten, sofern ihre schulischen Leistungen durch eine Krankheit oder vorrübergehende Einschränkung beeinträchtigt sind. Die Gewährung eines Nachteilsausgleichs ist nicht an das Vorliegen eines festgestellten sonderpädagogischen Förderbedarfs gebunden (Ministerium für Bildung und Kultur Saarland 2013, 21).

Der Nachteilsausgleich in den Schulen zielt darauf ab, Schülerinnen und Schülern mit Behinderungen, chronischen Erkrankungen und/oder sonderpädagogischem Förderbedarf durch gezielte Hilfen und individuelle Unterstützungsangebote zu befähigen, ihre Kompetenzen so einbringen zu können, dass sie die gestellten Aufgaben und Anforderungen bewältigen. Diese Hilfestellungen und Unterstützungsmaßnahmen werden als Nachteilsausgleiche bezeichnet (Ministerium für Schule und Weiterbildung NRW 2013,4). Der Nachteilsausgleich kann zum einen in allen Lernsituationen und zum anderen bei der Feststellung von Leistungen in Anspruch genommen und gewährt werden.

- Pädagogisches Grundprinzip

Das bereits angesprochene Benachteiligungsverbot des Staates durch das Grundgesetz und die Fürsorgepflicht der Schule machen es einfach notwendig, Nachteilsausgleiche zu gewähren, weil sonst der freie Zugang zur Schule und zum Unterricht nicht ungehindert ermöglicht werden kann. Die pädagogische Diagnostik, insbesondere die tägliche und gezielte Beobachtung der Lernvoraussetzungen im Unterricht durch den Lehrer führen zu pädagogisch notwendigen Konsequenzen im täglichen Lehrerhandeln (Zimmermann/Wachtel 2013, 49). Die immer wiederkehrenden Benachteiligungen beim Lesen, Schreiben und Rechnen werden in allen Bundesländern durch entsprechende Erlasse geregelt.

- Erste Probleme

Schwierig ist es jedoch, die fachlichen Anforderungen im Unterricht und in den Prüfungen nicht abzusenken oder ihnen eine geringere Bedeutung zukommen zu lassen. Hier haben wir eine erste schwierige Hürde im Schulalltag zu nehmen. Die Lern- und Leistungsanforderungen des jeweiligen Bildungsgangs, also der Grundschule, der Hauptschule, der Realschule oder des Gymnasiums sind einzuhalten. Grundsätzlich ist jede Schule gemäß dem Benachteiligungsverbot durch das Grundgesetz verpflichtet, einer nachgewiesenen Behinderung angemessen Rechnung zu tragen. Ein Nachteilsausgleich ist bei einer nur vorübergehenden Funktionsbeeinträchtigung, wie z. B. der Armbruch bei einem Schulunfall oder der Beinbruch nach einem Sportunfall, zu gewähren. Über eine Behinderung oder einen sonderpädagogischen Förderbedarf müssen die Eltern bzw. die Sorgeberechtigten einen entsprechenden Nachweis in Form eines ärztlichen Attestes oder ein Gutachten erbringen.

- Gesetzliche Grundlagen

Im Grundgesetz, Artikel 3 Abs. 3 Satz 2 steht seit der Novellierung aus dem Jahre 1994: „Niemand darf wegen seiner Behinderung benachteiligt werden.“ Weiterhin ist der Nachteilsausgleich im Sozialgesetzbuch IX § 126 (1) geregelt: Die Vorschriften über Hilfen für behinderte Menschen zum Ausgleich behinderungsbedingter Nachteile oder Mehraufwendungen (Nachteilsausgleich) sind so zu gestalten, dass sie der Art oder Schwere der Behinderung Rechnung tragen, und zwar unabhängig von der Ursache der Behinderung.

Weitere Grundlagen finden wir im § 48 des Schwerbehindertengesetzes: Der Nachteilsausgleich für behinderte Schüler ergibt sich auch aus der allgemeinen Fürsorgepflicht der Schule. Er dient der Kompensation der durch die Behinderung entstehenden Nachteile und stellt keine Bevorzugung der Schüler mit Behinderung dar.

Weitere detailliertere Reglungen hinsichtlich des Nachteilsausgleichs finden wir im § 2 des Schulgesetzes; da heißt es: Schülerinnen und Schüler mit Entwicklungsverzögerungen oder Behinderungen werden besonders gefördert, um ihnen durch individuelle Hilfen ein möglichst hohes Maß an schulischer und beruflicher Eingliederung, gesellschaftlicher Teilhabe und selbstständiger Lebensgestaltung zu ermöglichen.

- Verfahren zur Umsetzung des Anspruchs

Über Art und Umfang eines zu gewährenden Nachteilsausgleiches entscheidet die Schulleiterin oder der Schulleiter nach Vorschlag und in Absprache mit den unterrichtenden Lehrkräften. In den Aussagen der individuellen Förderpläne muss der Bedarf des Nachteilsausgleichs deutlich werden. In Zweifelsfällen ist die Entscheidung der Schulaufsichtsbehörde einzuholen Die Eltern sind über den Nachteilsausgleich zu informieren. Der Nachteilsausgleich und das Gespräch mit den Eltern werden in der Akte dokumentiert.

Wichtig ist es, die betroffenen Eltern früh und umfassend über die Möglichkeiten der Gewährung des Nachteilsausgleichs zu informieren und hinzuweisen. Deshalb sollte sich der zuständige Klassenlehrer über die Schulleitung, die Schulaufsichtsbehörde oder über das zuständige Kultus- und Bildungsministerium informieren. Die Nachteilsausgleiche können nur über Beschlüsse der

Klassenkonferenz besprochen und gewährt werden. Der Nachteilsausgleich ist weder antragsgebunden noch an ein formal verbindliches Verfahren geknüpft. Die Entscheidung ist immer eine Einzelfallentscheidung und kann nur durch einen Klassenkonferenzbeschluss herbeigeführt werden. Dabei werden die Art und der Umfang der Hilfen festgelegt und im Förderplan oder in der Lernentwicklung des Kindes dokumentiert. Die Ergebnisse des Beratungsgesprächs mit den Eltern sind schriftlich in einem Protokoll festzuhalten (Ministerium für Schule und Weiterbildung des Landes Nordrhein-Westfalen 2013).

Für den Unterricht mit Kindern mit und ohne Behinderung ist es wichtig, die sozialrechtliche und medizinische Definition des Behinderungsbegriffs zu kennen. Von dieser Definition ausgehend wird eine Reihe von Leistungen, wie z. B. die Eingliederungshilfe für die Kinder und Jugendlichen mit Behinderung abgeleitet und in der Praxis auch gewährt. Meist sind es die Eltern, die diese Anträge bei den Behörden des Sozial- und Jugendamtes stellen müssen, wenn es beispielsweise um die Genehmigung eines Integrationshelfers geht. Die Feststellung des Förderbedarfs ist notwendig und geregelt und macht Aussagen hinsichtlich der weiteren Förderung des einzelnen Kindes mit Behinderung. Ebenso kommen Schülerinnen und Schüler mit einer Benachteiligung oder Beeinträchtigung in den Genuss von Nachteilsausgleich. Über Art und Umfang entscheidet die Schulleitung in Absprache mit den unterrichtenden Lehrkräften. Die Beantragung von Leistungen zur Eingliederungshilfe, die Ermittlung des sonderpädagogischen Förderbedarfs, die Bereitstellung eines Integrationshelfer für ein Kind mit einer Behinderung und die Gewährung eines Nachteilsausgleich kann nur im Einzelfall entschieden werden.

2.3 Förderschulen und Förderschwerpunkte

Im folgenden Handlungsfeld wird zunächst das recht komplexe System der Förderschulen und Förderzentren dargestellt. Anschließend werden die Förderschwerpunkte mit ihren Förderschullehrkräften als Experten und die dazugehörigen Expertisen als mögliche Unterstützung und gezielte Hilfestellung für die Grundschullehrerinnen eingehend beschrieben. Speziell werden mögliche lernförderliche Maßnahmen und Formen des Nachteilsausgleichs genannt.

2.3.1 Förderschulen in unserem Bildungssystem

Zunächst wollen wir die Förderschulen – ehemals Sonderschulen genannt – in unserem Bildungssystem darstellen, damit der Leser einen Überblick über die aktuelle Situation in der Bundesrepublik Deutschland erhält.

Die heutige Sonderpädagogik als Wissenschaft und die Sonderschulpädagogik haben in den letzten fünfzig Jahren ein sehr tragfähiges und differenziertes Bildungssystem aufgebaut. Nicht alles, was in den letzten fünf Jahrzehnten gut und richtig war, wollen wir mit einem Federstrich als schlecht und falsch bezeichnen und ausradieren. Versuchen wir gemeinsam an einem Strang zu ziehen, der sich nicht an einem „Entweder – Oder", sondern an einem „Sowohl-als-auch" orientiert. Versuchen wir mit Vernunft, Engagement und Augenmaß das Ziel Inklusion anzugehen, den Prozess der Inklusion einzuleiten und zu begleiten.

Ausgehend von den bewährten und teilweise gut erprobten Integrationsversuchen sollten wir in Deutschland neue Wege in Richtung Inklusion gehen. Dabei müssen wir alle Möglichkeiten der personellen, materiellen, fachlichen und konzeptionellen Kooperation ausreizen. Über diese Kooperationen aller Lehrkräfte, der Träger und der Schulleitungen einschließlich der heterogenen Elternschaft – angefangen von den überbehütenden Eltern bis hin zu denen, die zur Vernachlässigung tendieren – übernehmen alle pädagogische Verantwortung. Über den Weg der Kooperation und der Entwicklung des individualisierenden Unterrichts kommen wir Schritt für Schritt der Inklusion näher (Werning/Arndt 2013).

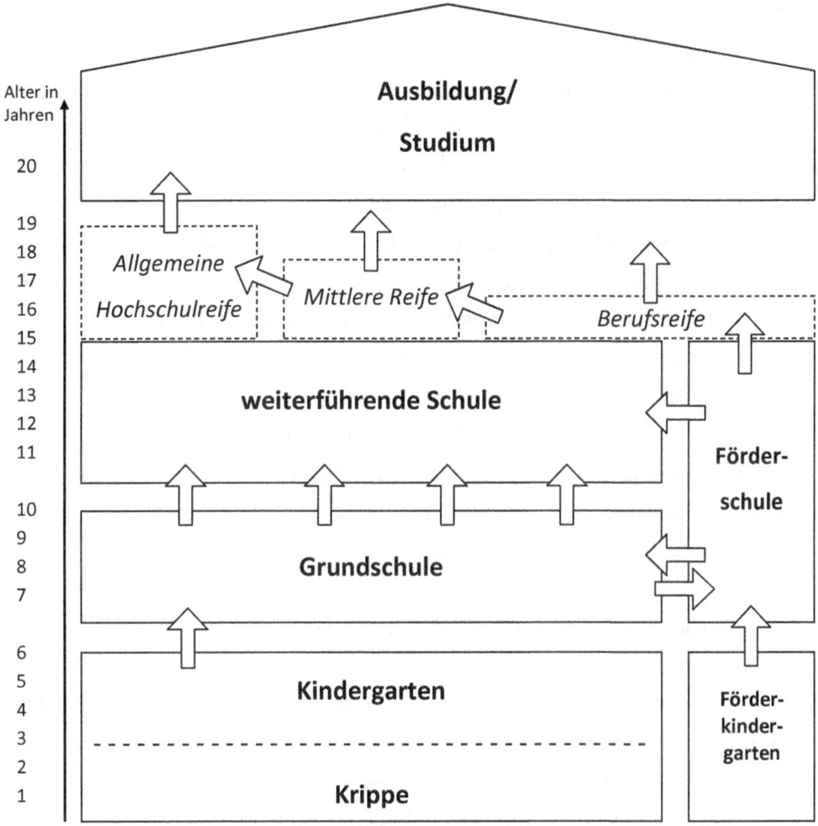

Abb. 3: Bildungswege und Lernorte in Deutschland (BiWi-Seminar 2015)

2.3.2 Aktuelle Entwicklungen

Das differenzierte und hochkompetente System der Förderschulen in der Bundesrepublik Deutschland steht im Hinblick auf die Inklusion vor großen Herausforderungen. Reformen und strukturelle Veränderungen sind in den einzelnen Bundesländern geplant. Im Schuljahr 2012/13 gab es in der Bundesrepublik Deutschland 3258 Förderschulen, die auf einen der acht sonderpädagogischen Förderschwerpunkte hin ausgerichtet sind. Jede zehnte allgemeinbildende Schule ist eine Förderschule, wobei es zwischen den einzelnen Bundesländern Abweichungen gibt. Weiterhin ist festzuhalten, dass Förderschulen zu zwei Dritteln im Ganztagsangebot arbeiten (Autorengruppe Bildungsberichterstattung 2014, 170). Wie sieht nun die aktuelle Situation in den Förderschulen aus, nachdem fast sechs Jahre nach Unterzeichnung der UN-Konvention BRK aus dem Jahre 2009 ins Land gegangen sind?

Die aktuellen bildungspolitischen Entwicklungen können wir auf der Grundlage des Bildungsberichts 2014 zusammenfassen:

- Die Zahl der Kinder und Jugendlichen, die in Deutschland einen sonderpädagogischen Förderbedarf aufweisen, lag im Schuljahr 2012/13 bei 6,6 % aller Schülerinnen und Schüler.
- Von diesen 6,6 % besuchten 4,8 % eine der sieben Förderschulen.
- Die verbleibenden 1,8 % gingen auf eine allgemeinbildende Schule.
- Dadurch hat sich die Zahl der Schülerinnen und Schüler, die eine Förderschule besuchen, in den letzten zwölf Jahren verdoppelt.
- Diese Zahl ist umso erstaunlicher, da wir es seit Jahren mit einem erheblichen Schülerrückgang zu tun haben. Hat dies mit dem Wahlbehalten der Eltern oder der Beratung der Lehrer zu tun?
- Die Analyse der Statistik macht große Unterschiede zwischen den einzelnen Bundesländern deutlich hinsichtlich der Zahl der Schülerinnen und Schüler mit sonderpädagogischem Förderbedarf, die eine Regelschule besuchen. Wir können hier ein Nord-Süd-Gefälle und ein Ost-West-Gefälle beobachten.
- Ebenso spielt das Lebensalter der Schüler eine wesentliche Rolle. Je älter die Schüler sind, desto geringer ist ihre Chance auf das gemeinsame Lernen. Während in den Grundschulen in Deutschland 44 % der Kinder mit sonderpädagogischem Förderbedarf gemeinsam mit anderen Schülern unterrichtet werden, sind es in der Sekundarstufe I lediglich noch 23 % (Autorengruppe Bildungsberichterstattung 169 ff.).

Zunächst sollten wir wissen, dass Förderschulen keine besondere Schulform sind, sie gehören zu den allgemeinbildenden Schulen. Das Bildungsrecht als basales Menschenrecht gilt für alle Menschen. Radikale Forderungen, extreme Positionen knallen oft emotionsgeladen und ideologieverbrämt aufeinander.

Die Forderungen wie „Schafft die Sonderschulen!“ ab oder „Löst die Förderschulen auf!“ (Jantzen 1982) sind nicht neu und werden immer wieder neu aufgetischt. Die Eltern behinderter Kinder waren und sind der Motor der heutigen Entwicklung hinsichtlich der Inklusion, sie haben in den vergangenen Jahrzehnten für die Belange und Bedürfnisse ihrer Kinder gekämpft und können sich heutzutage auf ein allgemein anerkanntes Wahlrecht stützen. Ebenso ist die Inklusionsquote, d. h. der Anteil der Schüler mit Förderbedarf in den Grundschulen von 22 % im Schuljahr 2001/02 auf 40 Prozent im Schuljahr 2011/12 gestiegen. Das Ziel der Bundesregierung ist es, im Schuljahr 2016/17 die 50-Prozentmarke zu überspringen. Die unterschiedlich ausgeübte Diagnostik in den einzelnen Bundesländern erschwert die Vergleichbarkeit und somit auch den Nachweis einer bestimmten Förderquote. So bleibt das große gesellschaftliche und politische Ziel der kommenden Jahre und Generationen, die Formen der Sonderbeschulung durch inklusionsorientierte Strukturen nach und nach zu ersetzen.

Wahlrecht der Eltern

Die Wahlfreiheit der Eltern hinsichtlich der Entscheidung, ob ihr Kind inklusiv in der lokal zuständigen Regelschule oder in der zuständigen und für den Förderschwerpunkt verantwortlichen Förderschule unterrichtet wird, treffen die Eltern bzw. die Sorgeberechtigten. Dieses Wahlrecht ist in allen Bundesländern in dem zuständigen Inklusionsgesetz verankert. Entscheidend ist für viele Eltern die ehrliche und fachkundige Beratung durch die Schule und die Lehrer und das Wissen, hier fühlt sich mein Kind wohl. Das Kindeswohl bzw. das persönliche Wohlbefinden der Schülerinnen und Schüler sollten hier als Gradmesser dieser Entscheidung zu Grunde gelegt werden. Das Sich-wohl-Fühlen ist wohl die beste Grundlage für ein erfolgreiches Lernen in der Schule – in der Regelschule oder in der Förderschule. Dabei sollten die Eltern ihre persönlichen Vorstellungen und Träume hinter die der eigenen Kinder zurückstellen und zurückstecken. Es geht nicht um die Eltern, es geht um die Kinder.

2.3.3 Förderschulen und Förderzentren

Die Förderschulen gehören zu unserem Bildungssystem und werden zu den allgemeinbildenden Schulen gezählt. Die heutigen Förderschulen haben sich in den neunziger Jahren des 20. Jahrhunderts aus den ehemaligen Hilfsschulen und später dann aus den Sonderschulen heraus entwickelt. Die Kultusministerkonferenz als übergeordnetes Gremium hat zwischen 1996 und 2000 den Bundesländern durch fachlich kompetente Kommissionen und Arbeitsgruppen für die einzelnen Behinderungsarten und Sonderschulformen auf der bildungspolitischen, wissenschaftlichen und fachlichen Ebene Empfehlungen erarbeiten lassen. Diese Empfehlungen haben die Sonderschulen in Förderschulen umbenannt und insgesamt acht Förderschwerpunkte als bildungspolitisch und schulpraktisch herausgestellt. Damit wurden auch neue Handreichungen zur Regulierung und Modifizierung der Diagnostik und Feststellung des sonderpädagogischen Förderbedarfs für einzelne Schülerinnen und Schüler sowie des Unterrichts in den Förderschulen vorgestellt. Im Folgenden werden die wichtigsten Empfehlungen in chronologischer Reihenfolge genannt:

(1) Empfehlungen zur sonderpädagogischen Förderung in den Schulen in der Bundesrepublik Deutschland (1994)
In diesem Jahr kommt es zu weitreichenden Veränderungen der Sonderschulpädagogik; die bisherigen Förderorte wurden neu definiert und ausgerichtet und die bisher neun Sonderschultypen wurden abgeschafft und durch sieben Förderschwerpunkte ersetzt. Ein wichtiger Schritt in Richtung gezielte Förderung und individuelle Unterstützung.

(2) Empfehlungen zu den einzelnen Förderschwerpunkten (1995-2000)
In diesen Empfehlungen finden sich pädagogische Folgen der gesellschaftlichen Veränderungen wieder. Wesentliche Neuerungen sind:

- der individuelle Förderbedarf ersetzt den Begriff der Sonderschulbedürftigkeit, d. h. hier erfolgt die Lösung der Förderung von der Institution,
- die Kind-Umfeld-Analyse ersetzt den Begriff der Diagnostik und bezieht alle Entwicklungsbereiche des Kindes mit ein,

- die Schülerinnen und Schüler werden jetzt nicht mehr den einzelnen Sonderschultypen zugeordnet, sondern je nach Förderbedarf individuellen Förderschwerpunkten,
- eine den Lernprozess begleitende Analyse schafft die Grundlagen für die Erziehung, Bildung und den Unterricht,
- die Förderung des Kindes kann an jeder Schulform erfolgen, sie ist nicht an die Einweisung in eine Förderschule gebunden,
- sonderpädagogische Förderzentren werden favorisiert und sollen die Integration in die Allgemeinen Schulen unterstützen (Drave/Rumpler/Wachtel 2000, 19).

Die Herausarbeitung von behinderungsspezifischen Förderschwerpunkten aus den relevanten Entwicklungsbereichen der Motorik, der Wahrnehmung, der sozialen und emotionalen Entwicklung, der Interaktion und Kommunikation und des Erlebens und Verhaltens und die gleichzeitige Verknüpfung mit der Erziehung und dem Unterricht war eine grundlegende Aufgaben- und Zielstellung. Viele Regelschulpädagogen und Förderpädagogen kennen diese Förderschwerpunkte in der folgenden Systematik nicht. Von daher ist es dringend notwendig allen Pädagogen und externen Lehrkräften einen umfassenden Überblick über die aktuelle Situation zu verschaffen. Folgende Förderschwerpunkte sind gemäß den Empfehlungen aus dem Jahre 1994 zu berücksichtigen:

- Förderschwerpunkte im Bereich des Lern- und Leistungsverhaltens, insbesondere des schulischen Lernens, des Umgehen-Könnens mit Beeinträchtigungen beim Lernen: – Förderschule Lernen
- Förderschwerpunkte im Bereich der Sprache, des Sprechens, des kommunikativen Handelns, des Umgehen-Könnens mit sprachlichen Beeinträchtigungen: – Förderschule Sprache
- Förderschwerpunkte im Bereich der emotionalen und sozialen Entwicklung, des Erlebens und der Selbststeuerung, des Umgehen-Könnens mit Störungen des Erlebens und des Verhaltens – Förderschule soziale und emotionale Entwicklung
- Förderschwerpunkte im Bereich der geistigen Entwicklung, des Umgehen-Könnens mit geistiger Behinderung – Förderschule geistige Entwicklung

- Förderschwerpunkte im Bereich der körperlichen und motorischen Entwicklung, des Umgehen-Könnens mit erheblichen Beeinträchtigungen im Bereich der Bewegung und mit körperlicher Behinderung – Förderschule körperliche und motorische Entwicklung
- Förderschwerpunkte im Bereich des Hörens, der auditiven Wahrnehmung und des Umgehen-Könnens mit einer Hörschädigung – Förderschule Hören
- Förderschwerpunkte im Bereich des Sehens, der visuellen Wahrnehmung, des Umgehen-Könnens mit einer Sehschädigung – Förderschule Sehen
- Förderschwerpunkte bei lang andauernder Erkrankung und beim Umgehen-Können mit einer lang andauernden Erkrankung – betrifft grundsätzlich alle Schulformen

Der Bildungsbericht 2014 macht mit Zahlen deutlich, dass noch immer mehr Schüler auf eine Förderschule wechseln als Schüler die Regelschule besuchen. Die Förderschulbesuchsquote bleibt trotz inklusiver Anstrengungen der Bildungspolitik relativ stabil, in manchen Bundesländern und Regionen gibt es in einzelnen Förderschwerpunkten sogar leichte Steigerungen, wie z. B. im Saarland bezogen auf den Förderschwerpunkt Lernen und emotionale und soziale Entwicklung. Offenbar sind zurzeit die Übergänge eine große Schwachstelle, das es zum einen zu Umetikettierungsdynamiken kommt und zum anderen werden offenbar besonders attraktive Werbeveranstaltungen von Förderschulen bei der Rekrutierung von Schülern durchgeführt. Schulische Übergänge sind für eine Reihe von Schülern sehr sensible Lebensphasen (Mays 2014, 30).

Paradigmenwechsel

Im Denken und im Blickwinkel der Betrachtung hinsichtlich der Unterrichtung haben wir zwei wichtige Änderungen vorgenommen:

Erstens haben wir uns von der Vorstellung der ausschließlichen Förderung und Unterrichtung von Kindern mit Behinderung in der Sonderschule als einziger Förderort befreit.

Zweitens haben wir in der Betrachtung der Kinder und Jugendlichen eine Kehrtwende und damit einen Perspektivenwechsel eingeleitet, der noch nicht überall so gesehen wird: weg vom Defizitansatz mit dem Blick ausschließlich auf die Schwächen und Defizite des Kindes mit Behinderung hin zum Potenzialansatz, d. h. jetzt werden die Möglichkeiten, Chancen, vorhandenen Kompetenzen, Ressourcen und Potenziale der Schüler stärker in den Blickpunkt des Unterrichts gestellt.

Die Gliederung der sonderpädagogischen Förderangebote und Maßnahmen erfolgt nicht mehr nach Sonderschultypen, also nach Institutionen, gegliedert, sondern nach Förderschwerpunkten, die nicht nur in Förderschulen, sondern auch in allgemeinen Schulen angegangen werden können. Somit wurden die bisher eingerichteten neun Sonderschultypen auf acht Förderschwerpunkte und damit sieben Förderschulen reduziert. Neu ist die Erkenntnis bzw. die bildungspolitische Auffassung, dass die sonderpädagogische Förderung sich als Ergänzung und Schwerpunktsetzung der Allgemeinen Pädagogik versteht. Die ursprüngliche Eigenständigkeit und Abtrennung der Sonderpädagogik von der Allgemeinen Pädagogik wird damit aufgehoben und rückgängig gemacht (Hannig 2000, 41). Kinder und Jugendliche können die Regelschulen dann besuchen, wenn sonderpädagogische Kompetenzen, d. h. geeignete professionelle Lehrkräfte, die sächlichen und materiellen Voraussetzungen sowie die notwendigen räumlichen und technischen Voraussetzungen gegeben sind. Dabei spielen die qualifizierten Lehrkräfte die Hauptrolle, weil wir wissen, wie wichtig die Lehrerinnen und Lehrer für die Kinder und Jugendlichen mit besonderem Förderbedarf sind. Darüber hinaus ist ebenso die feinabgestimmte Zusammenarbeit zwischen den Lehrkräften und den Fachkräften, wie z. B. die Erzieherinnen in den Kitas, beim Übergang in die Schule, die enge Kooperation mit Sozialarbeiten und Schoolworkern und die multiprofessionelle Betreuung durch externe Therapeutinnen, wie Logopädinnen oder Ergotherapeutinnen, wichtig. Sonderpädagogische Förderung sollte sich gemäß den Empfehlungen der Kultusministerkonferenz zur Sonderpädagogischen Förderung in den Schulen in der Bundesrepublik Deutschland nicht nur auf den Unterricht erstrecken, sondern ebenso auch auf die Lebenswelt außerhalb von Unterricht und Schule (Drave/Rumpler & Wachtel 2000, 35).

In Rheinland-Pfalz wurde bereits in den neunziger Jahren ein eigener Weg beschritten: man hat Grundschulen zu sogenannten Schwerpunktschulen umgewandelt; zurzeit verfügt Rheinland-Pfalz über 262 Schwerpunktschulen. Je nach der Größe der Schwerpunktschule arbeiten hier Förderschullehrerinnen und Förderschullehrer mit unterschiedlichen Fachrichtungen und können so vor Ort das gemeinsame Lernen mit allen Schülern entwickeln, beobachten und vorantreiben. Dort können nach dem ganz aktuellen Inklusionsgesetz aus dem Jahre 2014 Kinder und Jugendliche mit und ohne Behinderung gemeinsam unterrichtet werden.

Grundsätzlich stellt sich immer wieder die Frage, was können die Förderschulen als Institution und die Förderschullehrer als speziell ausgebildete Lehrkräfte an Expertise in den allgemeinbildenden Schulen einbringen.

2.3.4 Sonderpädagogische Förderschwerpunkte sowie lernförderliche Maßnahmen und Formen des Nachteilsausgleichs

Susanne Staub

Im Folgenden werden die sonderpädagogischen Förderbedarfe in den Förderschwerpunkten Lernen, Sprache, emotionale und soziale Entwicklung, körperliche und motorische Entwicklung, geistige Entwicklung sowie Hören und Sehen kurz beschrieben. Im Anschluss an die jeweilige Darstellung erfolgt eine stichpunktartige Zusammenstellung der Förderschwerpunkte für den Unterricht. Abschließend werden sich daraus ergebende Möglichkeiten des Nachteilsausgleichs beschrieben, die jederzeit modifiziert und/oder erweitert werden können.

In den Schulgesetzen der einzelnen Länder ist dargelegt, dass allen Schülerinnen und Schülern, deren schulische Leistungen aufgrund einer Krankheit bzw. Einschränkung beeinträchtigt sind, bei zielgleicher Unterrichtung ein Nachteilsausgleich zusteht. Die Anwendung des Nachteilsausgleichs ist grundsätzlich unabhängig von der Frage, ob für eine Schülerin bzw. einen Schüler sonderpädagogischer Förderbedarf festgestellt wurde; dabei gibt es in jedem Bundesland unterschiedliche Verwaltungs-Verfahrensvorschriften. Beispielhaft wird die Situation im Saarland dargestellt.

Soll ein Nachteilsausgleich beantragt und gewährt werden, gilt es, spezifische Bedingungen des jeweiligen Förderschwerpunkts zu beachten. Die Anwendung eines Nachteilsausgleichs stellt keine Bevorzugung der betroffenen Schülerinnen und Schüler dar. Mithilfe des Nachteilsausgleichs soll der Zugang zu

Fachinhalten und Aufgabenstellungen erleichtert werden. Dieser muss individuell auf die einzelne Schülerin/den einzelnen Schüler abgestimmt sein. Aufgabe der mit der Maßnahme betrauten Lehrkraft des Förderzentrums ist es, gemeinsam mit den Lehrkräften der Schülerin/des Schülers zu erarbeiten, welche Maßnahmen des Nachteilsausgleichs im Einzelfall sinnvoll und angemessen sind, um die Erbringung von Lernleistungen zu ermöglichen und zu erleichtern. Dabei ist es sinnvoll, im Einvernehmen mit den Sorgeberechtigten bzw. den volljährigen Schülerinnen und Schülern zu handeln.

(1) Förderschwerpunkt Lernen

In der Schule wird Kindern ein sonderpädagogischer Förderbedarf im Bereich Lernen zugeschrieben, wenn sie in ihrem Lern- und Leistungsvermögen umfassend von der Altersnorm abweichen – in der Regel zwei Schuljahre – und es sich um eine ausgeprägte Lernbeeinträchtigung oder -störung handelt. Diese Kinder benötigen zum erfolgreichen Lernen sonderpädagogische Förderung und Unterstützung mit entsprechenden differenzierten Lernangeboten. Der Förderbedarf beschränkt sich nicht nur auf das schulische Lernen, sondern erstreckt sich auf das lebenslange Lernen und zeigt sich in der Regel bereits während der frühkindlichen Entwicklung. Schülerinnen und Schüler mit sonderpädagogischem Förderbedarf „Lernen" unterscheiden sich von jenen ohne sonderpädagogischen Förderbedarf hauptsächlich dadurch, dass sie im Aneignungsprozess von Lerninhalten intensiver Hilfe und Unterstützung bedürfen. Dies erfolgt durch die Gestaltung entsprechend strukturierter Lernsituationen, kleinschrittiges Vorgehen, die Ermöglichung individueller Lernwege und die Nutzung spezieller Lehr- und Lernmittel.

Schülerinnen und Schüler mit dem sonderpädagogischen Förderschwerpunkt Lernen werden nach einem individuellen Förderplan entsprechend ihrem Leistungsniveau unterrichtet. Die Leistungsbewertung erfolgt ebenfalls individuell.

Da die Unterrichtung zieldifferent, nämlich nach dem Lehrplan der Förderschule Lernen, erfolgt, *kommt Nachteilsausgleich* für Schülerinnen und Schüler mit diesem Förderschwerpunkt *nicht in Frage*. Daher wird nicht von Nachteilsausgleich, sondern von lernförderlichen Maßnahmen gesprochen.

Lernförderliche Maßnahmen können u. a. sein:

Pädagogische Maßnahmen

- Ansprechen mehrerer Sinne zur Informationsaufnahme
- Anbieten von optischer Differenzierung, z. B. durch Signalfarben
- Bereitstellen zusätzlicher Anschauungs-, Informations- und Lernmittel
- Gewährung individueller Entspannungs- und Erholungsphasen
- Nutzen von didaktischen Materialien zum handlungsorientierten Arbeiten
- Möglichkeit der Inhaltsklärung vor/während der Arbeit
- Wiederholung und Umformulierung von Arbeitsaufträgen
- Vereinfachung von Lese- und Sachtexten
- strukturierte und übersichtliche Gestaltung von Arbeitsblättern
- übersichtliches, gut strukturiertes Tafelbild
- kleinschrittiges Vorgehen
- Aufgabenstellungen wählen, die Selbst- und Fremdkontrolle ermöglichen
- Einsatz fester Symbole
- Verwendung spezieller Lineaturen
- Einsatz von Software (z. B. Rechtschreibprogramme)
- gezielte inhaltliche Beschreibung zur Vorbereitung von Lernkontrollen
- Eingrenzung von Lernkontrollen in schriftlicher Form
- Individuelle Beurteilung bei Leistungserhebungen
- Lernkontrollen durch Ankreuzen von Antworten (multiple choice)
- Lernfortschrittsmessung am Individualplan
- kleine Lernfortschritte deutlich machen
- positive Leistungen hervorheben
- ermutigende Formen der Fehlerrückmeldung finden
- individuelle Lern- und Hausaufgaben geben
- mündliche statt schriftliche Lernkontrollen ermöglichen
- zeitweises Aussetzen der Benotung
- Verbalbeurteilung statt Ziffernbenotung
- individuell angepasste Lernzeit
- Erstellen eines indidviduellen Förderplans
- individuelle Rhythmisierung des Tagesablaufs
- Vermeidung von Reizüberflutung bei der Raumgestaltung
- Einsatz der Time-out-Methode

- Einsatz positiver Verstärker (Token-Systeme, Verhaltensplan)
- Möglichkeiten der ständigen Selbst- und Fremdeinschätzung

Räumliche, personelle und sächliche Maßnahmen
- äußere Differenzierungsmaßnahmen
- gezielte und sinnvolle Auswahl des Sitzplatzes
- individueller Stundenplan, Stundenverkürzung
- Änderung der Stundentafel
- zusätzliche Förderstunden (Kleingruppen- oder Einzelförderung)
- flexible Bildung von Lerngruppen
- intensive Elternarbeit (persönliche Elterngespräche, Mitteilungshefte, schriftliche Elternvereinbarungen etc.)
- Einbeziehung weiterer Kooperationspartner (Jugendamt, Jugendhilfeeinrichtungen, therapeutische Einrichtungen, Schulpsychologen etc.) (vgl. Kultusministerium Sachsen-Anhalt o. J., 28-29)

(2) Förderschwerpunkt Sprache

Ein Kind, das eingeschult wird, sollte die Muttersprache erworben haben. Das Kind kann alle Laute und Lautverbindungen richtig bilden. Die Grammatik und der Satzbau sind fehlerfrei. Der Wortschatz ist altersgerecht entwickelt. Das Kind versteht Arbeitsanweisungen und kann diese umsetzen. Das Kind erwirbt die Sprache in der aktiven Auseinandersetzung mit seiner Umwelt. Der Spracherwerb ist kein isolierter Vorgang, sondern er ist eingebettet in die frühkindliche Gesamtentwicklung. Hier beeinflussen sich biologische, sensorische, motorische, soziale und emotionale Prozesse wechselseitig, welche für das Gelingen des Spracherwerbs entscheidend sind.

Auffälligkeiten bzw. Störungen, besonders im Bereich der Aussprache (phonetisch-phonologische Ebene), im Bereich der Grammatik (morphologisch-syntaktische Ebene), im Bereich des Wortschatzes und der Wortbedeutung (semantisch-lexikalische Ebene), im Bereich des Sprachhandelns und Sprachgebrauchs (kommunikativ-pragmatische Ebene) sowie im Bereich des Sprachverstehens (rezeptive Ebene) können den Schriftspracherweb nachhaltig beeinträchtigen.

Bei Schülerinnen und Schülern mit dem Förderschwerpunkt Sprache erfolgt ein Nachteilsausgleich durch den Abbau möglicher sprachlicher Barrieren. Bei allen Leistungsanforderungen, die Sprachhandlungskompetenz voraussetzen, ist auf die spezifische Beeinträchtigung der Schülerinnen und Schüler angemessen Rücksicht zu nehmen. Der Nachteilsausgleich bezieht sich dabei auf Angebote zum Sprachverständnis, zur Sprachverwendung sowie zur Sprachnutzung. Formen des Nachteilsausgleichs bzw. lernförderliche Maßnahmen werden nachfolgend exemplarisch aufgezählt.

Pädagogische Maßnahmen:

- Wiederholen bzw. Umformulieren von mündlichen und schriftlichen Aufgaben bei vermindertem Aufgabenverständnis
- Ansprache mehrerer Sinne zur Informationsaufnahme (Visualisierung der Inhalte)
- Reduzierung/Differenzierung der Aufgaben bei nicht altersgemäßem Wortschatz
- schriftliche Überprüfungen anstatt mündlicher Kontrollen bei Beeinträchtigungen der Rede
- Ausgleich der Noten durch schriftliche, gestalterische, projekthafte Zusatzaufgaben
- verlängerte Arbeitszeiten bei schriftlichen Kontrollen oder Klassenarbeiten
- differenzierte Hausaufgaben
- mehr Zeit für mündliche Unterrichtsbeiträge
- Wiederholen von mündlichen Antworten
- Zeit zum Nachfragen einräumen
- Vorträge/Gedichte in Einzelsituationen
- übersichtliches Tafelbild
- Einsatz von Handzeichen/Lautgebärden
- klare und deutliche Aussprache
- differenzierte Bewertung (mehr Wert auf Inhalt und schlüssige Abfolge legen, weniger auf Satzstruktur, Grammatik und Schreibstil
- Nachschlagewerke zur Verfügung stellen
- Anbieten von Formulierungshilfen

- Auswahl bzw. Modifikation des Lehrmaterials (Ersetzen von Hörtexten auf Tonträgern durch geschriebene Texte)
- Strukturierung von Arbeitsblättern (übersichtliche Anordnung der Aufgaben, Platz zur Lösung freihalten, Zeichnungen/Fotos als visuelle Orientierungshilfe zum Aufgabeninhalt)
- Abbildungen übersichtlich gestalten (möglichst Farbkopie)
- Vergrößern der Schrift
- Verwenden von Wörterbüchern mit Registratur
- Nutzung von Laptop in schriftlichen Prüfungen
- Modifikation von Zeitvorgaben (schriftliche Prüfung: Zeitzugabe einplanen; mündliche Prüfung: Vorbereitungszeit verlängern, Zeitzugabe einplanen)
- Anpassen von Aufgabenstellungen (Formulierungen vereinfachen; Themen beim freien Schreiben kürzer gestalten);
- bei Bedarf Aufgabenstellungen vorlesen lassen
- Aufgabenstellungen mit eindeutigen Lösungen verwenden (Begriffsklärung sichern)
- Gewichtung der Bewertung analog zu LRS-Verwaltungsvorschrift

Räumliche, personelle und sächliche Maßnahmen

- gezielte und sinnvolle Auswahl des Sitzplatzes
- Ausschluss von Störgeräuschen
- Differenzierungsraum
- Vermeidung von Reizüberflutung
- PC-Arbeitsplatz
- Einbeziehung weiterer Kooperationspartner (Logopäde, schulärztlicher Dienst, Landessprachheilarzt, pädaudiologische Beratungsstellen) (vgl. Kultusministerium Sachsen-Anhalt o. J., 50)

Mögliche Maßnahmen zum Nachteilsausgleich werden am Beispiel eines stotternden Schülers der Klassenstufe 5 eines Gymnasiums aufgezeigt. Samuel kann flüssig sprechen, es gibt aber auch Situationen, in denen scheint er kein Wort herauszubekommen. Seine Sprache gerät ins Stocken. Solche Situationen sind für Samuel sehr unangenehm und sollten im Schulalltag vermieden werden. Eine Förderschullehrkraft informiert die unterrichtenden Lehrkräfte im Rahmen einer Klassenkonferenz über die Problematik. Es ist sinnvoll auch die Eltern zu dieser Veranstaltung einzuladen, da sie sehr gut beschreiben können, was therapieunterstützend von Seiten der Schule unternommen werden kann und wie sie als Eltern mit dem Stottern ihres Sohnes umgehen. Die Förderschullehrkraft berät die Kolleginnen und Kollegen bezüglich der Maßnahmen zum Nachteilsausgleich. Während des Schulalltags nimmt die Lehrkraft Samuel nur dann an die Reihe, wenn er sich meldet, denn Samuel weiß, wann er flüssig sprechen kann und wann er stottert. Es muss ihm ausreichend Zeit für seine Ausführungen gegeben werden. Anstelle mündlicher Leistungsnachweise (z. B. Abfragen von Vokabeln, Gedichte aufsagen ...) kann Samuel diese schriftlich erbringen. Präsentationen werden zu zweit vorgetragen. Ein Referat kann Samuel zu Hause aufnehmen und in der Klasse wird sein Beitrag abgespielt. Neben den unterrichtenden Lehrkräften werden die Mitschülerinnen und Mitschüler von der Förderschullehrkraft über das Thema Stottern informiert. Samuel kann sich so weit wie möglich einbringen, Therapieziele erläutern und beschreiben, wie er sich in einer stotternden Situation fühlt. Die Transparenz führt dazu, dass die Mitschüler in den Maßnahmen des Nachteilsausgleichs keinen Vorteil sehen und gegenüber der Problematik des Stotterns sensibel werden.

(3) Förderschwerpunkt emotionale und soziale Entwicklung

„Die pädagogische Ausgangslage von Kindern und Jugendlichen mit Förderbedarf im Bereich der emotionalen und sozialen Entwicklung ist von vielfältigen komplexen Wechselwirkungen zwischen Gesellschaft und Individuum, sozialem Umfeld und Persönlichkeitsentwicklung geprägt. Zudem können die Auswirkungen von Entwicklungsstörungen, Krankheiten und Behinderungen problemverstärkend wirken" (KMK 2000, 4). Das Zitat zeigt, wie schwierig es ist, diesen Förderschwerpunkt zu definieren, und wie vielfältig die Ausprägungen der Verhaltensproblematik sein können. Die Beeinträchtigung äußert sich durch eine Abweichung des Verhaltens von der Norm und wird verstanden als Regelverstoß, tritt über einen längeren Zeitraum in verschiedenen Verhaltensbereichen mit unterschiedlicher Intensität auf, wobei mindestens einer dieser Bereiche schulbezogen ist. Die Beeinträchtigung zeigt sich durch eine abweichende Art des Umgangs mit Personen und Gegenständen, ist eine Funktionsstörung des Person-Umwelt-Bezuges, ist im Rahmen allgemeiner Erziehungs- und Ordnungsmaßnahmen nicht beeinflussbar. Kinder und Jugendliche mit Beeinträchtigungen im emotional-sozialen Bereich begegnen uns im Schulalltag, weil sie ihre Verhaltensweisen gegen die Umwelt richten (Aggression, Trotz, Lügen, Stehlen, Stören des Unterrichts- und Schulablaufes) oder sie sich von der Umwelt absondern und/oder negative erzieherische Einflüsse auf sie einwirken, wie z. B. Überbehütung, autoritäre, gewaltbereite Erziehung, inkonsequente Erziehungshaltung oder Kriminalität.

Im Umgang mit einer Schülerin/einem Schüler mit emotional-sozialer Beeinträchtigung ist es bedeutsam nicht auf das Verhalten zu reagieren, sondern im Vorfeld so zu agierten, dass die Schülerin/der Schüler sich möglichst angemessen verhalten kann.

Formen des Nachteilsausgleichs bzw. lernförderliche Maßnahmen bei Schülerinnen und Schülern im Bereich der emotionalen und sozialen Entwicklung können in Bezug auf *pädagogische Maßnahmen* u. a. sein:

- klare und transparente Strukturierung des Schulalltags als Orientierungshilfe
- Rituale zur Schaffung von Sicherheit
- genaue Handlungsanweisungen
- Verhaltensverträge und konsequentes Beachten der Einhaltung
- Gewährung individueller Entspannungs- und Erholungsphasen
- Angebot von speziellen Sport- und Bewegungsformen oder von Entspannungstechniken
- Sicherung der Lehrerzentriertheit, Schaffung optimaler Sichtbedingungen
- Vermeidung von Reizüberflutung
- Partner- und Gruppenarbeit, um Orientierung am Vorbild zu ermöglichen
- phasenweise Einzel- oder Gruppenarbeit (räumliche und/oder zeitliche Differenzierung)
- Ausgleich von schriftlichen Noten durch mündliche Zusatzaufgaben, z. B. Vorträge, Referate u. Ä.
- Ausgleich von mündlichen Noten durch schriftliche oder gestalterische Zusatzaufgaben
- Reduzierung des Schreibumfanges

- Einsatz differenzierter Lernformen
- Arbeit mit differenzierten Aufgabenstellungen
- differenzierte Hausaufgaben
- Bereitstellen zusätzlicher Lern- und Informationsmittel (Nachschlagewerke, Formelsammlungen, Computer etc.)
- Textvereinfachung bei Sicherung des gleichen Inhalts/vereinfachte Formulierung von Aufgabenstellungen bzw. zusätzlicher Erläuterungen
- Fragen und Aufgabenstellungen für Klassenarbeiten, Tests und täglichen Übungen stets auch in schriftlicher Form
- zur Vorbereitung auf Klassenarbeiten gezielte Themenbeschreibungen und Eingrenzungen in schriftlicher Form
- Arbeitszeitverlängerungen bei Klassenarbeiten und schriftlichen Kontrollen
- Reduzierung der Aufgabenzahl/des Aufgabenumfangs bei schriftlichen Leistungskontrollen (bei gleicher Wertigkeit)
- stärkere Gewichtung von mündlichen/schriftlichen Leistungskontrollen
- Durchführung mündlicher/schriftlicher Leistungskontrollen in Einzelüberprüfungen bzw. Kleingruppen
- größere Exaktheitstoleranz bei schriftlichen und manuellen Tätigkeiten
- zeitweiliges Aussetzen der Zensierung
- Änderung der Stundentafel

Räumliche, personelle und sächliche Maßnahmen:
- Gezielte und reizarme Auswahl des Sitzplatzes
- Raum für Rückzugsmöglichkeiten vorhalten
- individuelle Pausenbetreuung durch zusätzliches Personal
- intensive Elternarbeit (persönliche Elterngespräche, Mitteilungshefte, schriftliche Elternvereinbarungen etc.)
- intensive Einbeziehung weiterer Kooperationspartner (Jugendamt, Jugendhilfeeinrichtungen, therapeutische Einrichtungen, Schulpsychologen, kinder- und jugendpsychiatrische Einrichtungen etc.) (vgl. Kultusministerium Sachsen-Anhalt o. J., 39)

(4) Förderschwerpunkt körperliche und motorische Entwicklung

„Als körperbehindert wird eine Person bezeichnet, die infolge einer Schädigung des Stütz- und Bewegungssystems, einer anderen organischen Schädigung oder einer chronischen Krankheit so in ihren Verhaltensmöglichkeiten beeinträchtigt ist, dass die Selbstverwirklichung in sozialer Interaktion erschwert ist. Körperbehinderungen können sehr unterschiedliche Ausmaße annehmen und sich in verschiedenen Erscheinungsbildern äußern. Sie sind nicht vorübergehend, sondern in jedem Fall längerfristig oder lebenslang gegeben. Dabei können Übergänge zu chronischen Erkrankungen fließend sein.

Eine körperliche Behinderung betrifft den Menschen jedoch nicht allein rein funktional auf einem körperlichen Bereich, sondern stets in seiner Gesamtpersönlichkeit. Motorik, Wahrnehmung, Intelligenz, Lernen, Handlungsfähigkeit, emotionales Verhalten, Kommunikation und die Identitätsentwicklung in der sozialen Interaktion sind betroffen.“ (Bechstein 20, Praxis der Motopädie – Psychomotorik, 2006)

„Schülerinnen und Schüler mit sonderpädagogischem Förderbedarf im Bereich körperlicher und motorischer Entwicklung sind eine sehr heterogene Gruppe. Entsprechend vielfältig ist der jeweils individuelle Bedarf an pädagogischer Förderung, abhängig von den Erscheinungsformen und Schweregraden der Beeinträchtigungen“ (Landesfachkonferenz Körperbehindertenpädagogik – Saarland o. J., 5).

Die Erscheinungsformen sind vielfältig und sind exemplarisch dargestellt. Bei *cerebralen Bewegungsstörungen* kann es je nach Lokalisation der Schädigung der Großhirnrinde zu folgenden Erscheinungsbildern kommen: erworbene cerebrale Bewegungsstörungen wie Spina bifida, spinale Kinderlähmung, Querschnittslähmung; *Schädigung von Muskulatur* wie progressive Muskeldystrophie, Dysmelie; *Schädigungen des Skelettsystems* wie Osteogenesis imperfecta (Glasknochen), Osteoporose (Knochenschwund); Fehlstellungen der Wirbelsäule wie Skoliose (seitliche Verbiegung der Wirbelsäule), Lordose (Verkrümmung nach vorn); *motorische Störungen* wie z. B. Multiple Sklerose und Entwicklungsstörungen motorischer Funktionen wie Entwicklungsdyspraxie; *Fehlbildungen* wie Kleinwüchsigkeit oder Robbengliedrigkeit. Zu körperlichen Beeinträchtigungen zählen auch Schädigung durch *chronische Krankheit* oder

Fehlfunktionen der Organe wie z. B. Blutkrankheiten, chronische Nierenleiden. Aus der Schädigung einer körperlichen Struktur oder Funktion können Beeinträchtigungen in anderen Persönlichkeitsbereichen entstehen wie z. B. Beeinträchtigung der Wahrnehmung, der Intelligenz, des Lernens, des Verhaltens oder der Kommunikation.

Die Schülerin/der Schüler wird entsprechend seinen Leistungsfähigkeiten und -fertigkeiten zielgleich nach dem Lehrplan der Regelschule oder zieldifferent nach dem Lehrplan der Förderschule Lernen bzw. nach dem Lehrplan der Förderschule geistige Entwicklung unterrichtet. Aufgrund der individuellen Belastbarkeits- und Lernprofile der Schülerinnen und Schüler mit dem Förderschwerpunkt körperliche und motorische Entwicklung sollen Unterrichtsplanung und -verlauf so strukturiert werden, dass die jeweilige Bedürfnislage in der Unterrichtssituation berücksichtigt werden kann. Formen des Nachteilsausgleichs bzw. lernförderliche Maßnahmen werden nachfolgend exemplarisch aufgezählt.

Pädagogische Maßnahmen beziehen sich auf zeitliche Vorgaben, Leistungsdifferenzierung und fachspezifische Formen.

- Zeitzugabe
- individuelle Pausengestaltung bzw. -regelung
- Entspannungsphasen
- verkürzte Aufgabenstellungen
- Austausch von Aufgaben und Aufgabenteilen
- Wiederholungen und zusätzliche Erläuterungen von Aufgabenstellungen
- differenzierte Hausaufgabenerteilung
- verstärkter Einsatz von Anschauungsmitteln
- Verbalisieren von Handlungsabläufen
- differenzierte Bewertung und Zensierung
- mündliche statt schriftliche Arbeitsformen (z. B. Aufsätze auf Band sprechen)
- spezielle Sport- und Bewegungsangebote
- Verzicht auf Mitschrift von Tafelbildern, stattdessen Bereitstellung als Kopie oder Fremdmitschrift
- Verkürzung der Stundentafel

- Veränderung inhaltlicher Schwerpunkte im Rahmen curricularer Vorgaben bei Schülerinnen und Schülern mit fortschreitenden oder lebensbedrohlichen Erkrankungen
- Krankenhaus- oder Hausunterricht
- Schülerpatenschaften zur Unterstützung während des Schulalltags
- größere Exaktheitstoleranz bei motorischen Anforderungen (Schriftbild, zeichnerische Anforderungen, Geometrie)
- Verringerung der inhaltlichen Anforderungen in verstärkt praktisch angelegten Fächern
- Verzicht auf Überprüfung praktischer Unterrichtsleistungen
- Ersatz durch mündliche Darbietung (z. B. bei geometrischen Konstruktionen)
- Einsatz von vergrößerten Arbeitsblättern
- Ausstattung mit doppeltem Satz an Schulbüchern zum Verbleib in der Schule

Räumliche, personelle und sächliche Maßnahmen

- so wenig Klassenraumwechsel wie nötig
- übersichtliche Raumgestaltung
- Vermeidung von Blendung durch Lichteinfall
- Bereitstellen von Mobilitätshilfen (Sportrollstuhl, Rollator, Dreipunktstützen, Rollstuhl)
- Verwendung von Feinlinern oder anderen geeigneten Stiften bzw. Haltevorrichtungen für Stifte
- Einsatz von rutschhemmender Folie auf Tischen
- Einsatz von Beschwerern für Hefte und Papier
- Verwendung einer speziellen Lineatur
- Verwendung von speziellen Zirkeln, Scheren, Linealen etc.
- Einsatz von Computern im Unterricht
- Verwendung von speziellen Tastaturen
- Einsatz von Diktiergeräten
- Angebote für spezielle Sport- und Bewegungsangebote
- Bereitstellen von speziellen Möbelstücken, z. B. höhenverstellbare, neigbare Tische, Spezialstuhl, Stehbretter, Sitzbälle

- behindertengerechte Toilette
- Wickelraum, Wickelliege
- Schaffen von Entsorgungshilfen für hygienische und medizinische Artikel
- Bereitstellen von unterstützendem Personal (Integrationshelfer, Krankenschwester, Physiotherapeut etc.)
- Barrierefreiheit der Schule (Griff- und Haltehilfen, Lift etc.)
- absenkbare Waschbecken
- Bereitstellen von ergänzenden Räumlichkeiten

Die wohnortnahe Unterrichtung eines Kindes mit sonderpädagogischem Förderbedarf im Bereich der körperlichen und motorischen Entwicklung kann durch das Zusammenleben und -lernen von Schülerinnen und Schülern mit und ohne sonderpädagogischem Förderbedarf einen wichtigen Beitrag zur sozialen Integration leisten. Entscheidend ist, den Schüler zu akzeptieren, dessen besondere Situation sowie die unterschiedlichen Lernwege und Lernmöglichkeiten zu berücksichtigen. Das Ziel hierbei ist die größtmögliche Selbständigkeit der Schülerin/des Schülers. Dem besonderen motorischen Förderbedarf muss die Schule im Rahmen ihrer Möglichkeiten Rechnung tragen. Dies bedeutet insbesondere, dass die zur Bewegungsförderung und -erleichterung notwendigen Hilfsmittel im Schulalltag eingesetzt werden können. Auch am Sportunterricht sollte der Schüler in angemessener Weise teilnehmen können.

Eine wichtige Rolle kommt hierbei der Förderschullehrkraft zu, die die Regelschullehrkraft in Bezug auf lernförderliche Maßnahmen bzw. Formen des Nachteilsausgleichs berät und unterstützt. Diese übernimmt umfängliche Beratungsaufgaben, z. B. – in diagnostischen Fragestellungen – bei der Erstellung des individuellen Förderplans, bei Besonderheiten des Lernverhaltens und bei der Erstellung geeigneter Unterrichtskonzepte, bei besonderen kognitiven Schwierigkeiten wie dem Aufbau des räumlichen Denkens und den daraus resultierenden weiteren Schwierigkeiten beim Erlernen der Kulturtechniken – in der Zusammenarbeit mit den Erziehungsberechtigten – bei der Anschaffung und Anwendung spezieller Hilfsmittel und veranschaulichender Medien, im bewegungserleichternden Umgang mit dem Schüler – bei Fragen der Eingliederungshilfe auf der Grundlage des Sozialgesetzbuches (SGB) – ggf. bei Kontakten zu Schulträgern, Krankenkassen, Orthopädiemechanikern, ambulanten

Therapeuten etc. Die Förderschullehrkraft hat bezüglich von Schullaufbahnentscheidungen eine entscheidende Rolle. Sie arbeitet Vorschläge für einen individuell angemessenen Nachteilsausgleich bei Leistungsüberprüfungen und Abschlussprüfungen aus. Die Entscheidung darüber trifft die Klassen- bzw. Stufenkonferenz. Ebenso ist sie einzubeziehen in die Erstellung der Grundschulempfehlung und den Wechsel an eine weiterführende Schule. Sie unterstützt bei der Orientierung in Berufsfeldern (Praktika) und beim Übergang in eine berufliche Ausbildung bzw. schulische Weiterbildung (Landesfachkonferenz Körperbehindertenpädagogik – Saarland o. J., 8-9).

Beispiel: Chronisch kranker Schüler
Beispielhaft werden die Möglichkeiten des Nachteilsausgleichs bei einem chronisch kranken Schüler einer Fachoberschule aufgezeigt. Jonas besucht derzeit die 12. Klasse. Seit zwei Jahren muss er jede Nacht an ein Heimdialysegerät angeschlossen werden. Auf Grund der Erkrankung und den Folgeerscheinungen (schlaflose Nächte, Erschöpfungszustände, mangelnde Konzentrationsfähigkeit ...) sowie damit verbundener Krankenhausaufenthalte hat er auch in diesem Schuljahr bereits viele Fehltage, so dass Jonas dem Unterrichtsstoff nicht mehr folgen kann. Die Lücken sind inzwischen so groß, dass er nicht zur Abiturprüfung zugelassen wird. Im Rahmen einer Klassenkonferenz werden zum Nachteilsausgleich konkrete Maßnahmen beschlossen. Jonas erhält schulbegleitend Hausunterricht im Umfang von sechs Wochenstunden in den Fächern, in denen der meiste Stoff aufgearbeitet werden muss. Der Stoffumfang wird reduziert, ohne dass eine qualitative (inhaltliche) Reduzierung erfolgt. Bis zum Beginn der Abiturprüfungen nimmt Jonas im Rahmen seiner Möglichkeiten am Unterricht der Klassenstufe 12 teil, um durch die Wiederholung des Stoffes als Vorbereitung auf die bevorstehende Prüfung zu erkennen, wo der größte Bedarf besteht, Inhalte aufzuarbeiten. Dazu schreibt Jonas die Klassenarbeiten des zweiten Halbjahres mit, die zwar korrigiert, aber nicht bewertet werden. Mit Beginn der Abiturprüfungen (Anfang Mai) wechselt Jonas in Klassenstufe 11, nimmt dort im Rahmen der Möglichkeiten am Unterricht teil und erhält zum Ausgleich der Fehlzeiten schulbegleitenden Hausunterricht. Die neue Klassengemeinschaft wird in einer Gesprächsrunde über die Situation von Jonas auf-

geklärt. Jonas berichtet über seine Krankheit, die betreuende Förderschullehrkraft informiert die Mitschülerinnen und Mitschüler über die Maßnahmen des Nachteilsausgleichs und die Modifizierung des Schulmorgens, wenn dies notwendig ist. So kann Jonas je nach körperlicher Verfassung später zum Unterricht kommen bzw. früher nach Hause gehen. Die Unterlagen zu dem versäumten Unterrichtsstoff – auch bei Fehltagen – bekommt er durch einen Mitschüler.

Sein Hausaufgabenpensum ist quantitativ geringer. Bei Klassenarbeiten bekommt Jonas Ruhezeiten eingeräumt, kann eine Klassenarbeit unter Aufsicht auch zu Hause schreiben. Zur Notenfindung werden alternative Leistungen herangezogen (Referate, Präsentationen etc.).

Durch das Zurücktreten in Klassenstufe 11 kann Jonas bekannten Unterrichtsstoff wiederholen und den versäumten Stoff nacharbeiten. Da er Klassenstufe 11 mit Erfolg abgeschlossen hatte, braucht er das in dieser Klassenstufe durchgeführte Praktikum von zwei Tagen in der Woche nicht zu wiederholen, sondern kann diese Zeit durch den Hausunterricht bzw. Eigenstudium gezielt zum Nacharbeiten nutzen. In der neuen Klassengemeinschaft kann er sich im ersten Halbjahr der Klassenstufe 12 für die Zulassung zum Fachabitur qualifizieren.

Zu Beginn von Klassenstufe 12 stellt die Förderschullehrkraft dem Kollegium mögliche Maßnahmen vor, die in der bevorstehenden Prüfung sinnvoll sind (z. B. Zeitverlängerung mit längeren Ruhephasen, Prüfung unter Aufsicht in häuslicher Umgebung). Die Maßnahmen werden beschlossen und der zuständigen Schulaufsicht zur Entscheidung vorgelegt.

(5) Förderschwerpunkt geistige Entwicklung

Geistige Behinderung ist ein mehrdimensionales Phänomen. „Geistige Behinderung bezieht sich auf substanzielle Einschränkungen der situativen Handlungsfähigkeit. Die intellektuellen Fähigkeiten sind signifikant unterdurchschnittlich; gleichzeitig liegen damit zusammenhängende Erschwernisse in zwei oder mehreren der nachfolgend genannten Bereiche des täglichen Lebens vor: Kommunikation, Selbstversorgung, Wohnen, Sozialverhalten, Benutzung der Infrastruktur, Selbstbestimmung, Gesundheit und Sicherheit, lebensbedeutsame Schulbildung, Arbeit und Freizeit“ (AAMR 1992B in: Kultusministerium

Sachsen-Anhalt o. J., 52). Kinder und Jugendliche mit einer geistigen Behinderung zeigen unterschiedliche Erscheinungsbilder in den verschiedenen Entwicklungsbereichen. Sie benötigen besondere Hilfen bei der Entwicklung von Wahrnehmung, Sprache, Denken und Handeln sowie Unterstützung zur selbständigen Lebensführung und bei der Findung und Entfaltung der Persönlichkeit. Vielfach wird die Lern- und Lebenssituation dieser Kinder und Jugendlichen durch körperliche, psychische und soziale Beeinträchtigungen zusätzlich erschwert (Kultusministerkonferenz 1998, 4). Ziel der Förderung ist es, je nach den individuellen Voraussetzungen zu einer selbstbestimmten Gestaltung des Lebens beizutragen. Ziele und Inhalte des Unterrichts müssen im Blick auf die individuellen Lernvoraussetzungen der Schülerinnen und Schüler modifiziert werden. Grundlage der individuellen Förderpläne sind die Lehrpläne der Förderschule geistige Entwicklung der jeweiligen Länder. Eine didaktische Aufbereitung der Inhalte und eine flexible Organisation des Unterrichts sind unumgänglich. Das Aufgabengebiet bei der schulischen Förderung einer Schülerin/eines Schülers mit einer geistigen Behinderung ist sehr komplex und schließt viele Teilbereiche ein, so z. B.:

- Förderung in den Bereichen der Motorik und der Wahrnehmung, der Kommunikation, der Emotionalität und des Sozialverhaltens
- Entwicklung von Merkfähigkeit, Aufbau von Transferkompetenz, vorausschauendem Denken und Problemlöseverhalten
- Entwicklung der Kommunikationsfähigkeit durch Lautsprache, Gebärden, Bildsymbole und andere Formen
- Aufbau des Sprachverständnisses, des sprachlichen Ausdrucksvermögens und des Sprechvermögens
- Begriffsbildung und Anwenden von Begriffen
- Ermöglichung von Erfahrungen zur alters- und geschlechtsspezifischen Entwicklung zu Ich-Identität und Sinnfindung
- Entwicklung einer selbstbestimmten Handlungsfähigkeit
- Orientierung im Umfeld, Erarbeiten von Kenntnissen in den Bereichen Gesundheit, Umwelt, Natur und Technik
- Vermittlung grundlegender Fähigkeiten und Handlungsmöglichkeiten in den Bereichen des Lesens, Schreibens und Rechnens

- Begegnung mit Musik, Rhythmik, bildnerischen und bewegungsbetonten Möglichkeiten sowie Religion, Sport und Hauswirtschaft
- Aufbau von Selbständigkeit in Bereichen von Selbstversorgung, von Spiel und Freizeit, von sozialen Beziehungen und sozialem Umfeld sowie von Arbeit und Beschäftigung
- Gebrauch von Hilfsmitteln sowie Annehmen und Beachten von Lernhilfen, Pflege und Beratung
- Unterstützung des familiären und sozialen Lebensfeldes (vgl. Kultusministerkonferenz 1998, 6)

Da die mit der Beratung und Betreuung beauftragte Förderschullehrkraft nicht zwangsläufig eine fachliche Spezialisierung im Bereich des sonderpädagogischen Förderschwerpunktes geistige Entwicklung hat, muss sie die fachliche Expertise einholen, um die Regelschullehrkraft bezüglich des komplexen Aufgabengebietes angemessen unterstützen zu können. Dem erhöhten Beratungsbedarf ist Rechnung zu tragen.

Konkrete lernförderliche Maßnahmen werden im Folgenden exemplarisch aufgelistet.

Pädagogische Maßnahmen:

- Festlegen einer geeigneten Sitzanordnung in der Klasse
- Aufbau und Pflege von Unterstützersystemen – soziales Lernen
- Lernen am gemeinsamen Lerngegenstand unter Bezugnahme curricular festgelegter Inhalte der allgemeinbildenden Schule und der jeweiligen Förderschwerpunkte
- Änderung des individuellen Stundenplans (Stunden der sonderpädagogischen Schwerpunktgestaltung hinsichtlich Sprache, Stimulation, Motorik, Sensomotorik, Musiktherapie etc.)
- Festlegung individueller Zielsetzungen
- Erstellen eines individuellen Förderplans
- Individuelle Orientierungs- und Strukturierungshilfen
- differenzierte Hausaufgabenstellung
- individuelle Pausen und Rhythmisierung des Schulalltags
- Einsatz von Handzeichen und Lautgebärden

- Aneignung von Lerninhalten auf der Basis der vier Ebenen ermöglichen:
  - *sinnlich-wahrnehmendes Lernen* (taktiles Erfassen ermöglichen, hören, betrachten von realen Gegenständen bzw. Situationen, riechen, schmecken)
  - *handelnd-aktives Lernen* (konkrete, unmittelbar handelnde Auseinandersetzung mit dem Lerngegenstand ermöglichen; aktive Auseinandersetzung mit der dinglichen bzw. sozialen Umwelt)
  - *bildlich-anschauliches Lernen* (zwei- und dreidimensionale Repräsentation der Realitätsmodelle, Filme, Fotos, Zeichnungen, Skizzen, Karten, Schablonen, zusätzliche Puzzles)
  - *begrifflich-anschauliches Lernen* (vereinfachte Tafelbilder, Arbeitsblätter, Lückentexte, geringer Umfang, Textveränderung, Umformulierung)
  - mündliche statt schriftliche Arbeitsform und umgekehrt

Räumliche, personelle und sächliche Maßnahmen

- genügend Platz, damit zu große Nähe nicht zwingend notwendig wird, um Dichtestress zu vermeiden)
- bei Bedarf mehrere Räume organisieren, um kleinere Gruppen bilden zu können
- Vorhalten von Raum für Rückzugsmöglichkeiten für einzelne Schüler oder Kleinstgruppen
- Einsatz von Computern mit entsprechender Lernsoftware
- Verwendung von speziellen Tastaturen
- Orientierung durch farbliches Hervorheben
- Angebote für spezielle Sport- und Bewegungsanforderungen
- individuelle Pausenbetreuung
- ggf. Einplanen von zusätzlichem Personal
- Beachtung des erhöhten Pflegeaufwandes (vgl. Kultusministerium Sachsen-Anhalt o. J., 56)

(6) Förderschwerpunkt Hören

Förderbedarf im Bereich Hören besteht, wenn die auditive Wahrnehmung und/oder die Verarbeitung so beeinträchtigt sind, dass Einschränkungen des Sprachverständnisses bestehen. Die Beeinträchtigung kann eine periphere Hörschädigung, eine auditive Verarbeitungs- und Wahrnehmungsschwäche oder eine Hörschädigung in Verbindung mit weiterem Förderbedarf sein. Schülerinnen und Schüler mit einem sonderpädagogischen Förderbedarf im Bereich Hören werden nach dem Lehrplan der Regelschule unterrichtet. Sonderpädagogische Förderung hat darüber hinaus Bildungsaufgaben zu erfüllen, die sich aus der Lebenswirklichkeit Hörgeschädigter ergeben. Sie fördert vor allem den Spracherwerb und führt hin zur Sprachkompetenz. Sie verringert die Auswirkungen einer Hörschädigung und baut kompensatorische Fähigkeiten auf. Die sonderpädagogische Förderung unterstützt und begleitet die Kinder und Jugendlichen mit Hörschädigungen durch individuelle Hilfen, um für sie ein möglichst hohes Maß an schulischer und beruflicher Eingliederung, gesellschaftlicher Teilhabe und selbständiger Lebensgestaltung zu erlangen. Bei Hörgeschädigten bestehen in der Regel vom frühen Lebensalter an Schwierigkeiten, vor allem gesprochene Sprache zu erfassen. Das Ausmaß der Folgen einer Hörschädigung wird im Einzelfall durch eine Vielzahl von Faktoren bestimmt. So sind entscheidend: Beginn der Hörschädigung, Art und Grad der Hörschädigung, Beginn und Art der durchgeführten Fördermaßnahmen, Versorgung mit technischen Hilfen, Kommunikation und Spracherfahrung, Lern- und Leistungsverhalten sowie Einstellung und Verhalten von Bezugspersonen und Umwelt (vgl. Kultusministerkonferenz 1996, 4).

Damit hörgeschädigte Kinder und Jugendliche erfolgreich am Unterricht der Regelschule teilnehmen können, müssen neben der fachkompetenten Unterstützung durch eine Förderschullehrkraft sächliche und räumliche Voraussetzungen geschaffen werden können. Zu den notwendigen Voraussetzungen gehören vor allem die Möglichkeit, Sprache vom Munde abzusehen durch eine geeignete Sitzordnung, günstige Lichtverhältnisse, angemessene Raumakustik, dazu die Versorgung mit elektroakustischen und anderen technischen Hilfsmitteln. Da die mit der Beratung und Betreuung beauftragte Förderschullehrkraft nicht zwangsläufig eine fachliche Spezialisierung im Bereich des sonderpädagogischen Förderschwerpunktes Hören hat, muss sie die fachliche Expertise einholen, um die Regelschullehrkraft bezüglich des komplexen Aufgabengebietes angemessen unterstützen zu können.

Beispielhaft werden lernförderliche Maßnahmen bzw. Formen des Nachteilsausgleichs aufgezeigt, um den Nachteil, der durch eine Hörbeeinträchtigung besteht, zu kompensieren.

Pädagogische Maßnahmen:
- verstärkte Visualisierung der Inhalte
- Antlitzgerichtetheit
- klares Mundbild
- Einsatz von Handzeichen, Lautgebärden
- Beachten des Standortes (kein Gegenlicht)
- Gestaltung der Sitzordnung (U-Form, damit das hörgeschädigte Kind in die Klasse blickt
- Visualisierung von wichtigen Informationen (z. B. Hausaufgaben, Lernkontrollen, Termine u. a.)
- Einsatz von Sitznachbar/Mitschüler als Mentor (Stundenprotokolle, Zwischenfragen etc.)
- Lehrer- bzw. Schülerecho bei mündlichen Schülerbeiträgen
- Aufstellen und Einhalten von Gesprächsregeln
- Klare Formulierung von Arbeitsanweisungen und Kontrolle, ob sie verstanden wurden
- Anpassung von Texten und Aufgabenstellungen (Veränderung, Verkürzung, Umformulierung)
- Längere Bearbeitungszeit bei Klassenarbeiten bzw. verkürzte Aufgabenstellungen
- schriftliche statt mündliche Arbeitsform
- Ausgleich einer Note durch schriftliche/mündliche, gestalterische, projekthafte Zusatzaufgaben
- Möglichkeiten der Inhaltsklärung von Fragen vor bzw. während der Arbeit
- bei Lehrfilmen Inhalt vorab oder danach zum Mitlesen mitgeben bzw. dem Schüler den Inhalt kurz erläutern
- möglichst keine Tonträger einsetzen; wenn doch, Text zusatzlich vorlesen (Mundbild)
- schriftliche Kurzkontrollen (z. B. Vokabeltest)

- bei Diktaten langsam und deutlich sprechen (Mundbild), gute Absehbedingungen schaffen, mehrere Wiederholungen zulassen, wenn möglich Einzeldiktat, keine Bewertung von Hörfehlern
- Bewertungsschwerpunkt auf den Inhalt und seine schlüssige Abfolge legen, weniger auf Satzstruktur, Grammatik und Schreibstil
- Duden und Synonymwörterbuch zur Verfügung stellen
- geringere Gewichtung der Aussprache (evtl. Lautschrift einsetzen)
- Musik: keine Bewertung von Höraufgaben; keine Bewertung der Melodieführung, zur Bewertung andere Leistungen heranziehen (z. B. Textsicherheit, Kenntnisse der Musikgeschichte)

Räumliche, personelle und sächliche Maßnahmen

- Ausstattung der Räume mit schallschluckenden Materialien (Teppich, Raumdecken etc.)
- Raumgestaltung mit schallschluckenden Materialien (Korkwände, Gardinen etc.)
- Einsatz von FM-Übertragungsanlagen und anderen Höranlagen
- ggf. Einsatz von Integrationshelfer
- Einbeziehung weiterer Kooperationspartner (Logopäde, schulärztlicher Dienst, Landessprachheilarzt etc., pädaudiologische Beratungsstellen, Zentren für Hörgeschädigte, Hörgeräteakustiker etc.)
- Unterstützung bei der Berufswahl bzw. Berufswahlvorbereitung (vgl. Kultusministerium Sachsen-Anhalt o. J., 71, 72)

(7) **Förderschwerpunkt Sehen**

„Sonderpädagogische Förderung soll das Recht der Kinder und Jugendlichen mit Förderbedarf im Förderschwerpunkt Sehen, visuelle Wahrnehmung und Umgehen-Können mit einer Sehschädigung auf eine ihren persönlichen Möglichkeiten entsprechende schulische Bildung und Erziehung verwirklichen. Sie soll dazu beitragen, Schülerinnen und Schülern mit Sehschädigungen aller Arten und Grade die Umwelt zu erschließen und die Entwicklung von Orientierung und Verhalten bei Anforderungen des Alltags in bekannter und unbekannter Umgebung zu fördern. Aus diesem Grund werden Sehfähigkeiten entwickelt und gefördert, die Ausbildung der Mobilität und der Erwerb lebenspraktischer Fertigkeiten sowie Begriffsbildung und Kommunikationstechniken besonders unterstützt. Die sonderpädagogische Förderung ist darauf angelegt, die Identitätsfindung der sehgeschädigten und wahrnehmungsgestörten jungen Menschen zu unterstützen. Ziel ist dabei, ein möglichst hohes Maß an schulischer und beruflicher Eingliederung, gesellschaftlicher Teilhabe und selbstständiger Lebensgestaltung zu gewährleisten" (Kultusministerkonferenz 1998, 2).

Unter dem Aspekt der Sehschädigung kann sonderpädagogischer Förderbedarf bei Kindern und Jugendlichen mit Blindheit, Sehbehinderung, Sehbeeinträchtigung, visueller Wahrnehmungs- und Verarbeitungsstörung, Hör-Seh-Schädigung oder Mehrfachbehinderung mit Sehstörung bestehen. Als wichtigstes Kriterium zur Festlegung einer Sehschädigung wurde die Messung der Sehschärfe zugrunde gelegt. Ergänzend werden Gesichtsfeldausfälle, Lichtsinnstörungen, Farbfehlsichtigkeiten und Bewegungsstörungen genannt, die eine Verschlechterung des Sehvermögens bedingen können (vgl. Kultusministerium Sachsen-Anhalt o. J., 73). So unterscheidet man zwischen Blindheit und hochgradiger Sehbehinderung, Sehbehinderung und Sehbeeinträchtigung, visueller Wahrnehmungs- und Verarbeitungsstörung. Außerdem kann eine Sehbehinderung mit einer weiteren Behinderung vorliegen, z. B. Hörbeeinträchtigung.

So vielfältig die Auswirkungen einer Sehschädigung auf den Lernprozess sind, so vielfältig sind die Bedingungen, die eine Schülerin oder ein Schüler benötigt, um erfolgreich lernen zu können. Sie richten sich nicht nur nach der Art der Sehschädigung, sondern auch nach der Persönlichkeitsstruktur der/des Betroffenen. Bei ähnlicher augenärztlicher Diagnose sind nicht unabdingbar die gleichen Bedingungen und Nachteilsausgleiche erforderlich. Individuelle Besonderheiten müssen in Einklang gebracht werden mit den pädagogischen, räumlichen, personellen und sächlichen Voraussetzungen des Lernens sowie den eventuell erforderlichen Maßnahmen zum Nachteilsausgleich bei Leistungserhebungen.

Beispielhaft werden lernförderliche Maßnahmen bzw. Formen des Nachteilsausgleichs aufgezeigt, um den Nachteil, der durch einen sonderpädagogischen Förderbedarf im Bereich Sehen besteht, zu kompensieren. Da bei der Unterrichtung von Schülerinnen und Schülern mit dem sonderpädagogischen

Schwerpunkt Sehen viele Bedingungen berücksichtigt werden sollten, werden die Maßnahmen ausführlich beschrieben.

Maßnahmen zur Unterrichtsorganisation allgemein:

- Sitzplatz nahe der Wandtafel unter Beachtung der Blendfreiheit und guter Ausleuchtung
- Verbalisierung, Vergegenständlichung und Visualisierung von Unterrichtsmaterialien und Unterrichtsinhalten
- Einplanen von „Sehpausen"
- Motivierung zum Gebrauch von Hilfsmitteln und Einforderung ihrer Verwendung
- Größere Toleranz bei allen Arbeiten, bei denen feinmotorische bzw. visuomotorische Genauigkeit gefordert wird
- Anbieten des Stoffes über verschiedene Sinneskanäle (vorwiegend auditiv)
- Übersichtliche, kontrastreiche und gut strukturierte Gestaltung der Arbeitsblätter bei Reduktion auf das Wesentliche
- Verwendung von Hilfslinien, Hinweispfeile, Markierungen von Flächen als Orientierungshilfen
- Verwendung günstiger Schriftarten (z. B. Arial, fett gedruckt in Schriftgröße 14, eventuell Vergrößerungskopien)
- Überschaubarkeit
- Vermeidung von hoher Komplexitätsgrade bei Abbildungen, Zeichnungen, Karten
- saubere Tafelflächen
- Vorlegen des Tafelbildes als Kopie
- Modalitäten für Prüfungen und besondere Leistungsfeststellungen festlegen (Aufbereitung der Prüfungsunterlagen, Zeitzugabe, Vorbereitungszeit)

Maßnahmen im naturwissenschaftlichen Unterricht

- Anschauung „begreifbar" machen
- Einsatz von Funktionsmodellen
- Einfärben von Präparaten, Einsatz von Modellen
- Schülerin/Schüler nahe an Lehrerexperimente herantreten lassen

Maßnahmen im Fach Mathematik/Geometrie

- Einsatz von Fineliner, Zirkel mit Stifthalter etc.
- Kontrastreiche Arbeitsmittel
- erhöhte Toleranz bei der Form- und Konstruktionsbewertung

Räumliche, personelle und sächliche Maßnahmen

- Orientierungshilfen im Raum/in der Schule (Bodenbeläge, Wandbeläge etc.)
- Sitzplatz nahe der Wandtafel unter Beachtung der Blendfreiheit und guter Ausleuchtung
- Anpassung des Katastrophenalarmplans und der Hausordnung der Schule (taktil)
- Einsatz von technischen Hilfsmitteln (Lupe, PC, Brailleschrift, rutschfeste Schreibunterlage etc.)
- Einsatz von Vergrößerungssoftware
- Einsatz von sehgeschädigtenspezifischen Tastaturen
- Schülertisch nach Möglichkeit mit höhen- und neigungsverstellbarer Arbeitsfläche
- Einbeziehung weiterer Kooperationspartner
- Integrationshelfer

(vgl. vdk Sachsen o. J., 30, 31)

(8) Lese- und/oder Rechtschreibschwäche (LRS) bzw. Lese- und/oder Rechtschreibstörung (Legasthenie)

Neben den Expertisen der einzelnen Förderschwerpunkte und den damit verbundenen lernförderlichen Maßnahmen gibt es auch in allen sechzehn Bundesländern Erlasse, die die Unterstützung von leserechtschreibschwachen Schülern im Unterricht in allen Schulformen regeln.

Zeigen Schülerinnen oder Schüler besondere Schwierigkeiten beim Erlernen des Lesens und/oder Rechtschreibens, so ist zwischen *Lese- und/oder Rechtschreibstörung* mit teilweise hirnorganisch bedingten, gravierenden Wahrnehmungs- und Aufmerksamkeitsstörungen und einer *akuten Leistungsschwäche im Lesen und/oder Rechtschreiben,* die in mehr oder minder starker Ausprägung eine Verzögerung im individuellen Lese- und Schreiblernprozess darstellt, zu unterscheiden.

Lese- und/oder Rechtschreibstörung

Eine Lese- und/oder Rechtschreibstörung ist entwicklungsbiologisch und zentralnervös begründet. Die Lernstörung besteht trotz normaler oder auch überdurchschnittlicher Intelligenz. Die Beeinträchtigung oder Verzögerung beim Erlernen grundlegender Funktionen hat demnach biologische Ursachen, deren Entwicklung lange vor der Geburt des Kindes angelegt oder durch eine Schädigung im zeitlichen Umkreis der Geburt bedingt sein kann.

Eine Lese- und/oder Rechtschreibstörung ist eine nur schwer therapierbare Krankheit, die zu teilweise erheblichen Störungen bei der zentralen Aufnahme, Verarbeitung und Wiedergabe von Sprache und Schriftsprache führt. Individuelle Ausprägungen und Schweregrade dieser Lernstörung ergeben sich durch unterschiedliche Kombinationen von Teilleistungsschwächen der Wahrnehmung, der Motorik und der sensorischen Integration. Maßnahmen zum Nachteilsausgleich sind notwendig. Nur bei Schülerinnen und Schülern mit einer Lese- und/oder Rechtschreibstörung können zusätzlich Abweichungen von den allgemeinen Grundsätzen der Leistungsbewertung erfolgen. Eine Lese- und/oder Rechtschreibstörung wird durch den Schulpsychologischen Dienst oder eine Amtsärztin/einen Amtsarzt festgestellt. Ergänzend können durch den Schulärztlichen Dienst mögliche medizinische differentialdiagnostische Ursachen ausgeschlossen werden. Eine ausführliche gutachterliche Stellungnahme durch einen fachlich ausgewiesenen Direktor einer Universitätsklinik (Neurologie, Psychiatrie, Psychotherapie, Psychosomatik, Medizinische oder Klinische Psychologie) kann in der Regel einem schulpsychologischen/schulärztlichen Gutachten gleichgestellt werden. Eine solche Begutachtung setzt das Einvernehmen mit den Erziehungsberechtigten voraus. Die Klassenkonferenz entscheidet auf Grund des Gutachtens über den Umfang und die Beendigung der Maßnahmen.

Akute Leistungsschwäche im Lesen und/oder Rechtschreiben

Schülerinnen und Schüler ohne Lese- und/oder Rechtschreibstörung können eine akute Leistungsschwäche im Lesen und/oder Rechtschreiben aufweisen, d. h. im Lesen und/oder Rechtschreiben nicht ausreichende Leistungen zeigen. Die Ursachen hierfür können ganz unterschiedlich sein. Eine akute Leistungsschwäche im Lesen und/oder Rechtschreiben wird durch die Klassenkonferenz anerkannt. Maßnahmen zum Nachteilsausgleich sind dann möglich. In der Grundschule kann auf Beschluss der Klassenkonferenz – in Verbindung mit dem entsprechenden Wunsch der Eltern – über einen Zeitraum von max. einem Jahr auf die Benotung (Klassenarbeiten, Zeugnisse) im Teilbereich Lesen und/oder Rechtschreiben verzichtet werden, um dem betroffenen Kind Frustration zu ersparen und die Motivation zu stärken.

Bei diesem schulischen Nachteilsausgleich geht es darum, von *Lese- und/oder Rechtschreibschwäche* (LRS) bzw. Lese- und/oder Rechtschreibstörung (Legasthenie) betroffene Schüler – ob in der Grundschule oder auf weiterführenden Schulen – so zu bewerten und zu unterstützen, dass sie trotz ihres Handicaps ihren sonstigen Begabungen gemäße Leistungen in der Schule erbringen können.

Beispielhaft werden lernförderliche Maßnahmen bzw. Formen des Nachteilsausgleichs aufgezeigt, um den Nachteil, der durch eine Lese-Rechtschreibschwäche bzw. -störung besteht, zu kompensieren.

Pädagogische Maßnahmen:

- Ausweitung der Arbeitszeit um maximal 50 % bei Klassenarbeiten, Lernerfolgskontrollen, schriftlichen Überprüfungen gemäß Klassenarbeitenerlass und in den Abiturprüfungen
- Bereitstellen von technischen und didaktischen Hilfsmitteln (z. B. Audiohilfen)
- Nutzung methodisch-didaktischer Hilfen (z. B. Lesepfeil, größere Schrift, optisch klar strukturierte Tafelbilder und Arbeitsblätter)
- Benutzen von Hilfsmitteln und eigenen Strategien (z. B.: Strategie-Kontroll-Kärtchen, Wörterbuch, Computer (ohne Einsatz der Rechtschreibhilfe))
- Vorlesen von schriftlich gestellten Aufgaben (z. B. Textaufgaben in Mathematik)
- Gewährung von Nachfragemöglichkeiten für das Kind
- Verwendung der Druckschrift statt Verwendung der verbundenen Schrift
- ermutigende Verbalbeurteilung unter dem Diktat (z. B.: „Du hast schon sehr viel besser die Regeln der Groß- und Kleinschreibung beachtet und dadurch fünf Fehler weniger gemacht als noch im letzten Diktat!“)

- bei der Korrektur: alle richtig geschriebenen Wörter grün unterstreichen statt die falschen rot
- Gewährung einer zehnminütigen Zusatzzeit nach Diktat und Aufsätzen zur Kontrolle und Korrektur (z. B. mit Strategiekarten oder mit Hilfe eines „Lese-Kontroll-Pfeils")
- gelegentlich Stellung alternativer Hausaufgaben, ausgehend von den Stärken der Schülerin oder des Schülers (statt schwierigem, deutlich überforderndem „aktuellem" Stoff grundlegende Übungen zur Festigung der Rechtschreibung aufgeben)
- stärkere Gewichtung der mündlichen Leistung, insbesondere in Deutsch und den Fremdsprachen.

Abweichungen von den allgemeinen Grundsätzen der Leistungserhebung und -bewertung kommen nur bei Schülerinnen und Schülern mit einer Lese- und/ oder Rechtschreibstörung bis einschließlich der Klassenstufe 9 in Betracht und sind auf dem Zeugnis zu vermerken. Alle Abweichungen von den üblichen Bewertungsregelungen müssen ihre Grundlage in den individuellen Förderplänen der Schülerinnen und Schüler haben und dokumentiert sein.

Es kommen beispielsweise in Betracht:

- Einordnen der schriftlichen und der mündlichen Leistung unter dem Aspekt des erreichten individuellen Lernstandes mit pädagogischer Würdigung von Anstrengungen und Lernfortschritten vor allem in der Grundschule
- Ersetzen eines Teiles der schriftlichen durch mündliche Lernerfolgskontrollen
- Verzicht auf eine Bewertung der Lese- und Rechtschreibleistung in allen betroffenen Unterrichtsgebieten, nicht nur im Fach Deutsch, sondern auch in anderen Fächern und Lernbereichen
- Fremdsprache: eventuell Verzicht auf Bewertung des Diktats
- Nutzung des pädagogischen Ermessensspielraumes und zeitweise Verzicht auf die Bewertung von Klassenarbeiten während der Förderphase
- Benutzen von Hilfsmitteln und eigenen Strategien, z. B. Computer (mit Einsatz der Rechtschreibhilfe)
- bei Zunahme der Fehlerhäufigkeit mit Fortschreiten des Diktats nur dessen ersten Teil werten

- Reduzierung des erwarteten Umfangs
- bei Diktat Lückentext statt Volltext
- in der weiterführenden Schule in den Bereichen Aufsatz und Grammatik Bewertungsschwerpunkt auf den Inhalt und seine schlüssige Abfolge legen, nicht auf Schreibstil und Rechtschreibung,
- in nichtschriftlichen Fächern mehr mündliche als schriftliche Lernerfolgskontrollen

Die Probleme im Lesen und/oder Rechtschreiben wirken sich bei den betroffenen Schülerinnen und Schülern nicht nur im Fach Deutsch, sondern auch in den Fremdsprachen und in anderen Fächern aus. Insbesondere beim Erlernen einer Fremdsprache stellen sich ähnliche Probleme wie im Fach Deutsch. Bei den Klassenarbeiten, schriftlichen Überprüfungen und sonstigen Lernerfolgskontrollen, wie z. B. Aufsätzen, Niederschriften, Protokollen u. a., sollte eine fehlerhafte Rechtschreibung zwar gekennzeichnet werden, sollte aber nicht in die Bewertung einfließen. Nur die Leistungserhebungen, die die Lese- und/oder Rechtschreibkenntnisse überprüfen, sollten notenmäßig bewertet werden (vgl. Amtsblatt des Saarlandes 2009, 1814 ff.).

Die Förderschulen sind eigenständige, sehr differenziert arbeitende Systeme und zählen zu den allgemeinbildenden Schulen. Die Förderschullehrer können Expertise in den Unterricht der Grundschule transferieren und ebenso als Experten für Kinder mit Behinderung die Grundschullehrer im Unterricht konkret beraten und unterstützen. Von daher ist es wichtig, einen Überblick über die sieben verschiedenen Förderschulformen zu haben, die es in den einzelnen Bundesländern gibt. Ebenso ist es wichtig, die acht Förderschwerpunkte und die Förderschullehrer zu kennen, die von den Förderschulen mit bestimmten pädagogischen Maßnahmen und Materialien in die Grundschulen geschickt werden, um dort im Unterricht zu helfen und die Schüler zu begleiten. Diese sonderpädagogische Hilfe und Unterstützung wird durch die Förder- oder Bildungswegekonferenz – bestehend aus Eltern und Pädagogen – für ein bestimmtes Kind mit Behinderung angefordert. Es ist eine Einzelfallentscheidung unter Berücksichtigung der Wahlentscheidung der betroffenen Eltern.

2.4 Inklusiver Unterricht

Dieses Handlungsfeld kümmert sich um das eigentliche Kerngeschäft einer jeden Schule: den Unterricht. Dabei geht es hier um die Frage nach der Veränderung und zwar in die Richtung eines inklusionsausgerichteten und individualisierenden Unterrichts. Welche Vorstellungen haben wir über unseren Unterricht und wie sollen wir uns als Lehrer im Unterricht verhalten, welche Lehrstrategien sollten wir einsetzen? Worin sollten die machbaren Veränderungen in der künftigen Unterrichtgestaltung liegen?

Das Handlungswissen als das professionelle Lehrerhandeln im Unterricht besteht aus einer Einheit von Haltung, Wissen und Können, d. h. beim Professionswissen der Lehrkräfte handelt es sich um eine persönliche Haltung zu Unterricht, Schule und Bildung und um erworbenes und transformiertes Wissen. Der Lehrer als Profi in Sachen Schule und Unterricht stützt sich auf

- das erworbene Erziehungswissen und subjektive Überzeugungswissen in der eigenen Familie, der persönlichen Kita- und Schulzeit,
- das reflektierte Erfahrungswissen in Studium, Referendariat und Praxisalltag des eigenen Unterrichts und schließlich
- das theoriegeleitete Wissen im Sinne von Modellen und das im Studium erworbene Fachwissen (Vanier/Conrady 2013, 10).

So können sich im Laufe des Lehrerdaseins Handlungsroutinen für den Unterricht entwickeln und spezielle Lehr-Lern-Strategien erwachsen. So kann der Lehrer in der Tat zu einem „Gerüstbauer“ im Sinne des bekannten Scaffolding werden, der Eselsbrücken und spezielle Hilfen anbieten kann. Er strukturiert seinen Unterricht nach modernen Vorgaben und eröffnet so dem Schüler neue Lernwege zum erfolgreichen Lernen.

Eine erste unausweichliche Maßnahme ist die Bildung eines Teams innerhalb der Schule und des Kollegiums.

2.4.1 Wir brauchen Entwicklungs-Teams

Das E-Team (Entwicklungs-Team) der Schule mit seinen Experten und seiner Expertise sollte sich zu Beginn der Überlegungen hinsichtlich der Unterrichtsgestaltung folgende Fragen stellen:

- Was funktioniert bereits im Unterricht aus inklusiver Sicht?
- Was funktioniert im Unterricht aus inklusiver Sicht noch nicht?
- Welche Veränderungen in Bezug auf Inklusion sollten im Unterricht vorgenommen werden?
- Welche Dinge würden Sie in Zukunft gerne noch an Ihrem Unterricht in Bezug auf inklusive Praktiken verändern?

Strittig und wohl schwierig zu lösen sind folgende Knackpunkte der Zusammenarbeit im Unterricht aus inklusiver Sicht:

- persönliche Haltung des Lehrers
  Grundlage der künftigen Arbeit ist eine inklusionsorientierte Haltung der Lehrkräfte und eine persönliche Einstellung zur Inklusion, um im Kollegium ein einvernehmliches Leitbild zu entwickeln. Wir brauchen ein konsensfähiges Leitbild der Schule.
- Stress und Konflikte in der engen Zusammenarbeit
  Wenn man Tag für Tag in der Schule und in seinem Unterricht eng mit anderen Kollegen und nichtpädagogischen Fachkräften zusammenarbeiten muss, kommt es immer wieder zu Stress, Konflikten, Neid, Missgunst, Ärger und Missverständnissen.
- Koordination und Teamwork
  Wenn man Tag für Tag mit vielen Kolleginnen und Kollegen innerhalb und außerhalb des Unterrichts zu tun hat, kommt es zu Reibungsverlusten. Von daher sollten alle Beteiligten sich bemühen, eine gute und vertrauensvolle Zusammenarbeit anzustreben. Dies gelingt am besten im Team.
- Selbstwahrnehmung der Kinder
  Es ist immer schwierig für ein Kind mit einer Behinderung, Tag für Tag zu erleben, dass es anders ist und sich mehrere Menschen immer um sein Wohlbefinden kümmern – das nervt. Dem Kind fällt natürlich seine Andersartigkeit mit zunehmendem Alter mehr und mehr auf.

Wie ist das Entwicklungs-Team in der Lage, mit diesen und anderen Fragen und Problemen umzugehen?

2.4.2 Wie kann ich den Unterricht individualisieren?

Jede Schule ist verpflichtet, ihre Schülerinnen und Schüler individuell zu fördern, so jedenfalls steht es im Schulgesetz von Rheinland-Pfalz!

Was braucht der inklusionsorientierte Unterricht, was der bisherige Unterricht nicht zu bieten hat? Was ist das Besondere am inklusiven Unterricht? Welche Akzente sollte der inklusiv ausgerichtete Unterricht setzen? Wie kann ich das individuelle und differenzierte Lernen in einzelnen Fächern, wie z. B. Deutsch oder Mathematik konkret umsetzen?

Inklusion auf den Unterricht bezogen heißt einen Spagat machen, eine gute Passung finden und eine optimale Balance finden zwischen

- den persönlichen Stärken und Schwächen des einzelnen Kindes (Individualität) und der sozialen selbstbestimmten und gleichberechtigten Teilhabe (Partizipation),
- den gestellten Anforderungen an die Schüler und Klasse und den Lernvoraussetzungen der einzelnen Schülerinnen und Schüler,
- den Bildungsstandards und Lehrplänen der jeweiligen Schulform und der Förderung der Persönlichkeit des Einzelnen im Rahmen seiner Potenziale und Möglichkeiten und
- den beiden Polen der Lehrersteuerung und der Schülerzentrierung und
- zwischen geschlossenem Unterricht und offenen Unterrichtsformen.

Dem Lehrer fällt nun die Aufgabe zu, dem einzelnen Schüler zu helfen, Unterstützung anzubieten, sich selbst zu entfalten und zu entwickeln. Der Lehrer sollte sehr wohl die Grenzen der einzelnen Schüler sehen und erkennen, ob und wie er die Grenzen auch mit zunehmendem Lebensalter und Entwicklungsstand überwinden kann. Ramseger (2014) schlägt für die Inklusion drei Handlungsebenen vor, die im schulischen Bereich umgesetzt werden sollten:

Ebene des Zusammenseins, d. h. ein lockeres Beisammensein aller Schüler in einer Klasse, um miteinander zu kommunizieren, ins Gespräch zu kommen und voneinander zu lernen,

Ebene der sozialen Beziehungen, d.h. intensive soziale Kontakte im Sinne einer gemeinsamen Kommunikation in einem Raum, in dem Sinne, dass man etwas miteinander macht.

Ebene der Kommunikation, d.h. eine gemeinsame Kommunikation im Unterricht gelingt nur, wenn wir die Kinder nicht auseinanderdifferenzieren und alle an einem gemeinsamen Unterrichtsgegenstand lernen.

Das Problem des Unterrichts liegt u.a. darin, dass die pädagogisch gut gemeinte Differenzierung im Unterricht die Kinder immer weiter auseinanderbringt. Und je weiter sie sich in ihren Fähigkeiten auseinanderentwickeln, umso schwieriger wird die Inklusion.

Der Lehrer braucht grundlegende Hilfen und Regeln, wie er den momentanen Unterricht planen, umsetzen, durchführen, kontrollieren, modifizieren und so insgesamt zum Wohle der Schülerinnen und Schüler interessant und motivierend entwickeln und umwandeln kann. Worauf sollte der individualisierende Unterricht ausgerichtet sein? Wie kann der Lehrer seinen Unterricht individualisieren? Welche Prinzipien sind für das Unterrichtskonzept maßgebend?

Bei der Gestaltung des individualisierenden Unterrichts sollte der Lehrer zum einen die immer größer werdende Heterogenität der Schülerschaft, aber auch des Kollegiums und der Elternschaft bedenken und zum anderen die Individualität des einzelnen Schülers. Heterogenität und Individualität bedingen und stützen sich gegenseitig und sind wohl das alles entscheidende und tragende Handlungsprinzip des individualisierten Unterrichts. Im Folgenden wollen wir auf die komplexe Verschachtelung der Heterogenität und die sich daraus ergebende Notwendigkeit des individualisierenden Unterrichts näher eingehen.

• Mehrfach gelagerte Heterogenität

Wir sprechen meistens über die Heterogenität in den Schulklassen und konzentrieren uns auf die Heterogenität der Schülerschaft. Wir haben es in den Schulen nicht mit einer einfachen, sondern mehrfachen Heterogenität zu tun.

- Heterogenität der Schülerschaft

Die Heterogenität der Schülerschaft haben wir bereits bei der Definition des Begriffs der Inklusion angesprochen. Wir können von einer bunten und vielfältigen Schülerschaft in den Schulen ausgehen, wobei es regional große Unterschiede gibt, die die Zusammensetzung einer Schulklasse betrifft. In den Großstädten Berlin, Hamburg, München haben wir eine völlig andere soziale Schichtung und Situation in den Schulklassen als auf dem flachen Lande. So finden wir in den sozialen Brennpunkten mit hohem Anteil von bildungsfernen und zugewanderten Familien, mit hoher Kinderzahl und Kinderarmut, und in den sozialen Milieus, wo die Erwerbslosigkeit die Regel ist, eine andere Zusammensetzung von Schulklassen als in einzügig geführten kleinen Schulen in eher wohlhabenden Regionen. Grundsätzlich möchte ich den faszinierenden und bereits erwähnten Satz wiederholen: Jedes Kind ist inklusionsbedürftig!

Heterogenität darf jedoch nicht nur auf die Schülerschaft reduziert werden; darüber haben wir uns bereits ausgelassen und entsprechende Ausführungen formuliert. Heterogenität finden wir ebenso immer mehr und meist unentdeckt in der Lehrerschaft und all den Personen, die mittlerweile in der Schule Tag für Tag ein- und ausgehen.

- Heterogenität der Lehrerschaft

Heterogenität der Lehrerschaft und pädagogischen Fachkräfte

- Lehrerinnen und Lehrer aller Schulformen (Grundschule, Realschule, Gesamtschule, Mittelschule, Gemeinschaftsschule, Hauptschule, Gymnasien, Förderschule, Berufsbildende Schulen, die in mindestens zwei Unterrichtsfächern ausgebildet worden sind)
- Lehrerinnen und Lehrer, die über das Quereinsteigerprogramm in den Schuldienst gelangt sind,
- Erzieherinnen und Erzieher, die als Fachlehrer an Schulen für geistig Behinderte eingesetzt sind und dort unterrichten,
- Sozialarbeiter, Sozialpädagogen, Streetworker und Schoolworker, die sich speziell um die sozialen Probleme der Schülerinnen und Schüler kümmern,
- Jugendamtsleiter und Jugendhilfeplaner,

- Einrichtungsleiter verschiedener freier Träger,
- die Schulpsychologen,
- die Schulärztinnen, der Schulzahnarzt,
- Therapeutinnen, wie z. B. Logopädinnen und Ergotherapeutinnen,
- Sonderpädagogen und Heilpädagogen,
- Erzieherinnen und Erzieher,
- Integrationshelfer, Integrationsfachkraft, Schulbegleiter, Eingliederungshelfer, Integrationspädagogin, Schulinklusionspädagogin, Fachkraft für Inklusion und Schulassistenten.

Zuweilen werden die Sonderschullehrer und Förderschullehrer von den anderen Lehrergruppen der Grundschulen und weiterführenden Schulen mit den Integrationshelfern verwechselt und selbst als Integrationslehrer oder gar als Integrationshelfer bezeichnet.

- Heterogenität der Elternschaft

Darüber hinaus haben wir es seit Jahren mit einer immer vielfältiger und bunter werdenden Elternschaft zu tun. Zur Heterogenität der Elternschaft können wir folgende Subgruppen unterscheiden:

- Eltern, die sich aus zeitlichen oder anderen Gründen nicht um ihre Kinder kümmern,
- Zugewanderte Eltern – hier insbesondere die Mütter –, die die deutsche Sprache weder sprechen noch verstehen – zurzeit haben wir in den Kitas und Grundschulen fast 40 bis 50 % zugewanderte Kinder
- Eltern, die nicht lesen und schreiben können – dies trifft auf zehn Prozent der Eltern zu
- Eltern, die unter der Armutsgrenze leben und nicht wissen, wie sie all die Materialien für die Schule beschaffen oder ihren Kindern eine Klassenfahrt ermöglichen sollen,
- Alleinerziehende Mütter oder Väter, die unter der Armutsgrenze leben, zwei oder drei Jobs ausüben, keine Zeit für ein Gespräch mit dem Lehrer oder dem Besuch des Elternabends haben und ihre Kinder bei den täglich zu bewältigenden Hausaufgaben aus Zeitgründen nicht unterstützen können.

Die bisherigen Instrumente wie z. B. der klassisch arrangierte und durchgeführte Elternabend mit einem bestimmten Thema wird kaum besucht, und der Elternbrief wird aus fehlendem Interesse an der Schulbildung des Kindes oder aber wegen der fehlenden Lesekompetenz nicht gelesen und die Elternsprechstunde der Klassenlehrerin in der Schule kann aus zeitlichen und beruflichen Gründen nicht wahrgenommen werden. Die bisherige Elternarbeit und Zusammenarbeit muss neu entwickelt und den gegebenen Umständen unserer Gesellschaft angepasst werden.

Die bisher kurz aufgezeigte Heterogenität der Schülerschaft, der Elternschaft und der Lehrkräfte zwingt uns, einen Unterricht zu entwickeln, der diesen neuen Herausforderungen der beschriebenen Heterogenität gerecht wird. Dieser Unterricht braucht bestimmte individualisierende Elemente und Strukturen, die inklusiv ausgerichtete Bildungs- und Lernprozesse zulassen und die Entwicklung der Persönlichkeit des einzelnen im Blick haben. Der individualisierende Unterricht muss das Einzelne Kind in den Blick nehmen. So müssen wir mehr als bisher differenzieren – in einer Klasse ist die dreifache oder gar vierfache Differenzierungsstrategie notwendig und Förderpläne für die einzelnen Kinder runden diese Art des Unterrichts ab. Rituale, Regeln und Routinen können diesem Unterricht eine erfolgreiche Strategie verleihen.

- **Individuelle Förderung**

Was ist nun aber mir der individuellen Förderung des Einzelnen gemeint und welche Vorstellungen haben wir hinsichtlich der Individualisierung des Unterrichts (Bräu 2006)?

Beispiel: Stellen wir uns eine vierte Schulklasse einer Grundschule mit 26 Schülerinnen und Schülern vor? Welche Schülerinnen und Schüler sitzen vor uns? Mädchen, Buben, Intelligente, weniger Intelligente, Hochbegabte, Schwachbegabte, Motivierte, Nichtmotivierte, Linkshänder, Rechtshänder, Brillenträger, Ruhige, Angepasste, Draufgänger, Zappelphilippe, zugewanderte Kinder aus anderen Kulturen, Religions- und Sprachgemeinschaften, Behinderte und Nichtbehinderte u. a. Wie soll der Unterricht aussehen, der sich die Vielfalt der

Lerngruppe und Klasse und die Individualisierung auf die Fahnen geschrieben hat? Hier kommen nach Bräu (2013, 10) verschiedene Varianten der Unterrichtsgestaltung in Frage:

Variante 1 der individuellen Förderung: Hinführung zu fremdbestimmtem Wissen und Kompetenzen gemäß den Lehr- und Bildungsplänen
Hier geht es um die Förderung des einzelnen Schülers – dies trifft auf alle 26 Schülerinnen und Schüler zu – im Rahmen seiner Fähigkeiten und Lernpotenziale, wie z. B. die bisherigen Erfahrungen mit Schule, seine Motivation und sein Interesse an Schule und Unterricht allgemein und speziell an einzelnen Fächern, sein Lernverhalten, sein Gedächtnis, seine Disziplin und Ausdauer sowie seine Bereitschaft, sich anzustrengen und Leistungen zu erbringen. Dieser Unterricht hat das Ziel, die in den Lehrplänen festgelegten Bildungsziele, die Bildungsstandards und eine gemeinsame Wissens- und Kompetenzbasis zu erreichen. Es geht hier um die zielgleiche Förderung und Unterrichtung. Die immer wieder bemängelte Entwicklungs- und Leistungsschere gerade in den ersten Schuljahren sollte daher im Zuge der Beschulung nach und nach abgebaut und verkleinert werden.

Variante 2 der individuellen Förderung: individuelle Persönlichkeitsbildung gemäß den Interessen, Neigungen, Begabungen und Entwicklungsspitzen.
Hier steht die Förderung der individuellen Persönlichkeit des einzelnen Schülers im Mittelpunkt. Der Unterricht verfolgt das Ziel, die individuellen Persönlichkeitseigenschaften, die Neigungen, Interessen und Talente zu fördern und damit die individuelle Persönlichkeit zu entwickeln. Dabei steht bei dieser Förderung die Selbsttätigkeit, die Selbständigkeit, die Mündigkeit und damit die positiv besetzte Heterogenität im Sinne der individuellen Persönlichkeitsbildung mit allen Stärken und Schwächen des Schülers, mit all seinen „Macken", mit allen Ecken und Kanten im Blickpunkt. Der schöpferische Eigen-Sinn und die persönlichen Eigenarten sind herauszubilden ohne Anpassungsdruck an bestimmte Vorstellungen und Vorgaben.

Variante 3 der individuellen Förderung: Verknüpfung der Persönlichkeitsförderung und der Umsetzung der Bildungsstandards
Hier ist die Verknüpfung von Variante 1 und Variante 2 gemeint. Die Schüler sollen zum einen die von der Schule und dem Unterricht gesteckten Ziel erreichen und ein Mindestmaß an Wissen und Kompetenzen erwerben, so wie es der Lehrplan oder der Bildungsplan erfordert. Die Schüler sollen aber auch Lerngelegenheiten erhalten, wo sie experimentieren können, Fehler machen dürfen, philosophieren erlaubt ist *und* ohne Leistungsdruck lernen, Fragen zu stellen, ebenso sollen sie neugierig sein und selbständig bestimmen dürfen, was sie lernen wollen. Gleichheit und Gleichberechtigung und Verschiedenheit und Individualität werden als sich ergänzende Kategorien des Lehrerhandelns verstanden.

Im Rahmen der Entwicklung des individualisierenden Unterrichts können die Heterogenität und die Individualisierung als notwendige und leitende Handlungsprinzipien der heutigen Schulentwicklung herausgestellt werden. Die Heterogenität der Schülerschaft in den Schulen auf der einen Seite und die Individualisierung des Lernens auf der anderen Seite bereiten vielen Lehrerinnen und Lehrern Bauchweh, weil sie bisher weder an den Universitäten und Hochschulen in der ersten Phase der Lehrerbildung ausgebildet noch eingehend und überzeugend in der zweiten Phase im Referendariat weitergebildet worden sind. Wir müssen erst eine gemeinsame Haltung hin zur inklusionsorientierten Schule und zum individualisierenden Unterricht erarbeiten, um darauf aufbauend das notwendige Fachwissen, das Lehrerhandeln und damit das unterrichtliche Können zu vermitteln. Wir brauchen dazu noch Zeit zum Diskutieren und Entwickeln individualisierender Handlungskonzepte.

2.4.3 Guter Unterricht – Darauf kommt es an!

Der schulische Unterricht ist kein Hexenwerk, dennoch ist er in seiner Struktur und Wirkung sehr komplex. Der bekannte Bildungsforscher Helmut Fend hat ein handlungstheoretisches Modell entwickelt (2004), das zum Verstehen von Unterricht beitragen, unterrichtliche Mechanismen verdeutlichen, die verantwortlichen Akteure benennen und realistische und praktikable Möglichkeiten der Veränderung von Unterricht aufzeigen soll. Unterricht hat somit zum einen die Aufgabe, gut durchdachte und strukturierte Angebote für die Schüler zu machen. Wenn die Unterrichtsbedingungen für die Schüler günstig gestaltet sind, wird der Unterricht in den meisten Fällen auch erfolgreich und nachhaltig sein. Von daher ist die Lernumgebung enorm wichtig. Auf der Nutzerseite – also bei den Schülern – sollten auch bestimmte Voraussetzungen erfüllt sein: Aufmerksamkeit, Interesse, Neugier, Motivation, Leistungsbereitschaft, Durchhaltevermögen, kognitive und sprachliche Lernvoraussetzungen sollten stimmen, damit der Ertrag und pädagogische Mehrwert auch erzielt werden kann. Auf der Angebotsseite sind natürlich in erster Linie die handelnden Akteure – die Lehrer – gefragt. Die Planung und Gestaltung des Angebots sind entscheidend. Die unterrichtlichen Angebote sind auf die unterrichtlichen Kontextbedingungen angewiesen. Die Professionalität der Lehrkräfte, die Persönlichkeit des Lehrers sowie das familiäre Lernumfeld sind für den Lernerfolg mitverantwortlich (Fend 2004,18).

Meine Schulklasse

Die 26 Schülerinnen und Schüler meiner Klasse lernen täglich in der Familie, in der Freizeit und in der Schule. Sie lernen bewusst und unbewusst, gezielt und vielleicht etwas oberflächlicher und allgemeiner und das eine oder andere wird auch behalten. Sie brauchen das Gelernte fürs Leben. Zum Zeitunglesen, zum Busfahren, zum Smartphonekauf, zum Kinobesuch, zum Einkaufen usw. Die Schüler lernen durch aktive und neugierig-forschende Auseinandersetzung mit der personalen, medialen und dinglichen Umwelt, allerdings in Anknüpfung an die bisher gemachten Erfahrungen, das bisher erworbene Vorwissen, das allerdings sehr unterschiedlich sein kann und in den meisten Fällen auch ist. Jeder Schüler der Klasse geht seinen eigenen Lernweg in jedem Fach und bei jedem Gegenstand, er braucht aber immer wieder die Anregung und den sozialen Austausch mit seinen Mitschülern. Diese Austauschprozesse sollten wir künftig stärker herausfordern.
Wie soll nun guter Unterricht aussehen, der dem Inklusionskonzept sehr nahekommt?

(1) Das einzelne Kind im Blick – Individualisierung

Inklusive Pädagogik meint, dass wir jedem einzelnen Kind in seinen Entwicklungs- und Lernmöglichkeiten individuell helfen (Ramseger 2014, 301). Wir wollen ihm helfen, sich selbst zu betrachten, sein Lernen in die Hand zu nehmen, sich in seinen Möglichkeiten zu entfalten und zu entwickeln. Pädagogik muss versuchen, die Grenzen des Kindes in seiner Entwicklung zu sehen, so nach dem Motto: „Das kann ich, das kann ich gerade noch und das kann ich noch nicht!" und versuchen, diese Grenzen mit dem Schüler gemeinsam und den Eltern, sofern sie einbezogen werden können und wollen, zu überwinden. Jetzt stellt sich natürlich auch die Frage: Wie machen wir das, immer wieder die Grenzen beobachten und versuchen sie zu überwinden?

Wir wollen uns jetzt auf den Unterricht konzentrieren und einen Rahmen schaffen, in dem das einzelne Kind sich „sauwohl" fühlt und stressfrei, gut und erfolgreich lernen kann. Die Anerkennung der Unterschiedlichkeiten zwischen den einzelnen Schülern und Akzeptanz der Verschiedenheit hat erhebliche Konsequenzen für die Gestaltung des Unterrichts (Brügelmann 2014, 140). Im Mittelpunkt steht künftig mehr und mehr das individuell organisierte Lernen des einzelnen Schülers im geregelten Austausch mit den einzelnen Schülern seiner Lerngruppe oder Schulklasse.

(2) Entwicklung einer Lernkultur

Das Lernen gehört von Geburt an zum Menschsein und der Mensch ist von Natur aus lernwillig und motiviert zu lernen. Dabei können wir davon ausgehen, dass er außerhalb der Schule mehr lernt als in der Schule. Dennoch sollten wir das Lernen in der Schule und speziell im Unterricht kultivieren und zwar dahingehend, dass sich der Schüler wohlfühlt und gute Rahmenbedingungen für das individuelle Lernen geschaffen werden. Daher braucht der Unterricht eine Struktur, eine Gliederung in einzelne Phasen, einen guten pädagogischen Rhythmus, feste Regeln und Rituale und eine die Schule auszeichnende Lernkultur. Dazu gehört in erster Linie ein anderer Umgang mit dem oder den Fehlern, d. h. der Fehler ist kein persönlicher Makel und darf nicht am Selbstwertgefühl des Schülers kratzen, der Fehler gehört zu jedem Lernprozess dazu. Dazu gehört auch eine andere Feedbackkultur, d. h. nicht schimpfen mit dem

Schüler, wenn einen Fehler macht, sondern ihm verständlich erklären und zeigen, wie er künftig den Fehler umgehen kann. Forschungsergebnisse von Hattie (2014) zeigen, dass eine ständige Rückmeldung über den Lernstand des Schülers die Lernerfolge deutlich steigern kann. Das Anstreichen von Fehlern mit roter Tinte und das Auszählen der Fehler beim Diktat sollte der Vergangenheit angehören – doch leider gehört es noch zum Alltag in den Grundschulen. Es gilt an und mit dem Fehler zu erleben und zu lernen, Ursachen zu ergründen und aufzudecken und dem Schüler über Einsicht und Verstehen klarzumachen, warum es an dieser oder jener Stelle im Lernprozess nicht geklappt hat.

Eine bisher wenig bekannte und verbreitete Haltung in den Schulen beim Lernen ist die Haltung des Schülers, über das eigene Lernen bewusst nachzudenken, das „Heft des Lernens" selbst in die Hand zu nehmen und die Lernprozesse selbst durch erhöhte Aufmerksamkeit und Motivierung zu steuern und selbstwirksam beeinflussen zu lernen. Darüber hinaus sollte früh mit dem Lernen zu zweit, in der Kleingruppe, also im Team begonnen werden.

(3) Beziehungen und soziale Kontakte in der Klasse

Der Mensch ist ein soziales Wesen und er braucht andere Menschen, damit er die Sprache lernen und sich entwickeln kann. In der Schule ist das Fundament von gutem Unterricht die stabile Beziehung zwischen den Lehr- und Fachkräften und den Schülern. Prengel (2014, 64) spricht hier zu Recht von Halt gebenden pädagogischen Beziehungen in der inklusiv ausgerichteten Schule. Ausgangspunkt eines guten inklusionsorientierten Unterrichts sind die sozialen Beziehungen und menschlichen Wechselbeziehungen zwischen den Schülern untereinander und die Interaktionen mit dem Lehrer bzw. den Lehrern und anderen pädagogischen und nichtpädagogischen Fachkräften. Wo diese sozialen Kontakte und Beziehungen stimmen, verspürt der einzelne Schüler Halt, fühlt sich geborgen und sicher und hat eine gute Ausgangsposition, in diesem sozialen Gefüge erfolgreich lernen zu können. Aber gerade hier gibt es die meisten Probleme, auch was die Zusammenarbeit des Lehrers mit den anderen in der Klasse eingesetzten Lehrkräften angeht. Im inklusionsorientierten Unterricht treffen die Grundschullehrerin und die Förderschullehrerin aufeinander, ohne sich vorher jemals begegnet zu sein. Darüber hinaus haben beide auch eine unterschiedliche Ausbildung und werden unterschiedlich bezahlt. Diese Zusammenarbeit wird zum Herzstück der Inklusion und damit zur Veränderung von Schule, Lehrern und Unterricht.

(4) Heterogene Lerngruppe

Die homogene Lerngruppe oder Klasse gehört mehr und mehr der Vergangenheit an und die Rolle des Lehrers als Einzelkämpfer und Alleinunterhalter ebenfalls. Die bereits mehrfach beschriebene Akzeptanz der Heterogenität der Schülerschaft mit ihren speziellen Bedürfnissen zwingt uns dazu, das handlungsleitende Prinzip der Individualisierung anzunehmen und umzusetzen. Wir haben heutzutage mehr und mehr ein „Spektrum von Unikaten sitzen“ (Hinz 2014, 28). Wir werden künftig in einer heterogenen Klasse unterrichten mit vielen Individuen und Persönlichkeiten, individuell ausgearbeiteten Plänen und Zielsetzungen, die nicht mehr für alle Schüler gleichzeitig Gültigkeit haben. So können in der Klasse Kinder mit verschiedenen Behinderungen, zugewanderte Kinder mit Migrationshintergrund, Autisten, zappelige und übernervöse Schüler, Schüler mit großen Disziplinproblemen, Kinder mit Aufmerksamkeitsstörungen, Hochbegabte, Schwachbegabte und nichtbehinderte Schüler sich im Unterricht näherkommen und voneinander lernen. So können die Kinder ohne Behinderung von den Kindern mit Behinderung gerade im Sozialverhalten lernen und umgekehrt. Wir haben es künftig mehr und mehr mit zwei Heterogenitäten in der Klasse zu tun: die interpersonelle Heterogenität zwischen den einzelnen Schüler in einer Gruppe oder Klasse und die intrapersonelle Heterogenität des einzelnen Schülers innerhalb seiner eigenen Persönlichkeit mit seinen individuellen Lernvoraussetzungen und Entwicklungsmöglichkeiten.

(5) Lernprozesse der Schüler beobachten

Zunächst geht es nicht nur um das fertige Produkt oder das im Unterricht erarbeitete Endresultat am Ende eines Lernweges oder Lernprozesses, es geht mindestens genauso um den eigentlichen Lernprozess des Schülers. Gerade im Lernprozess selbst können wir gute und wertvolle Beobachtungen machen, die uns helfen, den Unterricht entsprechend zu gestalten. Dabei macht es auch einen Unterschied, ob es sich um ein selbstbestimmtes Lernen des Schülers handelt oder um ein fremdbestimmtes Lernen, das vom Lehrer initiiert worden ist.

Wir sollten das einzelne Kind in den Blick nehmen, auch wenn es zunächst unmöglich erscheint, alle Schüler einer Klasse einzeln beobachten zu können. Das ist zunächst sehr zeitaufwändig, doch die Erfahrung bringt Routine und zeigt, dass es durchaus machbar ist. Jeder einzelne Schüler bringt sein individuelles Paket an Voraussetzungen, einen Rucksack mit unterschiedlichen Lern- und Entwicklungsmöglichkeiten: die tägliche Beobachtung, teilstrukturiert oder aber auch frei, ist wichtig und zwar mehrfach am Tag und in der Woche zum gleichen Lernverhalten. So können wir wichtige Rückschlüsse für die weitere Förderung ableiten. Wenn wir den individualisierenden Unterricht in der Schule wirklich wollen, dann sollen die Lehrkräfte individuelle Förderpläne schreiben, umsetzen und auch evaluieren (Scheer 2014,15). Um dies leisten zu können, muss der Lehrer auf sein diagnostisches Wissen zurückgreifen. Er muss Lernvoraussetzungen aller Schüler seiner Klasse erfassen, dokumentieren und daraus die notwendigen didaktischen Konsequenzen ableiten. Klingt einfach, ist aber verdammt schwer, kostet viel Zeit, braucht viel Geduld und zehrt manchmal an den Nerven. Der Einsatz von Tests ist in der Regel nicht möglich, da der Regelschullehrer keine testtheoretische und teststatistische Ausbildung erfahren hat. Tests sind sehr zeitaufwändig und bieten meist auch keine gezielten und konkreten Förderhinweise. Die täglichen Hausaufgabenkontrollen, die Klassenarbeiten und die mündlichen internen Prüfgespräche im Unterricht führen meist nicht zu dem gewünschten Ergebnis. Die Erfassung und Rückmeldung des Lernstandes beim einzelnen Schüler hat zwei Effekte: erstens kann der schulische Erfolg gesteigert werden und zweitens kann der Lehrer erste Anzeichen von Unterrichts- und Lernstörungen früh erkennen. Wir warten nicht ab, bis das Kind in den Brunnen gefallen ist – arbeiten nach dem „wait-to-fail"-Prinzip –, sondern wir versuchen präventiv zu arbeiten. In der Hektik des Alltags bieten sich Möglichkeiten an, um praktikabel, ökonomisch und treffsicher den Lernstand des einzelnen Schülers einzuholen:

- Lerntagebücher oder Portfolios haben Vorteile und Nachteile: meist ist das Datenmaterial sehr subjektiv und selektiv ausgesucht und meist auch zu komplex, um eine gute Kind-Umfeld-Analyse einleiten zu können.

- Kompetenzraster sind in der Schule auf dem Vormarsch, d. h. an Hand von Symbolen oder Skalen schätzt und trägt der Lehrer ein, ob ein bestimmtes Lernziel bereits erreicht ist oder nicht. Kompetenzraster sind in den Schulen beliebt, jedoch kein gutes diagnostisches Instrumentarium.
- Spontane und strukturierte Beobachtung

Die tägliche immer wiederkehrende Beobachtung des Lehrers im Unterricht und in bestimmten Situationen des Schulalltags ist immer noch die beste Möglichkeit, sich einen Überblick über das Lern- und Leistungsverhalten seiner Schüler zu verschaffen. Natürlich werden da Fehler gemacht, aber auch jeder Test enthält Fehlerquellen. Die Beobachtung kann sich auf entwickelte Verfahren stützen, wie z. B. das in Sachsen-Anhalt entwickelte Verfahren „Individuelle Lern-Entwicklungs-Analyse im Übergang“ für den Übergang und den Anfangsunterricht. Geht es aber mehr um das emotionale und soziale Verhalten von Schülern, so kann der Entwicklungspädagogische Lernziel-Diagnosebogen (ELDiB), der sich auf bekannte Entwicklungstheorien von Piaget, Kohlberg und Erikson stützt, eingesetzt werden. Dieser Diagnosebogen geht von der Annahme aus, dass sich die Schüler in bestimmten aufeinanderfolgenden Stufen entwickeln. Entwicklungsverzögerte Schüler können dann am besten gefördert werden, wenn die Förderangebote und Unterrichtsinhalte ihrem Entwicklungsniveau entsprechen und nicht die sozialen Ausreißer, emotionalen Kracher bzw. „Ausraster“ angehen (Schneider 2015, 5). Mit diesen genannten Verfahren kann zum einen die notwendige Bildungsdokumentation durchgeführt werden und zum anderen eine individuelle Lernstandsanalyse im Anfangsunterricht der Grundschule durchgeführt werden.

(6) Individuelle Lernwege ermöglichen

Zunächst gehen wir davon aus, dass jedes Kind anders lernt, seine eigene Lernwege erobert und experimentiert. Dieses Suchen des Kindes sollten wir unterstützen durch geeignete Lernmaterialien, Lernräume und Lernangebote. Dieses sehr individuelle Lernen des Kindes ist geprägt durch eine aktive Auseinandersetzung mit der direkten und indirekten Umwelt. Das Kind lernt mit seinem Vorwissen erste Lernwege zu beschreiten, greift auf gemachte Erfahrungen und erste Routinen zurück und kommt so zu einem ersten Zwischenschritt in seinem Lernprozess. So könnten durchaus alle Schüler einer Lerngruppe oder Klasse an einem gemeinsamen Gegenstand arbeiten und lernen, jeder nach seinen Interessen und seinem möglichen kognitiven und sprachlichen Lernniveau. So kann der schwachbegabte andere Aufgaben bearbeiten als der hochbegabte, wobei der Schwierigkeitsgrad, die Anzahl der gestellten Angaben und die zur Verfügung gestellte Zeit variieren können. Alle arbeiten und können sich durchaus auch untereinander Fragen stellen und gegenseitig helfen lernen. Es kommt nun für die Lehrkraft zu einem Spagat zwischen der Förderung der Persönlichkeit des einzelnen Schülers auf der einen Seite und den Anforderungen der Gesellschaft durch die verpflichtenden Lehrpläne auf der anderen Seite. Das Ziel besteht darin, alle Schüler soweit zu unterstützen, dass sie sich helfen können und auch gelernt haben, anderen Mitschülern in der Klasse „unter die Arme zu greifen".

(7) **Aufgabenformate**

Aufgaben gehören zu jedem Unterricht und sind das Handwerkszeug der inneren Differenzierung (Beyer/Dühlmeier 2013, 6). Dabei unterscheiden wir Aufgaben, die vom Lehrer gestellt werden, und Aufgaben, die der Schüler im Unterricht durch neugieriges Fragen und Beobachten selbst stellen kann. Wir unterscheiden weiterhin Lernaufgaben im Unterricht und Prüfaufgaben in Klassenarbeiten und mündlichen Gesprächen. So sprechen wir auch von Aufgabentypen mit unterschiedlichen Lern- oder Niveaustufen, mit unterschiedlicher Menge und Zeitvorgabe. Aufgaben gehören zum Unterricht und werden im Sinne der Differenzierung Tag für Tag erfolgreich eingesetzt. So können wir mit geeigneten Verben die geforderten Tätigkeiten beim Lösen der Aufgaben wie folgt beschreiben (Beyer/Dühlmeier 2013 16). Der Schüler sollte

- etwas wiedergeben,
- einen Vorgang beschreiben,
- in Büchern oder im Internet recherchieren,
- eine gelernte Fertigkeit anwenden,
- einen Sachverhalt strukturieren,
- etwas Gelerntes in eine andere Lernsituation transferieren,

- einen Lernvorgang, ein Leistungsergebnis oder Personen beurteilen,
- oder ....

Da alle Schüler unterschiedlich und anders lernen, sollten wir gezielter als bisher für die einzelnen Lernphasen im Unterricht Aufgabenformate aussuchen und anbieten. Das Stellen einer Aufgabe für alle Schüler einer Klasse funktioniert so nicht mehr. Wir sollten folgende Aufgabenformate kennen und als Differenzierungsmaßnahme für die jeweilige Unterrichtssituation bereithalten:

- Kennlernaufgaben: Hier geht es um das Bereitstellen von Unterrichtsmaterialien in einer angenehmen Lernatmosphäre mit dem Ziel, den Schülern einen persönlichen und freien Zugang zu dem Thema oder Inhalt zu ermöglichen.
- Übungsaufgaben: Die Schüler sollten z. B. während des Leselernprozesses beim Schreibenlernen oder bei der Einführung einer bestimmten neuen Aufgabenstellung die Gelegenheit erhalten, im Unterricht und zu Hause, diese Fertigkeiten zu üben zu trainieren und zu verfeinern.
- Kreativaufgaben: Die Schüler erhalten Material oder Medien und sollen herausfinden, was man damit machen kann. Sie sollen mögliche Zusammenhänge und Wechselwirkungen erkennen, neugierige Fragen stellen sowie neue Aufgabenstellungen formulieren.
- Prüfaufgaben: Die Schüler sollten während des Lernvorgangs, am Ende der Unterrichtsstunde, am Ende eines Projektes oder nach dem Besuch eines außerschulischen Lernortes auch außerhalb der Schule in der Lage sein, bestimmte spezielle Aufgaben zu erledigen. Der Lehrer kontrolliert die bearbeiteten Aufgaben und gibt dem Schüler eine verständliche und schnelle Rückmeldung.
- Hausaufgaben: Hier sollten die Schüler in der Schule so gut vorbereitet werden, dass sie die gestellten Aufgaben zu Hause allein und selbständig erledigen können. Dabei kann ein Elternheft helfen in der Weise, dass die Eltern mitteilen, wie lange die Kinder an ihren Aufgaben zu Hause gearbeitet haben und welche besonderen Schwierigkeiten aufgetreten sind.

(8) Individuelle Lernziele variabel festlegen

Die Förderschulen gehören zu den allgemeinbildenden Schulen und haben Lehrpläne, die ebenso für alle Grund- und Hauptschulen Gültigkeit besitzen: die Schule mit dem Förderschwerpunkt Sprache, emotionale und soziale Entwicklung, Hören, Sehen und körperliche und motorische Entwicklung. Die Förderschulen Lernen und geistige Entwicklung haben eigene Lehrpläne. Von daher ergibt sich im Unterricht der Schule Lernen und der Schule für geistige Entwicklung die Notwendigkeit der lernzieldifferenten Unterrichtung. Ebenso können die Leistungsanforderungen im Unterricht, die möglichen Abschlüsse und die Zeugnisse entsprechend variiert werden.

(9) Individuelle Förderpläne entwickeln

Beim Förderplan handelt es sich allgemein um eine pädagogische Strategie für den Unterricht in einem bestimmten Fach einer bestimmten Schulform, wie z. B. der Förderschule oder der Grundschule, die mündlich konzipiert und schriftlich dokumentiert wird.

Der Förderplan ist damit ein wichtiges Planungs-, Strukturierungs- Steuerungs- und Vernetzungsinstrument für den täglichen Unterricht in der Schule. Im Fokus des Förderplans steht der Schüler bzw. die Schülerin mit all seinen/ihren Stärken und Schwächen, mit all seinen/ihren Möglichkeiten und Grenzen; der Förderplan soll ein Profil der Fähigkeiten und Fertigkeiten erstellen und die pädagogischen Möglichkeiten im Unterricht ausloten und praktisch nutzbar machen. Der Förderplan kann sich auf eine einzelne Unterrichtstunde, eine Doppelstunde oder auf eine Unterrichtseinheit zu einem bestimmten Thema beziehen. Für die tägliche Arbeit in der Schule sollten folgende Kriterien bedacht werden: Der Förderplan sollte zunächst realistisch vom Umfang her, praktikabel von der Alltagstauglichkeit und ökonomisch vom Zeitaufwand sein, d. h. der Zeitaufwand der Lehrerin und der Nutzen für den Unterricht sollte in einem vernünftigen Verhältnis stehen. Formal gibt es zurzeit unterschiedliche Versionen; folgende Elemente sollten bedacht werden. Das Deckblatt mit den wichtigen Kontakt-, Sozial- und Schuldaten, der diagnostizierte Förderbedarf und mögliche medizinische bzw. somatische Besonderheiten. Im Sinne des kooperativen Partnerschaftsprinzips sollten die Eltern über den Förderplan informiert werden, dabei sollte eine einfache und verständliche Sprache die Regel sein. Die Ziele der Förderung, die Themen und Inhalte, die geplanten Maßnahmen der individuellen Lernförderung sowie die Überprüfung der Bildungsstandards sollten den Schülerinnen und Schülern bewusst und den Eltern transparent gemacht werden. Die Schülerinnen und Schüler sollten wissen und begreifen, wohin die „pädagogische Reise im Unterricht hingeht". Wichtige Aspekte des Förderplans sind Maßnahmen, die der Entwicklung, dem Bildungsniveau und dem Lerntempo des betreffenden Schülers bzw. der Schülerin angemessen sind. Der Förderplan sollte zunächst in einem ersten Schritt einen Überblick über die Schülerinnen und Schüler der Klasse, die Schule, das Unterrichtsfach sowie den Zeitraum verschaffen, über den sich der Förderplan erstreckt. Der im Förderplan angedachte Zeitraum sollte überschaubar und zeitlich nicht zu weit angelegt sein, da er dann seine Kontrollmöglichkeiten und Wirkungen verfehlt; er kann sich auf eine Woche oder gar einen Monat beziehen. In einem zweiten Schritt sollte der Förderplan konkret den Lern- und Entwicklungsbereich innerhalb eines Faches beschreiben, die Lernziele formulieren, einen konkreten Fördervorschlag enthalten, die organisatorische und didaktische Umsetzung vorgeben und die Kontrollmöglichkeiten am Ende der Förderarbeit aufzeigen.

(10) Lernumgebung und Klassenraum gestalten

Die Lernumgebung in der Schule, in der das Kind lernen soll, spielt eine wichtige Rolle; manche Autoren sprechen hier vom Lern- und Unterrichtskontext. Mit Lernumgebungen sind die Lernsituationen und Lernbedingungen in einem gegebenen raumzeitlichen Rahmen (z. B. dem Unterricht) gemeint, die zu individuellen und selbstständigen Lernprozessen führen. Konkret versteht man unter Lernumgebungen die materiellen Bedingungen (z. B. Lernmaterialien und die Aufgabenstellungen), die räumliche Umgebung im institutionellen Rahmen (z. B. das Klassenzimmer und der Stundenplan, in dessen Rahmen Lernen arrangiert wird), die Lernatmosphäre und schließlich die Lehraktivitäten des Lehrers sowie natürlich die Lernprozesse der Schüler selbst (Bräu 2013). Der schulische Kontext und die speziellen Rahmenbedingungen des Unterrichts sind eine wichtige Grundlage und pädagogischer Nährboden für guten und erfolgreichen Unterricht. Man spricht daher auch von einer Art und Möglichkeit der Kontextoptimierung.

(11) Erfolgreiche Differenzierung

Da die Schüler einer Klasse oder Lerngruppe immer eine Vielzahl individueller Unterschiede aufzeigen, wie z. B. im sachstrukturellen Entwicklungsstand, im Verhalten, im Lernvermögen und in der Sprachbeherrschung, ist es wichtig, im Unterricht darauf angemessen zu reagieren. Da der Lehrer als Talentscout und Potenzialentfalter die Aufgabe hat, die Persönlichkeit des einzelnen Schülers in seiner Klasse zu fördern, braucht er ein differenziertes Handlungsrepertoire. Immer wieder stellen sich die Lehrer die Frage: Wie können wir differenziertes Lernen im Unterricht einer heterogenen Lerngruppe umsetzen? Woher nehme ich die Räume, um Schüler kurzzeitig zu trennen, die Zeit, um die Differenzierung vorzubereiten, die Medien, die die Schüler unbedingt kennen sollen, die Materialien, die das individuelle Lernen unterstützen und immer wieder neue Ideen usw.?

Die Beobachtung des Schülers ist die Grundlage, für das weitere gezielte Vorgehen. Die vorhandenen Unterschiede – Möglichkeiten und Grenzen – zwischen den einzelnen Schülern, aber auch die Verschiedenheit des einzelnen Schülers sollten die Lehrkräfte kennen und den Unterricht darauf abstimmen. In einigen Bundesländern, wie z. B. im Schulgesetz von Rheinland-Pfalz ist die Forderung bildungspolitisch verankert: Jede Schule und jede Schulart ist verpflichtet, ihre Schülerinnen und Schüler individuell zu fördern (Ministerium für Bildung, Frauen und Jugend Rheinland-Pfalz 2004, 10). Jede Lehrer weiß, dass dies nur durch eine gut überlegte und intelligent ausgeklügelte Differenzierung gelingen kann. Unter Differenzierung im pädagogischen Bereich verstehen wir eine Vielzahl von organisatorischen, didaktischen und innerunterrichtlichen Maßnahmen, die alle das Ziel haben, die bestmögliche, ja optimale Förderung des Einzelnen im Blick zu haben (Grüntgens 2009, 3). Dies ist ein hohes Ziel, das schwer umzusetzen ist.

Die Kultusministerkonferenz hat sich 2002 bereits ebenfalls mit der Differenzierung auseinandergesetzt, mit der Heterogenität der Schülerschaft und insbesondere die Binnendifferenzierung als bedeutendes Merkmal guten und modernen Unterrichts herausgestellt:

- flexible Schuleingangsphasen mit dem Prinzip der Jahrgangsmischung,
- Einschulung aller schulpflichtigen Kinder ohne Zurückstellungen,
- frühzeitige Einschulungen in Verzahnung mit dem vorschulischen Bereich,
- differenzierende Sprachförderung,
- Differenzierung in inklusiven Maßnahmen.

Hier wird in letzter Zeit in den Schulen das Prinzip der Jahrgangsmischung hervorgehoben, weil es die zielgruppenspezifische Förderung von schneller und langsamer lernenden Schüler ermöglicht.

Beyer & Dühlmeier (2013) haben eine Reihe von wichtigen Aspekten einer erfolgreichen Differenzierungsarbeit im inklusiv ausgerichteten Unterricht hervorgehoben:

- die Interessenlage der einzelnen Schüler bzw. der Schulklasse,
- die Schaffung gemeinsamer Lernanlässe und Lernphasen am gemeinsamen Gegenstand,
- die sprachliche und inhaltliche Formulierung von passenden Aufgaben,
- die Berücksichtigung unterschiedlicher Lernwege der Schüler,
- die Organisation der Kooperation durch geeignete Sozialformen in der Gruppe oder Klasse,
- die Rückmeldung im Unterricht an die einzelnen Schüler zum weiteren Lernen und Arbeiten,
- die Gestaltung der eingesetzten Arbeitsblätter im Unterricht und als Hausaufgaben und
- das Arbeiten mit dem Schulbuch als wichtigstes Medium im Unterricht, wie z. B. die Fibel.

Zusammenfassend können folgende Möglichkeiten der Differenzierung genannt werden (Vanier/Conrady 2013, 12):

- nach Sozialformen,
- nach Unterrichtsmethoden,
- nach der Menge der gestellten Aufgaben,
- nach dem Anspruchsniveau der gestellten Aufgaben,
- nach der zur Verfügung gestellten Lernzeit im Unterricht oder auch außerhalb als Hausaufgaben,
- nach der notwendigen Unterstützung durch die Lehrer,

- nach Lerntechniken und Arbeitsformen,
- nach dem vorliegenden Lehrplan, Bildungsplan oder Förderplan und
- nach den jeweils geforderten Bildungsstandards und Kompetenzen.

(12) Leistung einschätzen und beurteilen

Hier scheiden sich die pädagogischen Geister immer noch und die Diskussion, ob Noten von 1 bis 6 oder Punktesystem 1 bis 15 oder eine kommentierte Verbalbeurteilung sowie der Einsatz alternativer Leistungsbewertungsmöglichkeiten, wie z. B. kompetenzorientierte Zeugnisse, hält weiterhin in der Fachliteratur und in der Praxis unvermindert an. Ein Ausweg ist noch nicht in Sicht, aber im Unterricht ist es nun einmal nicht zu umgehen, die erarbeiteten Lernergebnisse verwaltungstechnisch und bürokratisch so zu verarbeiten, dass der Schüler, die Eltern, die Lehrer und die Schulleitung die persönliche Schulkarriere durch die einzelnen Schulformen und Klassen begleiten und entsprechend dokumentieren können. Bei der Bewertung hat Brügelmann (2014, 141) einige Hilfestellungen und Anregungen zum Nachdenken gegeben:

- Alle Schüler können im Unterricht nicht die gleichen Ziele in der gleichen Zeit erreichen.
- Ein Unterricht im Gleichschritt mit pädagogischen Schablonen und einem engen Korsett geht schon gar nicht. Es kann nur um den nächstfolgenden Schritt im Lernen des Schülers gehen und damit um die individuelle Bezugsnorm.
- Die einzelnen Schüler sollten in ihrer Selbsteinschätzung sicherer und besser werden; dies kann insbesondere im ständigen Austausch zwischen der Fremdeinschätzung durch die Lehrer und die Selbsteinschätzung durch den betroffenen Schüler trainiert werden. Hier sind Partnergespräche in Kinder- und Schreibkonferenzen als Möglichkeit zu nennen und durch Kreisgespräche in der Gruppe, wo sich die Schüler über die Vor- und Nachteile von Arbeitsformen oder Lösungsstrategien unterhalten. Ebenso sollten regelmäßige persönliche Sprechstunden mit dem Lehrer angeboten werden, wo auch halbjährliche Zielvereinbarungen zwischen dem Schüler, den Eltern und der Lehrkraft besprochen werden.

(13) Experten in den Unterricht holen und Ressourcen bereitstellen

Wichtige Experten des Schülers sind zum einen die betroffenen Eltern und zum anderen die Personen, die im inklusiven Unterricht die Lehrkräfte in den Regelschulen unterstützen sollen. Das sind die Förderschullehrer mit ihren mitgebrachten sonderpädagogischen Expertisen und studierten Förderschwerpunkten, die in der Schule und im Unterricht eingesetzten Sozialarbeiter und Schoolworker, die Schulbegleiter oder Integrationshelfer, die den Schüler mit einer Behinderung während des Vormittags betreuen und weitere externe Fachkräfte, die teilweise auch nur temporär und zeitlich begrenzt, Hilfen und Unterstützung anbieten. Die lernförderlichen Maßnahmen zur Unterstützung des Unterrichts stützen sich auch auf die länderspezifischen Erlasse, wie z. B. den LRS- oder Dyskalkulie-Erlass oder aber auch die Möglichkeiten, Nachteilsausgleiche für bestimmte Schüler im Unterricht zu gewähren.

(14) Kooperation vorbereiten und umsetzen

Das Kernstück des inklusiven Unterrichts ist die Zusammenarbeit bzw. die Kooperation zwischen den verschiedenen Lehrkräften und weiteren extern eingesetzten pädagogischen und nichtpädagogischen Fachkräften. Es geht um das enge Zusammenrücken verschiedener Personen in der Klasse. Hier wissen wir, je enger Personen zusammenrücken müssen, umso mehr Probleme und Reibungsverluste kann es geben. Wenn z. B. die unterrichtende Grundschullehrerin und die eingesetzte und an die Schule abgeordnete Förderschullehrerin keine gemeinsame pädagogische Linie und unterrichtlichen Konsens finden, so kann diese Maßnahme allein schon daran scheitern; dies ist auch in nicht wenigen Fällen so eingetreten.

Ein erster Schritt hin zum individualisierenden Unterricht ist die Zusammensetzung eines Teams, wenn möglich eines multiprofessionellen Teams, welches die Verschiedenartigkeit der Schüler einer Klasse in den Blick nimmt und erste Unterrichtsplanungen vornimmt. Es geht um die individuelle Förderung einzelner Schülerinnen und Schüler und um guten Unterricht, der dann erreicht wird, wenn die Lernumgebung stimmt und qualitativ hochwertige Interaktionen im Unterricht zwischen den Lehrkräften und den Schülern ablaufen. Lernkultur, die geeigneten Aufgabenformate, individuelle Lernwege in den einzelnen Fächern und die Einbeziehung von Experten wie Förderschullehrern sind Garanten guten Unterrichts.

2.5 Übergänge und Einschulung

Der Übergang vom Kindergarten in die Grundschule stellt in vielen Fällen eine Herausforderung für die aufnehmende Grundschule, die Lehrer und die Eltern dar. Von daher macht es Sinn, sich über die pädagogische Gestaltung des Übergangs, die Einschulung und ein Übergangskonzept Gedanken zu machen. Dabei steht das pädagogische Kooperations-Tandem im Blickpunkt der pädagogischen Überlegungen und praktischen Zusammenarbeit.

2.5.1 Herausforderungen Übergang Kita – Schule

Die Herausforderungen beim Übergang von der Kita in die Schule sind gestiegen, weil sich auch die Kinder und angehenden Erstklässler verändert haben. Die Heterogenität der ABC-Schützlinge ist gestiegen und die Entwicklungsschere hinsichtlich der kindlichen Lern- und Entwicklungsvoraussetzungen am Schulanfang klafft bis zu drei Entwicklungsjahre auseinander. So kann ein Fünfjähriger durchaus das Entwicklungsalter eines sechs- oder gar siebenjährigen Kindes aufweisen, aber auch ein Siebenjähriger auf dem Entwicklungsstand eines Vierjährigen stehen. Hinzu kommen die besonderen Förderbedürfnisse der Kinder mit und ohne Behinderung, mit und ohne ausreichende und korrekte Deutschkenntnisse und mit und ohne Migrationshintergrund.

Grundsätzlich können wir drei Arten von Herausforderungsebenen am Schulanfang unterscheiden (Niesel/Griebel 2009):

- die persönliche Ebene mit dem Rollenwechsel vom Kita-Kind zum Schulkind mit entsprechenden Erwartungshaltungen an das Kind,
- die Beziehungsebene mit neuen sozialen Kontakten in Bezug auf Mitschüler und Lehrkräfte und
- die Kontextebene mit Schule als neues Lernsetting und veränderter Lebenssituation.

Wir brauchen neue Formen der Zusammenarbeit zwischen den Personen und den Institutionen, vielleicht auch neue Anreizsysteme, um die Anzahl der Kinder, die eine Förderschule besuchen, zu reduzieren. Nicht nur der neuseeländische Erziehungswissenschaftler John Hattie, auch deutsche Bildungsforscher bezeichnen den Schulwechsel und die Einschulung in eine neue Bildungseinrichtung als schwierige Phase in der Biografie eines Kindes. Hier können strukturelle Lösungen weiterhelfen, wie z. B. das Kooperationsjahr im Saarland oder die flexible Schuleingangsstufe, aber auch Möglichkeiten der vorzeitigen und späten Einschulung. Übergänge können zu persönlichen Krisen der Kinder und betroffenen Familien werden. Wir sollten aber auch an Übergänge von der Grundschule in die Förderschule und von der Förderschule in die Grundschule denken. „Schulische Übergänge sind sehr sensible Lebensphasen" mit verdichteten Entwicklungsanforderungen (Mays 2014, 30).

Der Übergang in die Schule wird in den Bundesländern durch spezielle Rahmenbedingungen geregelt, wie z. B. die Stichtagsregelung, das Wahlrecht bzw. der Wunsch der Eltern oder die flexible Schuleingangsphase. Die Eltern sollten auch gehört werden, wenn es darum geht, das Kind vorzeitig, fristgerecht oder gar später einzuschulen. Darüber hinaus sind die individuellen Lern- und Entwicklungsvoraussetzungen des einzelnen Kindes der entscheidende Parameter für die weitere Beschulung und Förderung. Aber auch die jahrelangen Beobachtungen und Einschätzungen der pädagogischen Fachkräfte in Bezug auf die anstehende Einschulung und die bisher erreichten Kompetenzen des Kindes sind mit in die Überlegungen einzubeziehen (Autorengruppe Bildungsberichterstattung 2014, 63).

Folgende Herausforderungen beim Übergang in die oder von der Grundschule können immer wieder in Gesprächen mit den Erzieherinnen und Lehrkräften registriert werden:

- Uneinigkeiten zwischen den Lehrern, den Erziehern und den Eltern hinsichtlich der Einschätzung der Einschulung oder einem möglichen Schulwechsel;
- es werden falsche Entscheidungen getroffen, wie z. B. eine zu frühe oder aber auch zu späte Einschulung oder eine falsche Empfehlung für oder gegen die Förderschule gegeben;
- die Meinung und der Wille der Kinder bleiben meist unbeachtet;

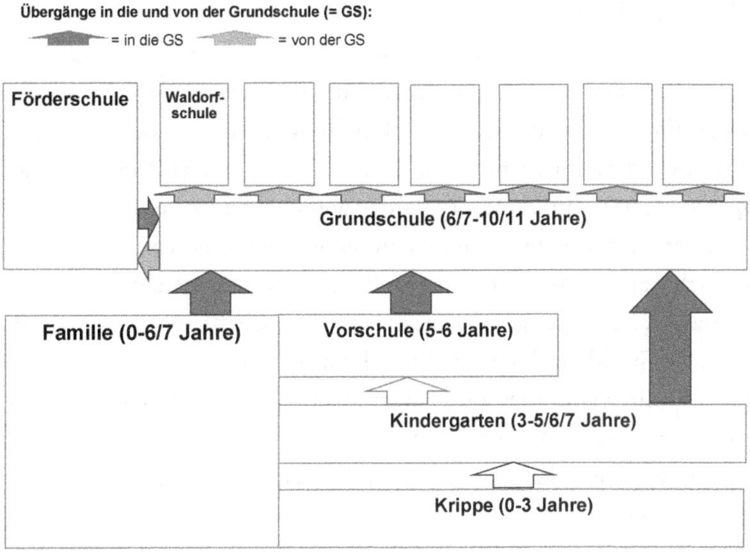

Abb. 4: Übergänge (BIWI Seminar Universität Landau 2015)

- die erstellten Gutachten oder Empfehlungen, die z. B. einen Wechsel in die Förderschule oder von der Förderschule in die Grundschule empfehlen, werden von den Eltern und Lehrern nicht beachtet und angezweifelt;
- es besteht die Gefahr, dass die Kinder sich in der Grundschule oder in der Förderschule nicht wohlfühlen und dass sie sich nicht von ihrem vorherigen Umfeld „lösen“ können;
- Entscheidungen, die die Übergänge betreffen, werden aufgrund von Freundschaften getroffen und
- die Kinder werden von den Eltern/Lehrern/Erziehern oft über- oder unterschätzt.

2.5.2 Erfolgreiche Arbeit im Tandem

Im Folgenden wird die Kooperation zwischen der Grundschule im Vogelsang und der Evangelischen Kindertagesstätte Saarlouis dargestellt.

Die Zusammenarbeit zwischen dieser Grundschule und der Kindertagesstätte ist seit vielen Jahren von gegenseitigem Austausch, von Hospitationen und kollegialer Wertschätzung geprägt. Beide Bildungseinrichtungen sind in der Pilotphase in das Projekt „Kooperationsjahr" des Saarlandes eingestiegen. Der Schwerpunkt der Zusammenarbeit liegt auf der Gestaltung eines gelingenden Überganges. Ein Ergebnis der Transitionsforschung ist, dass Kinder einen guten Übergang erleben, wenn sie mit dem, was sie in ihrer neuen Rolle erwartet, bestmöglich vertraut sind. Zunächst wurden anschlussfähige Lernmethoden in der Kindertagesstätte gemeinsam mit Lehrerinnen der Grundschule entwickelt. Beide Einrichtungen leben eine individuelle, differenzierende Lernkultur. Der offene Ansatz der Evangelischen Kindertagesstätte schafft so eine Lernatmosphäre, die der Grundschule entspricht und dort weitergeführt wird. Bereits in der Kita wird mit Werkstätten und Lernstraßen gearbeitet, die eine Differenzierung gewährleisten und somit jedem Kind Lern- und Erfolgserlebnisse verschaffen können. Die Inhalte der Werkstätten/Lernstraßen richten sich nach den Interessen der Kinder.

Die Eltern werden unmittelbar nach den Sommerferien über den Ablauf des Kooperationsjahres informiert. Zunächst findet eine Kennenlernphase statt, in der die begleitenden Lehrkräfte eine beobachtende Rolle haben. In der Evangelischen Kindertagesstätte sind zwei pädagogische Fachkräfte für die inhaltliche Gestaltung der pädagogischen Arbeit zuständig. Während des Jahres findet ein Austausch über die Entwicklung der Kinder statt, die anhand von Aufzeichnungen dokumentiert wird. Lehrkräfte und pädagogische Fachkräfte tauschen sich regelmäßig aus. Die Konzentrationsfähigkeit der Gruppe und des Einzelnen, die sozialen Kompetenzen und die unterschiedlichen Interessen sowie Entwicklungsstände der Kinder werden während dieser Zusammentreffen gezielt beobachtet. Hierzu wurden gemeinsam im Kooperationsteam Beobachtungskriterien und passende Beobachtungsinstrumente entwickelt. Der Schwerpunkt liegt auf dem Entwicklungsstand des Einzelnen und dem Charakter der Gruppe. Die Entwicklungsgespräche mit den Eltern finden gemeinsam mit jeweils einer pädagogischen Fachkraft der Kita und einer Lehrkraft statt.

Im nächsten Schritt finden die Kooperationspartner durch gezielte Beobachtung und aktiven Dialog mit den Kindern heraus, welche Themen für die jeweilige Gruppe als Lernfelder interessant sein könnten. Die Ergebnisse dieser Gespräche und Beobachtungen sind die Grundlage für die Planung der Werkstattarbeiten. Mit der Methode der Werkstatt ist es möglich, die Interessen der Kinder gezielt aufzugreifen und kompetenzorientiert besondere Aufgaben zu verteilen. Diese Methode des selbständigen Lernens an bestimmten Themen wird in der Kooperationsgrundschule weitergeführt, eine Anschlussfähigkeit ist somit gewährleistet. Im Monat Dezember oder Januar findet ein Elternabend statt, in dem den Eltern transparent gemacht wird, wie das Kooperationsjahr gestaltet wird. An diesem Elternabend nehmen alle Fachkräfte teil, die die Entwicklung des Kindes begleiten. Nach der Einschulung besteht für die pädagogischen Fachkräfte die Möglichkeit zur Hospitation in der ersten Klasse. Die Arbeit in Werkstätten/Lernstraßen hat zu diesem Zeitpunkt begonnen. Die Gruppe trifft sich gemeinsam mit dem Lehrer regelmäßig zu festen Zeiten, um an den Themen zu arbeiten. Wöchentliche Besprechungszeiten der beiden Erzieher und den Lehrern zur Vor und Nachbereitung der pädagogischen Arbeit werden eingehalten und dienen dem Austausch über die Entwicklungsstände der Kinder.

Im zweiten Halbjahr der Kooperation werden die Exkursionen der Schulkinder gemeinsam mit den Kindern geplant. Außerdem finden regelmäßige Schulbesuche im ersten und zweiten Schuljahr der Kooperationsgrundschule statt. Etwa in der Mitte des Jahres werden Entwicklungsgespräche mit den Eltern vorbereitet, hierzu wird im Laufe des ganzen Jahres die Entwicklung der einzelnen Kinder dokumentiert. Die Beobachtungsbögen der Einrichtung dienen als Gesprächsgrundlage. Beobachtungskriterien für die Entwicklungsbögen und die Entwicklungsgespräche sind u. a. das Verhalten in den regelmäßigen Schulkinderkonferenzen (Konzentration, Regeln, Absprachen, Erfüllen von Arbeitsaufträgen, Sprachkompetenz), der Umgang mit der Werkstattarbeit (selbständiges Arbeiten, Herausforderungen annehmen, Lösungsmöglichkeiten suchen, Ideen einbringen.

Wichtigste Ziele der Kooperation sind:
- die Gestaltung eines gelingenden Übergangs für das Kind und seine Familie,
- die Schaffung anschlussfähiger Lernmethoden,
- die Schule wird in Form von Gebäude, Lehrern und Schülern kennengelernt,

- Lernaktivitäten werden aufgrund der Interessen der Kinder gemeinsam gestaltet,
- die Lerndokumentation geschieht gemeinsam mit den pädagogischen Fachkräften und Lehrern,
- die Beratung von Eltern geschieht anhand eines gemeinsamen Austausches der Akteure, die das letzte Kita-Jahr begleiten.

Chancen innovativer Lernmethoden

Methoden, die Kompetenzen und Selbstwirksamkeit fördern, haben enorme positive Wirkung auf die Entwicklung der Persönlichkeit und die Fähigkeit der Resilienz; dies soll am folgenden Transfer deutlich gemacht werden.

Die Werkstattarbeit wird von handlungsbetonten und selbstlehrenden Aufgaben bestimmt. Schüler können auf individuellen Lernwegen selbst zu Wissen gelangen. Wichtig sind die Bereitstellung problemhaltiger Materialien und das Vorhandensein alternativer Lösungsmöglichkeiten.

Die Werkstätten der Kindertagesstätte und Grundschule im Saarland orientieren sich thematisch an den Interessen der Kinder. Die Aufgaben werden gemeinsam mit ihnen entwickelt. Eine Werkstatt besteht aus verschiedenen Lernangeboten und Lernsituationen; diese bestehen nicht nur aus Papier. Sie regen zum forschenden, experimentierenden Lernen an. Es gibt Aufgaben, die gelöst werden müssen, zusätzliche Aufgaben, Tauschaufgaben (hierfür kann ein Joker eingesetzt werden) und eine Aufgabe, die von den Kindern selbst bestimmt wird. Ein Kontrollblatt, das am Anfang jeder Werkstatt ausgeteilt wird, ermöglicht den Kindern, ihre eigenen Leistungen einzuschätzen. Der Zeitpunkt, wann die Aufgaben erledigt werden, wird innerhalb eines vorgegebenen Zeitrahmens von den Kindern selbst bestimmt. Sie übernehmen somit Selbstverantwortung für ihr Lernen (Günther/Fritsch 2015, 30).

Eine Werkstatt spricht immer mehrere Bildungsbereiche an. Die Planetenwerkstatt beispielsweise hat den naturwissenschaftlichen und mathematischen Bereich angesprochen. Die Aufgaben, die zu erledigen waren, enthielten Versuche mit Schwerkraft und Raketenantrieb. Zähl- und Rechenaufgaben waren zu lösen. Sprache und Schrift wurden gefördert durch Zeichnen sowie Basteln von Astronautenausrüstungen und Planeten, in Gesprächsrunden und durch das Erlernen eines Gedichts, das die Reihenfolge der Planeten unseres Sonnensystems benennt. Es fanden verschiedene Bewegungsangebote zu dem Thema statt. Astronautennahrung wurde hergestellt. Religiöse Bildung war ebenso Teil der Werkstatt. Die Kinder setzten sich mit Fragen auseinander. Ist Gott für alle Planeten zuständig oder hat jeder Planet einen Gott?

Die Problemlösekompetenz wird gefördert, indem die Kinder ihren eigenen Lernvorgang planen, sich notwendige Informationen beschaffen und geeignete Methoden auswählen. Sie überprüfen, anhand von dafür entwickelten Materialien, ihre eigenen Lernfortschritte. Es handelt sich um selbst gesteuertes Lernen, dabei werden die Kinder sich über ihre Selbstwirksamkeit bewusst. Sie entscheiden, welche Themen sie zu welchem Zeitpunkt bearbeiten möchten und können ihre Ergebnisse selbst kontrollieren; sie bewirken selbst ihren Lernprozess. Dies begünstigt unter anderem die Entwicklung eines positiven Selbstkonzepts. Kinder erfahren, dass sie selbst etwas erreichen und ihnen etwas zugetraut wird. Sie sind selbst verantwortlich für ihr Lernen. Ein hohes Selbstwertgefühl stellt eine wichtige Ressource für Resilienz dar.

Die Werkstattarbeit ist generell kompetenz- und nicht defizitorientiert. Fehler werden als Lernchance gesehen und nicht negativ bewertet. Die Lehrer/Erzieher nutzen die vorhandenen Kompetenzen der Kinder. Ihre Stärken werden gestärkt, um die Schwächen zu schwächen. Auch dies begünstigt die Entwicklung eines positiven Selbstwertgefühls. Die Aufgaben innerhalb einer Lernwerkstatt können verschiedene Schwierigkeitsstufen haben. Es sind zusätzliche Aufgaben vorhanden, die von besonders guten Schülern erledigt werden können. Die Aufgaben stellen Lernaufgaben dar. Aber auch schwächere Kinder können ihre individuellen Lernziele erreichen. Diese Methode entspricht dem differenzierten individualisierenden Unterricht und dem kindzentrierten Ansatz der Elementarpädagogik, die angesichts der großen Heterogenität im Klassenzimmer/der Gruppe sehr sinnvoll ist. Es kann hier ganz individuell auf die Entwicklungsstände der einzelnen Kinder eingegangen werden und ihre Entwicklungspotentiale werden gefördert. Den Kindern lässt man nur so viel Hilfe zukommen, wie sie benötigen, um einen blockierten oder stagnierenden Lernprozess wieder in Gang zu bringen (Günther/Fritsch 2015, 31).

Eine realistische Kontrollüberzeugung ist eine weitere wichtige personale Ressource im Hinblick auf Resilienz. Innerhalb der Werkstattarbeit wird den Kindern eine möglichst hohe Selbstkontrolle über ihre Aufgaben ermöglicht. Gerade die Selbstbeurteilung spielt eine entscheidende Rolle innerhalb der Werkstattarbeit. Sie lernen ihre eigenen Stärken und Schwächen einzuschätzen. Ein Kontrollblatt, das in den benannten Bildungseinrichtungen im Saarland in Form einer Tabelle angelegt ist, gibt den einzelnen Kindern eine Übersicht über alle Angebote der Werkstatt. Erledigte Aufgaben werden von den jeweiligen Chefs abgezeichnet. Dies ermöglicht dem Kind seine eigene Leistung einzuschätzen, und gibt dem Erzieher oder Lehrer wichtige Informationen über eventuell bestehende Entwicklungspotentiale. Der Ablauf der Werkstatt ist klar strukturiert und bietet gleichzeitig den Raum für individuelle Lernwege. Klare konsistente Regeln und Strukturen, die ebenfalls eine wichtige Ressource darstellen, sind durch den Aufbau einer Werkstatt gewährleistet (Niesel/Griebel/Netta 2008, 18). Am Ende einer thematischen Lernwerkstatt notieren die Kinder, was sie erarbeitet haben, und sie kennen ihre Ziele über einen längeren Zeitraum. Sie erfahren so selbst, in welchen Bereichen sie besondere Stärken oder Entwicklungspotentiale haben. Sie erkennen, welche Bereiche der Werkstätten sie vernachlässigt haben.

Von besonderer Bedeutung für die Resilienzentwicklung ist eine hohe Sozialkompetenz. Damit ist Empathie, Kooperations- und Konfliktfähigkeit sowie Verantwortungsübernahme gemeint. Durch kooperatives, nicht konkurrierendes Lernverhalten und die verbindliche Zusammenarbeit innerhalb der Werkstatt werden genau diese Kompetenzen gefördert. Durch den Wechsel der Sozialformen (Gruppenarbeit, Partnerarbeit, Einzelarbeit) innerhalb der Werkstattarbeit wird die Sozialkompetenz der Schüler in besonderem Maße gefördert (Günther/Fritsch 2015, 32).

Das Chefsystem, ein Kernstück der Werkstattarbeit, beinhaltet eine Kompetenzdelegation. Die Kinder übernehmen wichtige echte Befugnisse. Kompetenzorientiert werden Chefposten vergeben. Diese Chefs sind für bestimmte Angebote Experten, d. h. sie geben Hilfestellung, wenn nötig, und zeichnen die erledigten Aufgaben auf den jeweiligen Kontrollblättern ab. Dies fördert die Selbständigkeitsentwicklung und somit die Selbstwirksamkeit, sowohl der Kinder, die Chefaufgaben übernommen haben, als auch die jener, die sich ihre erledigten Aufgaben von den ‚Chefs' abzeichnen lassen.

Das gegenseitige Helfen und konkurrenzfreie Lernen begünstigt die Entwicklung positiver Peerkontakte, die eine wichtige Ressource darstellen. Die Fähigkeiten, Hilfe geben und annehmen zu können, sind Kompetenzen im sozialen Bereich, die hier stark gefördert werden. Das Kontrollblatt gibt jedem Kind einen Rahmen, der Minimalanforderungen stellt und Anregungen gibt.

Ein wertschätzendes Klima in Bildungsinstitutionen ist förderlich für die Entwicklung von Resilienz. Das Vertrauen in die Schüler ist vorhanden und es besteht ein vorurteilsbewusster Umgang. Das partnerschaftliche Verhältnis zwischen Lehrern und Schülern sowie eine didaktische Zurückhaltung von Seiten der Lehrer sind Grundlagen von Werkstattarbeit. Ein hoher, aber angemessener Leistungsstandard und eine positive Verstärkung der Anstrengungsbereitschaft des Kindes werden durch differenzierte individuelle Arbeitsaufgaben innerhalb der Werkstattarbeit gewährleistet.

Lehrer und Erzieher sind positive Rollenmodelle, indem sie wertschätzenden, fehlerfreundlichen Umgang vorleben, sie sind unterstützende Bezugspersonen. Während der Werkstattarbeit haben sie die Aufgabe, zunächst gezielt mit den Kindern die jeweiligen Werkstätten zu planen. Kinder werden von ihnen motiviert, ihre Selbsttätigkeit zu entdecken. Die Methode impliziert ein offenes, tolerantes Lernklima. Meinungsverschiedenheiten werden thematisiert, aber Diskriminierungen nicht zugelassen (Günther/Fritsch 2015, 32).

2.5.3 Mangelnde Wertschätzung des Kooperationstandems

Sabina Molaen

Wie in einer heterogen zusammengesetzten Klasse trifft in der Vorschulgruppe eines Kindergartens eine Vielfalt unterschiedlicher Kinder aufeinander. Fallen im Rahmen der Kooperation Kindergarten Grundschule Kinder auf, denen es an Durchhaltevermögen, Konzentration und Leistungsbereitschaft mangelt und ein erfolgreiches Lernen als zukünftige Erstklässler durch gravierende Verhaltensauffälligkeiten schwer vorstellbar ist, ist das Tandemteam Erzieherin-Lehrkraft zunächst damit beschäftigt, die Eltern über den Entwicklungsstand und das auffällige Verhalten des Kindes zu informieren. Bestenfalls, sofern bereits Frühförderung im letzten Kindergartenjahr durch externe Frühfördererzieherinnen durchgeführt wird, sollten diese ebenfalls mit ins Boot genommen werden, um den Blick auf das Kind zu komplettieren und diesen zu verschiedenen Zeitpunkten zu thematisieren. Es ist für die Erziehungsberechtigten oft schwer vorstellbar, dass sich ihr Zögling in der Vorschulgruppe so gebärdet, dass sich ein erfolgreiches Lernen als Schulkind schwierig darstellen wird und ohne zusätzliche Hilfe große Probleme auftauchen könnten. Manchmal zeigt das Kind die Verhaltensschwierigkeiten auch nur in der Vorschulgruppe und nicht in der regulären Bezugsgruppe des Kindergartens. Es hat sich bewährt viele konkrete Beispiele in ein solches Gespräch einfließen zu lassen, damit den Erwachsenen die Dringlichkeit bewusst wird und das Verhalten nicht als vorrübergehende Unkonzentriertheit oder kurzfristige Unlust bei vermuteter Unterforderung abgetan wird. Hier wird der Schule im Gegensatz zum Kindergarten oft eine Defizitorientiertheit vorgeworfen. Unter Umständen muss das Verhalten auch von den oft starken kognitiven Fähigkeiten des Kindes abgegrenzt werden. Die Problematik besteht darin, die Eltern so zu beraten, dass sie auf freiwilliger Basis Kontakt mit dem Jugendamt aufnehmen und dort einen Helfer für den Unterricht beantragen. Bisher gestaltet sich das Verfahren sehr komplex, vielfach auch sehr langwierig, haben doch die beteiligten Erwachsenen oft noch die Hoffnung, dass sich positive Verhaltensänderungen ergeben. Leider kommt im Austausch mit anderen Schulleitungen und Förderschullehrern der Eindruck auf, dass die Jugendämter sehr unterschiedlich verfahren und bewilligen. Es stellt eine große Hürde für die Eltern dar, in der Bringpflicht zu sein. Ein psychologisches Gutachten, das nur von wenigen explizit genannten Stellen durchgeführt werden kann, nimmt lange Zeit sowohl bei der Terminvergabe als auch bei der Weitergabe von Informationen in Anspruch. Einige Jugendämter bestehen auch auf einem Schulbericht, obwohl das betreffende Kind noch nicht die Schule besucht. Im Konkreten bedeutet das, dass viele Fragen der geforderten Stellungnahme noch nicht beantwortet werden können, da das Kindergartenkind sich noch nicht in der Schulsituation befindet. Jetzige Formulare beinhalten zuweilen immer noch den festzustellenden Status des Förderbedarfes der sozial-emotionalen Entwicklung, obwohl man dazu angehalten wird, solche Fälle dem Ministerium vorab nicht mehr zu melden. Ist man als Schulleiterin nicht im direkten Kontakt mit dem Kind, weil man die Kooperation KIGA-Grundschule nicht selbst durchführt, gründet man entweder eine Stellungnahme auf der Einschätzung der Kooperationslehrkraft oder besucht das Vorschulkind und die entsprechenden Erzieherinnen im Kindergarten mehrfach selbst oder führt entsprechende Telefonate. – Es kann sich auch die Schwierigkeit ergeben, dass ein Kind zwar im Einzugsgebiet der Schule wohnt, aber einen Kindergarten besucht, der hoffentlich mit einer anderen Grundschule kooperiert. In diesem Falle sind noch mehr Bezugspersonen an einer Stellungnahme für das Jugendamt beteiligt. – Man könnte fast meinen, dass sich einige Jugendämter noch nicht darauf eingestellt haben, dass im Rahmen des Kooperationsjahres wertvolle Einschätzungen eines Erzieherinnen-Lehrerinnen-Teams gewonnen werden, die dem Unterrichtswohl in Klasse 1 dienlich sein sollen. Natürlich wird in einem solchen Fall immer derart argumentiert, dass der Einzelfall im Fokus steht; das Kind solle keine Sonderstellung durch einen Integrationshelfer oder eine Integrationsfachkraft bekommen, sich nicht bevormundet fühlen, als „unbeschriebenes Blatt" das Schulleben beginnen können. Als Schulleiterin hat man aber auch das Wohl der Großgruppe im Blick. Die Klasse hat ein Recht auf Unterricht, der bei Störungen oft nur weitergeführt werden kann, wenn ein Integrationshelfer die Aufsicht während einer notwendigen Auszeit des Kindes übernimmt. Startet ein Schüler seine Schullaufbahn mit einem zugewiesenen Helfer, so kann die Gefahr des Leistungsrückstandes und Schulfrustes eventuell schon gemindert werden. Auszeiten bedeuten nicht nur räumliche Distanz wie einen kleinen Rundgang über den Schulhof, sondern können auch dazu genutzt werden, Aufgaben aus der vorherigen Unterrichtssituation aufzuarbeiten. Sowohl die Eltern als auch das Jugendamt sollten dabei bedenken, dass ein Schüler, der durch zusätzliche Hilfe am Unterricht teilnehmen kann, eher in der Klasse Fuß fasst, als wenn er ständig mit Unterrichtsstörungen bei den Klassenkameraden und bei der Lehrkraft auffällt. In Gesprächen wird oft thematisiert, es handele sich bei den Einschätzungen nur um hypothetische Vermutungen. Das Kind könne sich im schulischen Umfeld auch ganz anders verhalten als während der Kindergarten- oder Vorschulzeit und man solle doch erst die schulische Entwicklung abwarten. Dieses Abwarten bedeutet aber, dass Monate vergehen können, während denen eine ganze Klasse und mehrere Lehrkräfte ständig mit bereits vorhersehbaren Störungen des Unterrichtsablaufes und auch prekären Schulhofpausen konfrontiert sind.

Oftmals gehen bei dieser Betrachtung Kinder unter, die als „Traumlieseln" bezeichnet werden können, obwohl auch sie in der Unterrichtssituation Hilfe benötigen würden. Hier hat es sich bewährt auch das Landesamt für Soziales miteinzubinden und dort einen Eingliederungshelfer zu beantragen. Natürlich bedarf es auch hier der freiwilligen Mithilfe der Eltern und einer entsprechenden schulärztlichen Stellungnahme und auch des Kinderarztes. Es muss aber auch hier wie bei den Kindern mit Übersprunghandlungen der Unterschied einbezogen werden, dass es sich bei den medizinischen Untersuchungen und Testungen meist um Einzelsituationen handelt und die Kinder nicht in größeren Gruppen beobachtet werden, wie es im Kooperationstandem möglich ist. Es ist einleuchtend, dass Kinder sich bei einer Ein-zu-eins-Umsetzung von Förderung oder Testung eher lenken lassen und dies den Eindruck beeinflusst.

Fazit: Es wäre wünschenswert, dass der Meinung des Kooperationstandems Erzieherin-Lehrkraft mehr Bedeutung zukommt und sich Jugendämter einheitlich auf Verfahrensweisen einigen, die der inklusiven Unterrichtung zuträglich sind. Es ist sehr schade, dass das Kind oder der Unterricht bereits über mehrere Monate „in den Brunnen gefallen sein müssen", sich beim Kind schon aggressive Haltungen gegen sich selbst, Klassenkameraden, Lehrkräfte und der Schule entwickelt haben müssen, bevor eine individuelle Hilfe in der Schule ankommt.

Es ist nur zu hoffen, dass Kinder, die nicht den Vorteil des Kooperationsjahres genießen konnten, aber ähnlicher Hilfen wie hier beschrieben bedürfen, einen Fürsprecher haben, der die zuständige Schulleitung über die Situation rechtzeitig informiert.

Dem Umstand, dass Helfer nur schwierig oder mit enormer Zeitverzögerung im System Schule ankommen, ist auch anzulasten, dass einige Schulleitungen und Kollegien dem Vorhaben des inklusiven Unterrichtens noch distanziert gegenüberstehen.

Es sollte nicht unerwähnt bleiben, dass auch der Schulpsychologische Dienst zu Rate gezogen werden kann, eine entsprechende Stellungnahme abzugeben. Dies kann seitens der Schulleitung als auch von den Eltern initiiert werden. Die Zusammenarbeit der zahlreichen Beteiligten kann auch daran scheitern, dass die Eltern die erforderlichen Schweigepflichtentbindungen aus unterschiedlichen Gründen nicht befürworten.

2.5.4 Entwicklung eines Übergangskonzepts

Wie können nun der abgebende Kindergarten und die aufnehmende Schule – Grundschule oder Förderschule – die Kinder so begleiten, dass sie keine negativen Auswirkungen auf die persönliche Situation des einzelnen Kindes hat. Aus der Forschungsarbeit von Bronfenbrenner (1993) wissen wir z. B., dass die kindliche Entwicklung beim Übergang von einer Einrichtung in eine andere insbesondere dann als positiv betrachtet werden kann, wenn alle betroffenen Personen – die Kinder selbst, die Eltern und die Fach- und Lehrkräfte bestens voneinander Bescheid wissen. Sie haben sich z. B. vorher besucht und gegenseitig Informationen ausgetauscht. Diese sozialen und organisatorischen Austauschprozesse sind notwendig, um das Selbstkonzept des Kindes nicht unnötig zu strapazieren. Von daher macht es Sinn, ein modernes Übergangskonzept der jeweiligen Schule zu entwickeln und ein flexibles Einschulungsmodell zwischen den beiden Einrichtungen zu erarbeiten. Mays (2014) schlägt daher ein praktikables und abgestuftes Übergangskonzept vor.

Hinsichtlich der Zeitachse setzt ein gutes Übergangskonzept im letzten Kindergartenjahr nach den Osterferien ein und dauert bis zum Ende des ersten Schulhabjahres in der ersten Klasse. Dabei sind neben terminierten Hospitationen auch entsprechende Deputate für Erzieher und Lehrer sowie ein geeignetes Zeitfenster während des Schultages und der Woche einzuplanen. So sollte die Kommunikation zwischen den Einrichtungen und Personen stimmig sein und ein sogenannter pädagogischer Krisenplan entwickelt werden, der in besonderen Situationen schnell weiterhelfen kann. Im Vordergrund steht das Selbstkonzept des Kindes, das während dieser gesamten Übergangsprozedur durchaus in Mitleidenschaft gezogen werden kann. Das Kennenlernen neuer

Freunde und das positive Gefühl, von anderen angenommen worden zu sein und mit ihnen gemeinsam etwas zu spielen und zu lernen, führt zu einem ungeheuer wichtigen Selbstwirksamkeitserleben.

In gleichem Maße ist es auch wichtig, die weniger interessierten und etwas bildungskritischeren Eltern mit ins Boot zu nehmen, auch wenn soziale und sprachliche Barrieren dies zu verhindern scheinen; einen Versuch ist es allemal wert. Gerade eine inklusiv ausgerichtete Schule und Unterrichtskultur sollte sich dieser Probleme verstärkt annehmen, weil die soziokulturelle Benachteiligung durch das Elternhaus und die soziale Betrachtung der Behinderung eines Kindes durch bestimmte Milieus verheerende Folgen für das Kind selbst, seinen Selbstwert und seine sprachliche und kulturelle Identität haben kann.

Im Mittelpunkt des Übergangs und der Einschulungsphase steht das einzelne Kind (Bertelsmann Stiftung 2007, 10). Dabei werden folgende Ratschläge und konkreten Hinweise gegeben, die durchaus ihre Berechtigung haben und im Team der Kita und im Kollegium der Schule diskutiert werden sollten:

- die Erzieherinnen und Lehrkräfte kümmern sich um das Kind, sein Lernen, seine Entwicklungen, seine Neugier und versuchen sein Selbstwertgefühl zu stärken in dem Sinne: „Du schaffst das!"
- möglichst alle Kinder werden in Regeleinrichtungen aufgenommen, sofern die Eltern und befragten Experten, wie z. B. die Schulärztin dieser Maßnahme zustimmen;
- die pädagogischen Fachkräfte kümmern sich individuell um jedes einzelne Kind, insbesondere um Kinder mit einer Behinderung, sonstigen Entwicklungsproblemen oder Gefährdungsmomenten.
- der individuelle Förderbedarf sollte früh erkannt werden und möglicherweise mit Fachdiensten der Jugendhilfe, der Sozialhilfe oder anderen Fachdiensten vernetzt werden, wenn es z. B. um die Beantragung eines Schulhelfers bzw. Integrationshelfers geht.

Grundsätzlich gilt, dass je nach Zusammensetzung der neuen Schulklasse, den dazugehörenden Eltern und den verantwortlichen Pädagogen für alle ein regional und lokal geschneidertes Konzept passgenau entwickelt werden sollte.

2.6 Praxistransfer Grundschule

Die Idee zum individualisierenden Lernen und Unterricht wird in der praktischen Arbeit „geboren" und ein praxistaugliches Konzept des individualisierenden Unterrichts entwickelt.

2.6.1 Warum individualisiertes Lernen? Christina Bauer-Rehlinger

„Stell deinen Unterricht doch auf Freiarbeit um! Du hast viele Ideen und geeignete Materialien, das würde gut zu dir passen!" Dieser Satz einer rheinland-pfälzischen Kollegin und Freundin diente als Katalysator, die gängige (meine!) Unterrichtsmethodik von Grund auf zu überdenken und zu modifizieren.

Gelingt es mir jeden Schüler dort abzuholen, wo er steht? Fördere und fordere ich, wo es notwendig ist, oder über- bzw. unterfordere ich Schüler zu Lasten ihrer intrinsischen Motivation? Latente Unzufriedenheit bezüglich der tatsächlichen Qualität und Funktionalität meines Unterrichts machte sich in mir breit. Kann ich der immer stärker werdenden Heterogenität der Schüler – die nicht zuletzt bedingt ist durch Integration, Auflösung der Schulkindergärten und Sprachförderklassen, Abschaffung der 0-Klassen sowie letztendlich dem Einzug der Inklusion – tatsächlich mit einem Unterricht gerecht werden, in dem sich stets klassische Frontalphasen mit der sich anschließenden Arbeit in der homogenen Kleingruppe abwechseln? Solch ein Unterricht erfordert ein hohes Maß an Differenzierung und sollte im Idealfall dazu führen, jeden Schüler auf den geforderten Leistungsstand zu bringen, doch zielt er letztendlich darauf ab, den zu vermittelnden Unterrichtsstoff relativ gleichschrittig voranzutreiben. Zudem steigt meines Erachtens der Arbeitsaufwand in der Unterrichtsvor- und -nachbereitung derart, dass man das Gefühl bekommt, selbst die Differenzierung differenzieren zu müssen.

Die Idee, dass eben nicht jeder zur gleichen Zeit im gleichen Tempo das Gleiche lernen muss, sondern jedem Schüler das Lernen selbstbestimmt in einem vorgegebenen Rahmen ermöglicht werden sollte, weckte in mir die Hoffnung, die so dringend gesuchte Arbeitszufriedenheit sowohl für Schüler als auch Lehrer zu finden. Jedes Kind soll individuell gefördert werden und der Arbeitsaufwand für jeden Lehrer leistbar sein. Im Zuge der Inklusion bedeutet dies für meine zukünftige Arbeit: So viel gemeinsames Lernen wie möglich, so viel Differenzierung wie nötig.

• Konzept eines individualisierten Unterrichts

Die Grundlage zur Erstellung des vorliegenden Konzeptes lieferte mir ein Buch, das ich jedem wärmstens empfehlen möchte, der den Mut und den Willen hat, seinen Unterricht im Sinne angeleiteter Freiarbeit zu verändern. „Individuelles Lernen mit System" (Grunefeld/Schmolke 2011) zeigt praxisnah und Schritt für Schritt, wie ein solches Konzept erstellt und durchgeführt werden kann. Die dort beschriebene Schule in NRW arbeitet lehrwerksunabhängig und jahrgangsübergreifend. Die Anpassung des Konzeptes an die eigenen schulischen Rahmenbedingungen obliegt demnach der Professur der jeweiligen Lehrkraft. Grundidee ist, den gesamten Unterrichtsstoff eines Schuljahres gemäß den Richtlinien und Kernlehrplänen des jeweiligen Bundeslandes, in einem „Jahresplan" zusammenzufassen und diesen, portioniert in „Teilarbeitsplänen" (vgl. Grunefeld/Schmolke 2011, Kapitel 3), den Schülern an die Hand zu geben.

Vorbereitende Arbeit

Im Gegensatz zur Konzeption von Grunefeld und Schmolke sind meine Teilarbeitspläne lehrwerksabhängig ausgerichtet. Für den Lernbereich Deutsch verwendet unsere Schule das Lehrwerk „Einsterns Schwester" (Bauer/Maurach 2011, Berlin). Kindern mit Förderbedarf stehen zusätzlich die Buchstabenhefte „Flex und Flora" (Baligand/Föhl, u. A. 2013, Braunschweig) zur Verfügung. Die Grundlage für den Mathematikunterricht bildet die Materialsammlung der „Rechenrakete" (Seiwert 2011, Beckingen). Beide Konzeptionen ermöglichen ein eigenständiges und individualisiertes Lernen der Schüler.

Zunächst müssen die Lehrwerke nun Seite für Seite unter die Lupe genommen und entschieden werden, welche Inhalte sich für die Freiarbeitszeit eignen und welche im Plenum eingeführt werden müssen. Letztere werden von der Lehrkraft für Ankerstunden vorgemerkt und erscheinen nicht im Teilarbeitsplan der Schüler. In diesem Zusammenhang werden auch geeignete Hausaufgabenseiten sondiert. Hierbei sollten nur solche Inhalte ausgewählt werden, welche die Schüler ohne Hilfe bearbeiten können. Im Anschluss daran folgt die Recherche nach ansprechenden Materialien zur Vertiefung des Unterrichtsstoffes für den Pflicht- und Wahlbereich.

Die Pläne sind so aufgebaut, dass immer die gleichen Symbole verwendet werden. Sie enthalten einen Anteil von Pflichtaufgaben, um abzusichern, dass die Schüler die festgelegten Lernziele erreichen, sowie immer ein Grundangebot an Freiarbeitsaufgaben auf unterschiedlichen Niveaustufen. Viele Materialien sind so offen gestaltet, dass sie sowohl Einzel- als auch Partner- bzw. Gruppenarbeit gestatten. Es liegt in der Verantwortung der Schüler, eine geeignete Sozialform auszuwählen. Wichtig ist, dass *allen* Schülern, unabhängig von ihrem Lerntempo und Leistungsstand, unterschiedliche Aufgabenformate wie beispielsweise die Arbeit am Computer oder an bevorzugten Freiarbeitsspielen zur Verfügung stehen.

In den Phasen der Freiarbeit, nachfolgend Planarbeit genannt, arbeitet jeder Schüler nach seinem individuellen Tempo und Leistungsstand, unabhängig vom Lernprozess der anderen. Die Schüler können anhand ihres Planes selbst entscheiden, an welcher Aufgabe sie arbeiten möchten. Dadurch ergibt sich, dass die Schüler sich mit unterschiedlichen Lerninhalten beschäftigen.

Die Schüler dokumentieren erledigte Arbeiten in ihrem Plan, indem sie entsprechende Seitenzahlen wegstreichen oder das Smiley-Symbol ausmalen. Hat ein Schüler alle Aufgaben innerhalb einer Spalte erledigt, erfolgt eine Kontrolle durch die Lehrkraft und gegebenenfalls eine Korrektur durch den Schüler. Das abschließende farbige Ausmalen der ganzen Spalte schafft Transparenz für erledigte und kontrollierte Aufgaben.

Angefangene Arbeiten bewahren die Schüler hauptsächlich in einem Hängeregister, aber auch mit einer Namensklammer versehen im Regal auf. Regel ist, dass begonnene Arbeiten fertigzustellen sind, bevor neue Aufgaben in Angriff genommen werden. Die Teilarbeitspläne verbleiben in einer portfolioartigen Mappe im Ranzen der Schüler. Aus Dokumentationsgründen werden hier alle schriftlichen Aufgaben abgeheftet, die den Teilarbeitsplan betreffen.

Hausaufgaben sind im Plan mit roten Zahlen ausgewiesen. Sie werden vom Lehrer am Ende der Planarbeitszeit individuell ausgewählt und durch Einkreisen nochmals markiert. Langfristiges Ziel ist, dass die Schüler eigenverantwortlich ihre Hausaufgaben auswählen und markieren. Grundsätzlich können alle Übungen, die der Schüler eigenständig bearbeiten kann (außer den Materialien aus den Freiarbeitsregalen) als Hausaufgaben ausgewählt werden. An dieser Stelle möchte ich anmerken, dass ich lediglich eine Kontrolle der Hausaufgaben auf Vollständigkeit, jedoch nicht auf Richtigkeit vornehme und diese Verantwortung ganz in die Hand der Eltern und Erziehungsberechtigten abgebe.

Die Lehrkraft übernimmt in den freien Arbeitsphasen vorwiegend die Funktion eines Lernberaters und begleitet den Lernprozess der Schüler. In dieser Zeit hat sie zudem die Möglichkeit, gezielt mit einzelnen Kindern zu arbeiten. Dies bedeutet in der Praxis, dass beispielsweise leistungsstarke Schüler an neuen Unterrichtsstoff herangeführt, schwächere in ihrem Lernprozess unterstützt oder mit einer Kleingruppe Lernspiele gespielt werden können. Die Lehrkraft kontrolliert regelmäßig den Lernstand und das Arbeitsverhalten der Schüler und gibt ihnen diesbezüglich eine Rückmeldung in Form von Lob oder sachlicher Kritik.

Während der Planarbeitszeiten gibt es keine feste Sitzordnung, da die Kinder, je nach Materialauswahl in unterschiedlichen Sozialformen zusammenkommen. Mit Hilfe von Teppichfliesen wird auch der Fußboden im Klassenraum sowie im Flur zum Arbeiten genutzt. Sitzbänke in der Leseecke sowie ein freier Gruppenarbeitstisch dienen ebenso als Arbeitsplatz. Damit diese offene Arbeitsweise nicht zu Lasten der Arbeitsruhe geht, ist das Eintrainieren von Stille- und Flüsterzeiten unabdingbar und erfordert von den Schülern Empathie, Disziplin und Pflichtbewusstsein. Ein gewisses Maß an „Arbeitslautstärke" muss allerdings sowohl von Lehrer- als auch von Schülerseite ausgehalten werden.

Sobald ein Teilarbeitsplan vollständig bearbeitet ist, wird eine umfangreiche lehrwerksabhängige Lernstandskontrolle durchgeführt. Das Ergebnis dieser Überprüfung beeinflusst sowohl den Inhalt der Förderstunden als auch Inhalt und Umfang des nächsten Teilarbeitsplans. Auf diese Weise können die Pläne mit wenig Aufwand an die individuelle Lernsituation des einzelnen Schülers angepasst werden.

Den Schülern muss klar sein, bis zu welchem Zeitpunkt sie ihren Teilarbeitsplan spätestens abgearbeitet haben sollen. Der klassische Stoffverteilungsplan bietet dem Lehrer hierfür einen zeitlichen Orientierungsrahmen.

Die Planarbeit schließt jeden Tag mit einer Reflexionsrunde ab. Die Schüler äußern sich darüber, woran sie gearbeitet haben, warum sie ggf. nicht weitergekommen sind, von wem sie gute, produktive Hilfe bekommen haben und was sie sich für die nächste Freiarbeitszeit vornehmen. Außerdem haben die Schüler an dieser Stelle die Möglichkeit, ihre Arbeitsergebnisse im Plenum vorzustellen, z. B. Vorlesen einer selbstverfassten Geschichte. Die Schüler erhalten in Form einer Tipp-Topp-Runde (Was war gut? Welche Tipps kannst du geben?) direktes Feedback durch Mitschüler und Lehrkraft.

- **Umsetzung des individuellen und differenzierten Lernens in der 1. Klasse der Nikolaus-Voltz-Grundschule in Losheim am See**

Zur Klassensituation:
Die Klasse umfasst 22 Schüler, davon sind 15 Mädchen. Die Zusammensetzung meiner Klasse ist wohl nicht im klassischen Sinne als inklusiv anzusehen, da ich lediglich drei Kinder mit Migrationshintergrund, eines mit Sehbehinderung sowie ein Kind mit sonderpädagogischem Förderbedarf im Bereich Lernen unterrichte. Dennoch weist sie eine hohe Heterogenität bezüglich der Lernvoraussetzungen und des Leistungsniveaus auf.

Die Planarbeit findet in meiner Klasse in der Regel täglich zu feststehenden Zeiten (jeweils 2./3. Stunde) statt. Ankerstunden haben ebenso ihren festen Bestandteil im Alltag. Vor allem im Mathematikunterricht bilden sie die Grundlage dafür, dass der eingeführte Unterrichtsstoff in der Freiarbeit selbstständig weitergeführt werden kann. Der Unterrichtsstoff für den Lernbereich Deutsch wird fast ausschließlich durch die Planarbeitsstunden abgedeckt. Oftmals reicht die „Stehende Übung“ zu Beginn einer Stunde aus, neue Inhalte einzuführen oder zu vertiefen.

Im April nahm ich das 23. Kind, einen albanischen Jungen ohne Deutschkenntnisse, in meine Klasse auf. In Albanien besuchte er bereits die zweite Klasse, so dass er im Fach Mathematik (anhand des Teilarbeitsplanes) problemlos im Stoff weiterarbeiten konnte. Glücklicherweise befindet sich ein weiteres albanisches Kind in der Klasse, das sowohl der deutschen als auch albanischen Sprache relativ mächtig ist und uns so in vielen Situationen dolmetschend zur Seite steht. Pro Woche erhält der Schüler fünf Stunden DAZ, innerhalb derer er, zusammen mit einem syrischen Mädchen, im mündlichen Sprachgebrauch (Wortschatzarbeit) geschult wird. Der Schüler ist lernwillig und leistungsbereit. Bereits nach einer Woche bearbeitete er das erste Buchstabenheft (Einsterns Schwester) gemeinsam mit der Lehrkraft. Er ist in der Lage alle schreibmotorischen Übungen sowie Aufgaben zur optischen Diskriminierung selbstständig auszuführen. Übungen zur akustischen Analyse machen wir stets gemeinsam. Zur Bearbeitung des zweiten Buchstabenheftes erhielt er bereits seinen ersten Teilarbeitsplan. Die Auswahl der Aufgaben bezieht sich auf die Vermittlung von Grundlagen, so dass dieser Plan qualitativ und quantitativ stark reduziert ist. Der Stopp-Stempel im Arbeitsheft signalisiert ihm, dass diese Seiten (Aufgaben zur akustischen Analyse sowie zum Wortlesen) gemeinsam mit der Lehrkraft bearbeitet werden sollen.

Planarbeit im Fach Deutsch

Im Fach Deutsch erhalten alle Schüler im Verlauf des Schuljahres insgesamt sechs Teilarbeitspläne, die inhaltlich und farblich auf die sechs Buchstabenhefte des Lehrwerkes „Einsterns Schwester“ abgestimmt sind. Arbeitet ein Schüler beispielsweise im lila Teilarbeitsplan, beschäftigt er sich mit dem vierten, lilafarbigen Buchstabenheft. Neben dem lehrwerksabhängigen Material findet der Schüler an einem bestimmten Platz im Regal lila gekennzeichnete Arbeitsmaterialien, die sich vorwiegend mit Übungen auf der Laut-, Wort-, Satz- und Textebene der aktuellen Buchstaben befassen.

Bereits in den ersten Schulwochen wurden die Weichen für das geplante individualisierte Unterrichtskonzept gestellt. Im Anfangsunterricht lernten die Schüler die wichtigsten Grundlagen für die Arbeit an den Buchstabenheften und Freiarbeitsmaterialien kennen und übten diese ein. „Einsterns Schwester“ bietet zu jedem Buchstaben eine Einheit, die immer ähnlich aufgebaut ist. Nachdem die ersten vier Buchstaben beispielhaft erarbeitet wurden, waren die Schüler in der Lage, selbstständig weiterzuarbeiten und erhielten den ersten Teilarbeitsplan Deutsch („Lola-Plan“, bezogen auf den Namen der Hauptfigur des Lehrwerkes).

Vier Wochen nach Schulbeginn lief für alle Schüler der Klassenstufe 1 das Förderband für den Lernbereich Deutsch an. Nach einer umfassenden Lernstandsdiagnostik wurden die Schüler in vier verschiedene Leistungsniveaus eingeteilt und an drei Tagen der Woche jeweils eine Stunde in Kleingruppen gefördert und gefordert. Diese Gruppeneinteilung, welche Durchlässigkeit in andere Lernniveaus ermöglicht, nahm und nehme ich als Grundlage zur Erstellung der individualisierten Pläne. Zurzeit ist jeder Teilarbeitsplan, in Anlehnung an die aktuellen Fördergruppen, vierfach differenziert. Ausgehend von einem Grundplan (in den Teilarbeitsplänen mit Niveaustufe 2 ausgewiesen) werden die Niveaustufen abgesenkt oder angehoben. Die Auswahl der Pflichtaufgaben differiert sowohl in Quantität als auch Qualität. Je nach Leistungsstand wird der Anteil der Wahlaufgaben quantitativ reduziert oder erweitert.

Durch tägliche Übungen mit der Anlauttabelle waren die Schüler rasch in der Lage, sich unbekannte Buchstaben selbst zu erschließen. Dies führte dazu, dass ich bereits ab Mitte Oktober eine feste zehnminütige „Lies-mal"-Zeit der Planarbeit voranstellte. In dieser Zeit arbeiten die Schüler selbstständig mit den „Lies mal"-Heften des Jandorf-Verlages. Auf dieser Grundlage ist ein klassisches Einführen der Buchstaben hinfällig und reduziert sich auf gemeinsame Übungen zum Buchstaben der Woche.

Sobald ein Schüler innerhalb seines Plans alle Aufgaben zu einem Buchstaben beendet hat, erfolgt, wie bereits oben beschrieben, eine Kontrolle durch die Lehrkraft sowie eine Korrektur durch den Schüler. Eine festgelegte Regel ist, dass jeder Schüler erst den Schreibbewegungsablauf des nächsten Buchstabens im Beisein der Lehrkraft nachspuren muss, bevor er sich mit weiteren buchstabenbezogenen Übungen im Plan beschäftigen kann.

Beispielhafte Erläuterung zu den Symbolen in einem Teilarbeitsplan Deutsch

	Die „lila Lola" ist der vierte von sechs Einzelbänden des Lehrwerkes „Einsterns Schwester", welches die Grundlage des Lese- und Schreiblehrgangs bildet. Es enthält zu den Buchstaben/Buchstabengruppen G/g, Au/au, Sch/sch, ie, Eu/eu, Ch/ch Übungen zu allen Lernbereichen (nachspuren, (recht)schreiben, erkennen, hören, lesen). Die Aufgaben sind buchstabenbezogen, d. h. spaltenweise zu erledigen. Die Ziffern kennzeichnen die Seitenzahlen, die die Schüler im Lehrwerk bearbeiten sollen. (Pflichtaufgabe)

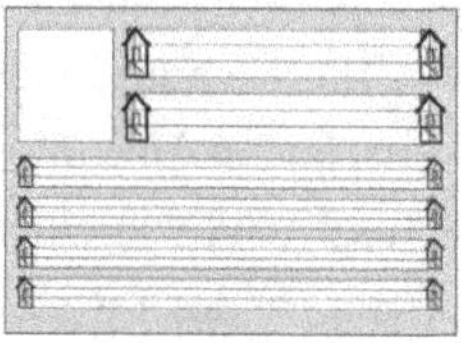	Im Schreiblernheft wird der Schreibbewegungsablauf der Grapheme trainiert. (Pflichtaufgabe)
	Das Ohr ist das Symbol für die Hörstation. Sie beinhaltet Übungen zur Lautanalyse, in der Regel mit Selbstkontrolle. Alle Materialien sind im Regal farblich gekennzeichnet. (Pflichtaufgabe)
	Die Hand ist das Symbol für die Aktionsstation. Sie beinhaltet den handlungsorientierten Umgang mit den Buchstaben: kneten, stempeln, prickeln, kleben, nachspuren, optisch diskriminieren. (Pflichtaufgabe)
	Buch und Stift sind die Symbole für die buchstabenbezogene Lese- und Schreibstation. Sie beinhaltet Lese-/Schreibaufgaben mit Selbstkontrolle. Alle Materialien sind im Regal farblich gekennzeichnet. (Pflichtaufgabe)
	Die „lesende Lola“ ist das Symbol für den Bereich „Lesen“. Hier finden sich Übungen und Spiele, die den Leselernprozess der Schüler fördern. Alle Materialien sind im Regal farblich gekennzeichnet und fortlaufend nummeriert. Die Schüler tragen in die leeren Kästchen des Teilarbeitsplans die Nummer ihrer selbst gewählten Materialien ein. (Wahlaufgaben)

	Die „schreibende Lola" ist das Symbol für den Bereich „Schreiben". Hier finden sich Übungen und Spiele, die sowohl den Schreibprozess der Schüler fördern als auch Aufgaben zur Rechtschreibung enthalten. Für die nachfolgenden Schuljahre sind eigene Symbole für die Bereiche Rechtschreibung und Grammatik vorgesehen. Alle Materialien sind im Regal farblich gekennzeichnet und fortlaufend nummeriert. Die Schüler tragen in die leeren Kästchen des Teilarbeitsplans die Nummer ihrer selbst gewählten Materialien ein. (Wahlaufgaben)
Budenberg Lernsoftware	Das Symbol steht für die Arbeit mit dieser Lernsoftware im Bereich Deutsch am Computer. (Wahlaufgaben)
	Das Smiley-Symbol wird von den Schülern ausgemalt, sobald alle Aufgaben einer Spalte erledigt sind. Ist kein Smiley vorhanden, gibt es in diesem Bereich auch keine Aufgabe zu lösen.

(eigene Darstellung)

Skizzierung einer Deutsch-Planarbeitsstunde:

Einstieg:	Übung zum „Buchstaben der Woche"
Arbeitsphase 1:	10 Minuten „Lies mal!-Zeit"
Arbeitsphase 2:	Arbeit nach Lola-Plan
Abschluss:	Reflexionsrunde, Hausaufgaben

Planarbeit im Fach Mathematik

Im Fach Mathematik erhalten die Schüler insgesamt vier Teilarbeitspläne. Diese orientieren sich inhaltlich an den Aufgabensammlungen der „Rechenrakete", die für das 1. Schuljahr drei Hefte vorsieht. Ich habe den Inhalt der „Rechenrakete 10“ in zwei Teilarbeitspläne (Zahlenraum bis 5 und Zahlenraum bis 10) gesplittet. Der dritte Plan umfasst den Zahlenraum bis 20 und der vierte thematisiert die Erweiterung des Zahlenraumes bis 100. Auch diese Pläne unterscheiden sich farblich. Arbeitet ein Schüler beispielsweise im blauen Teilarbeitsplan, beschäftigt er sich mit der Zahlenraumerweiterung bis 20.

Die vorbereitende Phase im Fach Mathematik gestaltete sich ähnlich wie im Fach Deutsch. Auch hier wurde in den ersten Schulwochen großes Augenmerk auf den Umgang mit den Aufgabensammlungen und den Freiarbeitsmaterialien gelegt. Analog zum Lehrwerk in Deutsch bietet auch die „Rechenrakete“ zu jeder Zahl eine Einheit, die immer ähnlich aufgebaut ist. Den ersten Teilarbeitsplan Mathematik („Raketen-Plan“, bezogen auf den Titel der Aufgabensammlung) erhielten die Schüler nach den Herbstferien, sechs Wochen nach Schulbeginn. Alle Schüler bekamen den gleichen Grundplan, es gab keine Abstufung im Niveau. Die Differenzierung erfolgte in der Auswahl der Freiarbeitsmaterialien sowie in der Bearbeitung unterschiedlicher Seiten im „Rechenkönigtrainer“.

Eine didaktische Herausforderung stellt das Festlegen von Ankerstunden zur Einführung neuer Unterrichtsinhalte, z. B. Addition und Subtraktion im Zahlenraum bis 10, im Plenum dar. Der rechenstarke und schnelle Schüler ist meist nach einer kurzen Erläuterung in der Lage, im Unterrichtsstoff eigenständig voranzuschreiten. Diesem Schüler markiere ich lediglich mit einem „Stopp-Stempel“ in den Aufgabensammlungen, wie weit er selbstständig arbeiten darf. Dieser Stempel erscheint, sobald ein neuer Unterrichtsinhalt oder eine unbekannte Aufgabenform thematisiert wird. Der Schüler muss nun zunächst Rücksprache mit der Lehrkraft halten, die gemeinsam mit ihm die Thematik bespricht. Im Plenum erfolgt die Einführung des neuen Unterrichtsstoffes erst, sobald das Gros der Schüler innerhalb ihres Teilarbeitsplanes an diese Thematik gelangt. Der neu erarbeitete Unterrichtsinhalt wird von nun an in die täglich stattfindende Stehende Übung integriert. So haben auch langsamer lernende Schüler, die sich während der Freiarbeit eventuell noch mit einem vorangehenden Thema (z. B. Zahlzerlegung der 8) beschäftigen, ausreichend Gelegenheit, sich in den neuen Unterrichtsstoff einzuarbeiten.

Entgegen der Lernstandskontrolle im Fach Deutsch, die am Ende eines Planes stattfindet, schreiben die Schüler in Mathematik nach jeder Lerneinheit einen „Rechenkönig“ im „Rechenkönigtrainer“. Die Lehrkraft entscheidet darüber, welcher Schüler welche Niveaustufe bearbeitet.

Beispielhafte Erläuterung zu den Symbolen in einem Teilarbeitsplan Mathematik

	Die „Rechenrakete 10“ ist die erste von drei Aufgabensammlungen für das 1. Schuljahr und bildet die Grundlage für den Lernbereich Mathematik. Die Aufgaben sind zahlenbezogen, d. h. spaltenweise zu erledigen. Die Ziffern kennzeichnen die Seitenzahlen, die die Schüler im Lehrwerk bearbeiten sollen. (Pflichtaufgaben)
	Die „Hausaufgabenrakete 10“ bietet passend zum Inhalt der „Rechenrakete 10“ eine Aufgabensammlung für die täglichen, themenbezogenen Hausaufgaben. Die roten Ziffern kennzeichnen die Seitenzahlen, die die Schüler als Hausaufgabe bearbeiten sollen. (Pflichtaufgaben)
	Der „Rechenkönigtrainer 10“ beinhaltet differenzierte Übungen zu den einzelnen Lerneinheiten mit Förderseiten für rechenschwache Schüler und Forderseiten für rechenstarke Schüler. Vereinbart wurde, zwei selbstgewählte Seiten pro Lerneinheit zu bearbeiten. Zudem stehen dem Schüler vierfach differenzierte Lernzielkontrollen zur Verfügung. (Pflichtaufgaben)
	Die Hand ist das Symbol für die Aktionsstation. Sie beinhaltet den handlungsorientierten Umgang mit den Zahlen 0-10: kneten, stempeln, prickeln, kleben, nachspuren, optische Diskriminierung. (Pflichtaufgaben)

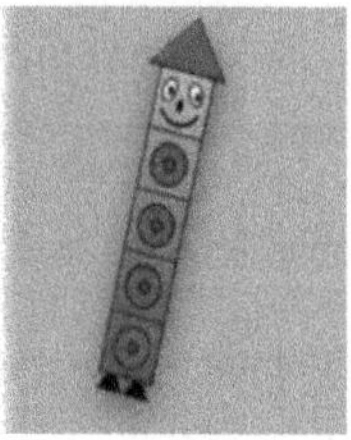	Die „Rakete“ ist das Symbol für den Bereich Mathematik. Er beinhaltet Übungen und Spiele, die den Lernprozess der Schüler fördern. Alle Materialien sind im Regal farblich gekennzeichnet und fortlaufend nummeriert. Die Schüler tragen in die leeren Kästchen des Teilarbeitsplans die Nummer ihrer selbst gewählten Materialien ein. (Wahlaufgaben)
Budenberg Lernsoftware	Das Symbol steht für die Arbeit mit dieser Lernsoftware im Bereich Mathematik am Computer. (Wahlaufgaben)
	Die Krone ist das Symbol für die lehrwerksbezogene Lernstandskontrolle nach Abschluss einer themenbezogenen Lerneinheit. Die Brille symbolisiert die Korrektur dieser Lernstandskontrolle durch den Schüler.
	Das Smiley-Symbol wird von den Schülern ausgemalt, sobald alle Aufgaben einer Spalte erledigt sind. Ist kein Smiley vorhanden, gibt es in diesem Bereich auch keine Aufgabe zu lösen.

(eigene Darstellung)

Skizzierung einer Mathematik-Planarbeitsstunde:

Einstieg:	Stehende Übung, z. B. Kopfrechnen; Wiederholung neuer Aufgabenformate u. Ä.
Arbeitsphase:	Arbeit nach Raketen-Plan
Abschluss:	Reflexionsrunde, Hausaufgaben

Alle Grundpläne für Deutsch und Mathematik befinden sich als Zusatzmaterialien im Anhang. Der Deutsch-Teilarbeitsplan 4 wird exemplarisch in allen Niveaustufen angeboten. Ich möchte an dieser Stelle anmerken, dass den Schülern die Pläne ohne Angabe der Niveaustufen vorliegen.

Auszug aus der Materialliste

Pro Plan biete ich den Schülern jeweils 8 bis 12 verschiedene Materialien/Spiele für die Bereiche Lesen, Schreiben und Rechnen an. Die Auswahl der Materialien sollte sich an verschiedenen Kriterien, z. B. einfache Handhabung, Haltbarkeit, Handlungsorientierung, Selbstkontrolle, Attraktivität, Einsatz unterschiedlicher Sozialformen u. a. (vgl. Grunefeld/Schmolke, Kapitel 2) orientieren.

Die meisten Materialien habe ich selbst hergestellt. Gängige Verlage sowie das Onlineportal www.zaubereinmaleins.de bieten ebenfalls geeignete Materialien und Lernspiele an. Einige Materialsammlungen sind für unterschiedliche Lernstufen konzipiert und erscheinen daher mehrfach in den nachfolgenden Listen.

Materialien für die Teilarbeitspläne Deutsch:

Lautebene
L wie Löwe – Anlautspiel, LingoPlay
N wie Nashorn – Anlautspiel, LingoPlay
Z wie Zebra – Anlautspiel, LingoPlay
W wie Walfisch – Lautanalyse-Domino, LingoPlay
Lustiger Lautfrosch – Endlaut-Anlaut-Domino, LingoPlay
Anlautdomino (eigene Herstellung, Idee aus Ganser/Schüller 2006, S. 21)
Reimwortdomino, Reimwortpuzzle (www.zaubereinmaleins.de)
Silben hüpfen (eigene Herstellung; Idee aus Ganser 2003, S. 43)
Groß-Klein-Buchstabe-Memory (eigene Herstellung; Idee aus Fiskus/Kraft 2000, S. 39)
ABC-Spiel, Ravensburger Verlag
Kannst du das ABC? – Kosmos Verlag
ABC-Spiel – spielend das ABC lernen, Ravensburger
5 min lesen – Erstlesen 1: Buchstaben und Laute, Schubi Verlag
Bild-Anlaut-Memory (eigene Herstellung; Idee aus Fiskus/Kraft 2000, S. 40)
Lautschieber (eigene Herstellung; Idee aus „Damit hab ich es gelernt“, Ganser 2003, S. 17)

Hörwörterkartei (eigene Herstellung; Idee aus Ganser 2003, S. 17)
Graf Orthos Lesetruhe: Lesestart – in acht Schritten zum Erfolg, Sommer-Stumpenhorst
Logico Piccolo Box – Lesen lernen, Finken Verlag

Silben- und Wortebene
Lesen lernen-Silbenkönig, LingoPlay
Lesen lernen-Alles Banane, LingoPlay
Lesen lernen-Silbensonne-Aus Silben Wörter bilden, LingoPlay
Lesen lernen-Lies genau! Lesespiel mit ähnlichen Wörtern, LingoPlay
Lese- und Phonogrammdosen (www.zaubereinmaleins.de)
Purzelwörter für die Setzleiste (www.zaubereinmaleins.de)
Anlautschreibkarten (www.zaubereinmaleins.de)
Lückenwörter-Welcher Laut fehlt? (eigene Herstellung, Idee aus Ganser 2003 S. 20)
Abschreibkarten (www.zaubereinmaleins.de)
Wort-Bild-Memory – Welches Wort gehört zum Bild? (eigene Herstellung, Idee aus Fiskus/Kraft 2000, S. 42)
Wort-Wort-Memory (eigene Herstellung)
Erstes Lesen – Mit Tieren durchs ABC, Ravensburger Verlag
Worttreppen (www.zaubereinmaleins.de)
Dosendiktat, Würfeldiktat (eigene Herstellung)
5 min lesen-Erstlesen 2: Wörter, Schubi Verlag
Schreib-und Lesekarussell (eigene Herstellung; Idee aus Ganser 2003, S. 24)
Hörwörterkartei (eigene Herstellung; Idee aus Ganser 2003, S. 26)
Lauttreue Lesedose (eigene Herstellung; Idee aus Ganser 2003, S. 26)
Bilddiktat (eigene Herstellung; Idee aus Ganser 2003, S. 36)
Lochkasten-Lies genau! (eigene Herstellung, Idee aus Ganser 2003, S. 47)
Übungen zum Grundwortschatz 1 – Bergedorfer Klammerkarten, Persen Verlag
Wort für Wort-Spielend lesen und buchstabieren, Ravensburger Verlag
Schubitrix Reimwörter: Nomen/Verben, Schubi Verlag
Schubitrix Verben: Was mache ich damit? Wer macht was?, Schubi Verlag

Bunte Leseübung-Vom Laut zum Wort, Schroedel Verlag
Logico Piccolo: Leseaufbau 1 bis 5, Finken Verlag
Lesen und Denken 1-7, Heinevetter Verlag
Lese-Puzzles-Ähnliche Wörter, Schubi Verlag
Little Genius: Lesen durch Schreiben, Heinevetter Verlag
Graf Orthos Lesetruhe: Lesestart-in acht Schritten zum Erfolg, Sommer-Stumpenhorst
Logico Piccolo Box – Lesen lernen, Finken

Satzebene
Satz-Bild-Zuordnung-Klammerkarten (eigene Herstellung)
Abschreibkarten (www.zaubereinmaleins.de)
Satz-Bild-Memory (eigene Herstellung)
Purzelsätze (www.zaubereinmaleins.de)
Lesesortiment (eigene Herstellung; Idee aus Ganser 2003, S. 54)
Schleichdiktat, Wendediktat (eigene Herstellung)
Bunte Leseübungen-Vom Wort zum Satz, Schroedel Verlag
Graf Orthos Lesetruhe: Lesestart-in acht Schritten zum Erfolg, Sommer-Stumpenhorst
Logico Piccolo Box – Lesen lernen, Finken Verlag

Textebene
Lesespaß mit Lola (Bauer/Maurach 2011)
Bunte Leseübung-Vom Satz zum Text, Schroedel Verlag
Abschreibkarten (www.zaubereinmaleins.de)
Lesekäfer (www.zaubereinmalein.de)
Text-Bild-Zuordnung (eigene Herstellung)
Abschreibtraining nach Sommer-Stumpenhorst
Graf Orthos Lesetruhe: Lesestart-in acht Schritten zum Erfolg, Sommer-Stumpenhorst
Logico Piccolo Box – Lesen lernen, Finken Verlag

Materialien für die Teilarbeitspläne Mathematik:

Zahlenraum bis 10
Mengen-Domino, Mengen-Quartett, Mengen-Memory, Mengen-Puzzle (eigene Herstellung)
Fühlziffern aus Moosgummi/Chenilledraht (eigene Herstellung)
Klammerkarten zur Addition und Subtraktion bis 5/ bis 10 (eigene Herstellung)
Rechenpuzzles (eigene Herstellung)
Logico Piccolo: Rechentraining-Rechnen bis 10, Teil 1, Finken Verlag
Logico Piccolo: Rechentraining-Rechnen bis 10, Teil 2, Finken Verlag
Paletti: Rechnen bis 10, Mathematik 1. Schuljahr, Spectra Verlag
Paletti: Weiter im Rechnen bis 10, Mathematik 1. Schuljahr, Spectra Verlag
Rechnen macht Spaß 1 – Weber Lehrmittel GmbH
Blitzblickkarten (www.rechenrakete.de)
Schüttelboxen zur Zahlzerlegung (eigene Herstellung, Idee aus Ganser/Schüller 2006, S. 30)

Zahlenraum bis 20
Rechnen macht Spaß 1 – Weber Lehrmittel GmbH
Klammerkarten zur Addition und Subtraktion bis 20 (eigene Herstellung)
Rechenkarussell (eigene Herstellung)
Rechendominos-Zahlenraum bis 20, Persen Verlag
Paletti: Rechnen bis 20, 1. Schuljahr, Spectra Verlag
Paletti: Weiter im Rechnen bis 20, 1. Schuljahr, Spectra Verlag
Paletti: Kreuz und quer bis 20, Mathematik 1. Schuljahr, Spectra Verlag
Paletti: Knobelkiste, Mathematik 1. Schuljahr, Spectra Verlag
Mit Plus und Minus durch den Zahlenraum bis 20, Bergedorfer Klammerkarten, Persen Verlag
Die Plus-Pyramide, Zahlenraum bis 10, Spectra Verlag
Die Minus-Pyramide, Zahlenraum bis 10, Spectra Verlag
Logico Piccolo: Rechentraining-Rechnen bis 20, Teil 1, Finken Verlag
Logico Piccolo: Rechentraining-Rechnen bis 20, Teil 2, Finken Verlag

Logico Piccolo: Rechenwege-Umgang mit Zahlen, Teil 1, Finken Verlag
Logico Piccolo: Rechenwege-Umgang mit Zahlen, Teil 2, Finken Verlag
Logico Piccolo: Addition und Subtraktion, Teil 1, Finken Verlag
Logico Piccolo: Addition und Subtraktion, Teil 2, Finken Verlag

Zahlenraum bis 100
vielfältige Materialien zum (un)strukturierten Bündeln, z. B. Streichhölzer, Knöpfe, Plastikeier/Eierkartons
Blitzblickkarten 100. Feld (eigene Herstellung)
Zehner-Einer-Zahlen-Domino (eigene Herstellung)
Zehner-Einer-Zahlen-Rechenzüge (eigene Herstellung)
Zuordnungsspiel zu verschiedenen Zahldarstellungen (eigene Herstellung)
Rechnen mit Zehnerzahlen-Puzzle (eigene Herstellung)
Stöpselkarten zur Zahlbereichserweiterung (eigene Herstellung)
Klammerkarten zur Zahlbereichserweiterung (eigene Herstellung)
Blitzrechnen Basiskurs Zahlenkartei, 2. Schuljahr, Klett Verlag
Affenstarke Knobelkartei 2, BVK Buch Verlag
Logico piccolo: Orientierung im Zahlenraum bis 100, Finken Verlag

Viele weitere Materialvorschläge findet man in „Individuelles Lernen mit System“ (vgl. Grunefeld/Schmolke 2011, Kapitel 4).

Fazit

Mit der Einführung dieses Konzeptes bin ich der von mir eingangs beschriebenen Hoffnung auf Arbeitszufriedenheit ein gutes Stück nähergekommen. Es ist schön zu sehen, dass die Schüler das individualisierte Lernen nicht nur positiv annehmen, sondern es regelrecht einfordern. Sätze wie „Können wir wieder Planarbeit machen?“, „Kann ich noch weiterarbeiten? Ich möchte die Aufgabe fertig machen!“, „Ich möchte als Hausaufgabe noch eine zusätzliche Seite machen!“ oder „Das Lernspiel hat mir heute gut gefallen!“, dienen mir als Indikator dafür, dass ich mit diesem Konzept auf dem richtigen Weg bin. Die positiven Rückmeldungen der Schüler beziehen sich vor allem darauf, dass die Aufgabenformen abwechslungsreich und die Sozialformen oft frei wählbar sind. Der Schüler erhält eine relative Entscheidungsfreiheit darüber, ob er im Fach Deutsch an einer Lese- oder Schreibaufgabe, einem Lernspiel oder am Computer arbeiten möchte. Dennoch ist durch den Plan gewährleistet, dass alle Lernbereiche abgedeckt sind. Die Schüler arbeiteten bereits nach kurzer Zeit sehr selbstständig und eigenverantwortlich an ihren Aufgaben. Die beliebte Schülerfrage „Was muss ich hier tun?“ wird nur noch selten gestellt, da die Schüler in der Lage sind sich selbst zu helfen, indem sie zunächst alleine über den Sachverhalt nachdenken, erst dann einen Mitschüler befragen und zuletzt die Lehrkraft um Hilfestellung bitten. Die Frage „Ich bin fertig. Was soll ich jetzt tun?“ taucht aufgrund der Planvorgabe glücklicherweise gar nicht mehr auf.

Dennoch kann ich nicht verhehlen, dass die Suche und Herstellung nach geeigneten Materialien, die Sichtung der Lehrwerke sowie das Erstellen der Pläne in der Vorbereitung sehr viel Zeit in Anspruch nehmen. Doch sind die Pläne erst einmal erstellt und ist ein Materialgrundstock vorhanden, kann darauf immer wieder zurückgegriffen werden. Die Nachbereitung beinhaltet in der Regel die Korrektur der Schülerarbeiten („Lies-mal“-Hefte, Arbeitshefte), die ich sehr engmaschig vornehme.

Ganz wichtiger Bestandteil, der zum Gelingen des individualisierten Lernens beiträgt, ist eine transparente Elternarbeit. Eltern und Erziehungsberechtigte müssen über das Procedere genau in Kenntnis gesetzt werden, um vorherrschenden Ängsten entgegenzuwirken. Es hat sich als günstig erwiesen, die Eltern durch einen Unterrichtsbesuch an der Planarbeit teilhaben zu lassen. So klären sich aufkommende Fragen in der Situation von selbst.

Neben dem Engagement jeder Lehrkraft gibt es allerdings weitere Faktoren, die ausschlaggebend für den Erfolg von (inklusivem) Unterricht sind. Auf diese möchte ich an dieser Stelle eindringlich hinweisen, wenngleich sie keine unbekannten Größen darstellen. Inklusion kann nur gelingen, wenn diese nicht weiterhin als Sparpaket betrieben wird! Daher gibt es in diversen Bereichen dringend Handlungsbedarf: Die Grundschulen benötigen mehr Planstellen für Grund- und Förderschullehrer, um behinderte Kinder zu fördern und den tatsächlichen Bedarf zu decken. Die Besetzung mit einem Tandem, bestehend aus den Lehrkräften beider Schulformen, wäre hierfür eine notwendige (zwingende) Voraussetzung. Des Weiteren dürfen Schulleiter- und Konrektoren-Planstellen nicht länger vakant bleiben und die Arbeit auf dem Rücken der Dienstältesten abgeladen werden. Die mobile Lehrerreserve muss aufgestockt werden, damit sowohl Grund- als auch Förderschullehrer nicht weiter durch Vertretungssituationen belastet werden. Nicht zuletzt muss die Klassengröße im Zuge der Inklusion deutlich reduziert werden! Nur so kann Inklusion gelingen!

2.6.2 Zusammenarbeit zwischen Grundschullehrerin und Förderschullehrerin

Sabrina Kientz

Grundlage und Basis jeglicher inklusiver Arbeit ist die enge und vertraute Zusammenarbeit zwischen der Förderschule und der Grundschule bzw. zwischen der Grundschullehrerin und der Förderschullehrerin. Im Folgenden wird diese Zusammenarbeit dargestellt und kritisch beleuchtet.

Zunächst betrachten wir die Arbeitsplatzbeschreibung der in der Inklusion tätigen Lehrkräfte. Sie soll einen möglichen Orientierungsrahmen für die Zusammenarbeit darstellen. Im Weiteren wird auf das Herzstück gelingender Inklusion eingegangen: die Kooperation als ein Zusammenspiel von verschiedenen Personengruppen im Schulalltag. Zum Schluss werden Faktoren für ein mögliches Gelingen und Vorteile von Kooperation benannt und erläutert.

- **Die Arbeitsplatzbeschreibung von Förder-/Grundschullehrkraft im gemeinsamen Unterricht**

Das Ministerium für Bildung und Kultur des Saarlandes veröffentlichte im Juli 2014 eine Arbeitsplatzbeschreibung für die im inklusiven Unterricht kooperierenden Förder- und Grundschullehrkräfte. Diese soll als Orientierungsrahmen dienen und Transparenz in die verschiedenen Aufgabenbereiche in der Inklusion bringen. Hierbei wird deutlich, dass das Lehren von „Lesen, Schreiben, Rechnen“ nur noch ein Bereich unter vielen anderen Anforderungen ist.

Grundsätze

Förderschullehrkraft und Grundschullehrkraft sind gleichberechtigte Kooperationspartner im Team.

Förderschullehrkraft	Grundschullehrkraft
➢ Personalkonstanz ➢ Schulinterne Einsatzplanung ist flexibel zu handhaben für Beratung, Prävention, Unterricht, Förderung und Diagnostik	➢ Klassenlehrerprinzip ➢ Konstanter Einsatz nach Stundenplan

Diagnostik

Förderschullehrkraft	Grundschullehrkraft
➢ Unterricht beobachten ➢ Ganzheitliche Förderdiagnostik ➢ Fördergutachten erstellen ➢ Bei Bedarf: Einholen zusätzlicher sonderpädagogischer Expertisen	➢ Unterricht beobachten ➢ Lernbezogene Schulleistungsdiagnostik

Unterrichts- und Förderplanung

Förderschullehrkraft	Grundschullehrkraft
➢ Lernmaterial bereitstellen für Schüler mit anerkanntem sonderpädagogischen Unterstützungsbedarf und besonders leistungsstarken Schülern ➢ Individuelle Förderpläne (in Absprache mit dem Klassenlehrer) für Schüler mit anerkannte sonderpädagogischen Unterstützungsbedarf ➢ Mitwirkung in den Bereichen: – binnendifferenzierte Unterrichtsplanung, – erstellen von individuellen Leistungsüberprüfungen für Schüler mit anerkanntem sonderpädagogischen Unterstützungsbedarf, – Zeugnisse schreiben	➢ Unterrichtsplanung ➢ Förderplanung für Grundschüler ➢ Leistungsüberprüfung

Unterricht
Der Unterricht soll durch diverse Kooperationsformen gestaltet werden, z. B. im Team-Teaching. Auch Perspektivwechsel, die durch Rollentausch in einzelnen Unterrichtssequenzen und -stunden ermöglicht werden, können eine Zusammenarbeit fördern und neue Sichtweisen eröffnen.

Förderung
Gemeinsam sollen die Förderschullehrkraft und Grundschullehrkraft Fördermaterialien sichten und bereitstellen sowie auf der Grundlage der Förderpläne eine unterrichtsimmanente Förderung arrangieren. Regelmäßig durchgeführte Beratungsgespräche sind hierfür unabdingbar, auch um die Möglichkeit von Einzel- oder Kleingruppenförderung aufeinander abzustimmen.

Förderschullehrkraft	Grundschullehrkraft
➢ Sonderpädagogische Expertisen einbringen	➢ Geplante Unterstützungsmaßnahme im Unterricht umsetzen

Kooperation
Um erfolgreich in der Inklusion zu arbeiten, bedarf es der Zusammenarbeit und der Vernetzung aller am Wohlergehen des Schülers beteiligten Personen.

Eine intensive und enge Kooperation mit Kollegium, Jahrgangsteams, Schulleitung, Personensorgeberechtigten, Schulsozialarbeitern/Schoolworkern, Beratungsgruppe Inklusion, Mitarbeitern der FGTS, Integrationshelfern und dem sonderpädagogischen Förderzentrum wird als selbstverständlich und unerlässlich angesehen.

Hinzu kommt die interdisziplinäre Vernetzung mit außerschulischen Diensten (z. B. Jugendhilfeeinrichtungen, schulpsychologischer und ärztlicher Dienst) und Einrichtungen (z. B. Kinder- und Jugendpsychiatrie, Tages- und Wohngruppen) sowie Therapeuten und Ärzten.

Beratung

Förderschullehrkraft	Grundschullehrkraft
➢ Kollegium	
➢ Teams	
➢ Schulleitung	
➢ Personensorgeberechtigte	➢ Personensorgeberechtigte
➢ Schüler	➢ Schüler
➢ Eingliederungshelfer	➢ Eingliederungshelfer
➢ Mitarbeiter FGTS	➢ Mitarbeiter FGTS

Um Beratung wirkungsvoll zu gestalten, ist eine institutionalisierte gemeinsame Beratungszeit sinnvoll und wünschenswert. Miteinander durchgeführte Elterngespräche und -abende sowie Schulveranstaltungen bieten vielfältige Beratungsmöglichkeiten.

Organisation

Förderschullehrkraft	Grundschullehrkraft
➢ Stundenplan flexibel ➢ Tätigkeit wird täglich im Lehrnachweis dokumentiert ➢ Teilnahme an außerschulischen Lernangeboten (nach Bedarf)	➢ Stundenplan konstant ➢ Klassenbuch ➢ Organisation, Planung und Teilnahme an außerschulischen Lernangeboten

Konferenzen

Förderschullehrkraft	Grundschullehrkraft
➢ Teilnahme an Klassen- und Zeugniskonferenzen der Grundschule (stimmberechtigt) ➢ Teilnahme an Dienstbesprechungen und Gesamtkonferenzen der Grundschule (beratend) ➢ Austauschtreffen, Fachkonferenzen und Gesamtkonferenzen des Förderzentrums (stimmberechtigt)	➢ Teilnahme an Teamsitzungen, Dienstbesprechungen, Klassenkonferenzen und Gesamtkonferenzen der Grundschule (stimmberechtigt)

Dienst- und Fachaufsicht

Förderschullehrkraft	Grundschullehrkraft
➢ Fachaufsicht pädagogische Belange: Förderzentrum ➢ Dienstaufsicht: Ministerium für Bildung und Kultur	➢ Fachaufsicht: Schulleitung Grundschule ➢ Dienstaufsicht: Ministerium für Bildung und Kultur

Fortbildung

Sowohl Förderschullehrkraft als auch Grundschullehrkraft sollen in entsprechenden Fortbildungsmaßnahmen aktuelle Kenntnisse bzgl. Inhalten und Themen der Schul-, Unterrichts- und Personalentwicklung erwerben bzw. sichern. Gemeinsame Teilnahme an Fortbildungsangeboten, pädagogischen Tagen und Hospitationen können die Kooperation fördern und stärken.

Förderschullehrkraft	Grundschullehrkraft
➢ Erweiterte Kenntnisse in verschiedenen sonderpädagogischen Fachrichtungen und Lernbereichen ➢ Erweiterte Beratungskompetenz	➢ Grundlegende Kenntnisse bzgl. der Förderung von Schülern mit - herausforderndem Verhalten - Sprachentwicklungsproblemen - Lernproblemen - Teilleistungsstörungen sollen erworben werden

Schulentwicklung

Die Entwicklung eines standortorientierten inklusiven Schulkonzepts sollen Förderschullehrkraft und Grundschullehrkraft unterstützen und an diesem gemeinsam partizipieren.

In allen Bereichen der Arbeitsplatzbeschreibung ist eine Zusammenarbeit von Förderschullehrkraft und Grundschullehrkraft unerlässlich und Voraussetzung für ein gelingendes System Schule. Welche Problematiken und gleichzeitig auch Chancen sich ergeben, wird im Weiteren ausgeführt.

• Die Kooperation – ein Zusammenspiel auf mehreren Ebenen

Das Herzstück der Inklusion ist sicherlich eine funktionierende Kooperation aller Beteiligten am Schulalltag. Leichter gesagt, als getan. Denn wir haben es mit den unterschiedlichsten Persönlichkeiten und deren Befindlichkeiten zu tun. Dazu kommen verschiedene Professionen, Wertvorstellungen, innere Haltungen, Erwartungen und manchmal auch „Kompetenzgerangel". Diese Mischung sorgt nicht selten im pädagogischen Alltag für Zündstoff. Der Förderschullehrer muss hier den Überblick behalten und die Vorstellungen der im Unterricht tätigen Personen zum Wohle der Schüler unter einen Hut bekommen. Die wichtigsten Kooperationspartner für den Förderschullehrer sind:

- Grundschullehrer
- Schulleitung Grundschule
- Eingliederungshelfer, Mitarbeiter der Freiwilligen Ganztagsschule (FGTS)
- Personensorgeberechtigte

Kooperation Förderschullehrer – Grundschullehrer

Mit dem Zusammenspiel von Förderschullehrer und Grundschullehrer steht und fällt das Vorhaben Inklusion. Hier prallen mitunter zwei Welten aufeinander. Durch unterschiedliche Studiengänge und -schwerpunkte, innere Haltungen, Herangehensweisen, dienstliche Anforderungen und letzten Endes einfach der Frage: „Stimmt die Chemie?", kann es schon vor dem Klassenzimmer zu Unstimmigkeiten kommen. Vor allem das vermeintliche Gefühl, beobachtet und beurteilt zu werden, setzt den meisten Grundschullehrern zu. Das Eindringen eines Fremden ins eigene Hoheitsgebiet bereitet Unbehagen. Das Unterrichten im Team ist für die Mehrheit Neuland und teilweise nur schwer vorstellbar. Viele Grundschullehrer fühlen sich durch die Ansprüche der Inklusion nicht nur gefordert, sondern auch überfordert. Ihnen fehlt aufgrund ihrer Ausbildung schlichtweg das Handwerkszeug für einen individualisierten Unterricht und die Routine im Umgang mit sehr heterogenen Schülergruppen. Hier bedarf es Geduld und Empathie seitens des Förderschullehrers, regelmäßiger erklärender und vor allem aufklärender Gespräche mit dem Grundschullehrer und Ermutigungen, neugierig zu sein und innovative, kreative und auch unkonventionelle Wege einzuschlagen und zu beschreiten.

Der Förderschullehrer wird so zum Begleiter und „Coach" des Grundschullehrers auf dem Weg zum individualisierten Unterricht.

Die Angst vor Beurteilung ist nachvollziehbar und gleichzeitig nicht Gegenstand der Förderschullehrer-Arbeit.

Gleichzeitig gibt es immer wieder Grundschullehrer, die genau das wollen. Sie fordern sich Rückmeldungen zu ihrem Unterricht ein und reflektieren offen über die vergangene Stunde und die gemachten Beobachtungen. Dieser gegenseitig offene und ehrliche Austausch ist die Basis für eine gute Zusammenarbeit und bedarf großen Vertrauens und eines Gefühls der Sicherheit und Wertschätzung.

Unterricht und Klassenführung sind extrem von der Lehrerpersönlichkeit abhängig und die Fettnäpfe lauern somit überall. Vorsicht, Empathie und Sensibilität sind wichtige Begleiter des Förderschullehrers. Ein „Hallo, hier bin ich und ich zeig euch jetzt mal, wo es langgeht!", ist selten kooperationsfördernd. Diskrete Zurückhaltung und das Warten auf den richtigen Moment, um z. B. Tipps zu geben, zahlt sich aus.

Um im Unterricht gewinnbringend für die Schüler und auch für sich selbst zu arbeiten, ist es wichtig als Team aufzutreten.

Denn in der Inklusion sind die beiden Lehrpersonen gleichberechtigte Partner.

Nicht selten kommt es jedoch vor, dass der Förderschullehrer zu einem Schatten seiner selbst wird und der Grundschullehrer die Rolle des „Alleinunterhalters" beibehält.

Diese Rollenverteilung führt bei den Schülern zu größter Irritation und bei den Lehrkräften zu Unzufriedenheit. Der Grundschullehrer fragt sich, womit der Förderschullehrer sein Geld verdient, während der Förderschullehrer sich zum Nachhilfelehrer oder Praktikanten degradiert fühlt. Abhilfe schaffen hier nur Gespräche und vor allem Zeit. Letztere wiederum ist im Bildungsbereich rar.

Das System Förderschullehrer-Grundschullehrer soll vom ersten Augenblick an funktionieren. Am besten tadellos. Wie soll das gehen?

Fremde Personen mit unterschiedlichen Professionen (und doch alle Lehrer) werden durch Zufall zu einem Team zusammengestellt. Für beide Teampartner verändern sich die Anforderungen des jeweils eigenen Berufes durch die Inklusion massiv. Der eine soll seinen Unterricht komplett individualisieren und differenzieren, während der andere für jedes auftretende Problem die Patentlösung aus dem Hut zaubern und jeden einzelnen Schüler ganzheitlich im Blick haben soll.

Für intensive Beratungsgespräche fehlt oft aus unterschiedlichsten Gründen die Zeit und auch die Pausen sind mit allerlei Aufgaben und Erledigungen gefüllt.

Ein gegenseitiges Kennenlernen und Zueinanderfinden ist unter diesen Voraussetzungen schwer. Dazu kommen Ressentiments und Standesdünkel, die es abzubauen gilt, denn Inklusion muss auch im Lehrerzimmer und Kollegium stattfinden. Ein professioneller, gegenseitig offen ehrlicher und wertschätzender Umgang miteinander hat daher absolute Priorität.

Kooperation Förderschullehrer – Schulleitung Grundschule

Die Zusammenarbeit von Förderschullehrer und Schulleitung der Regelschulen ist mitunter eine heikle Angelegenheit, denn sie haben meistens die Doppelfunktion Lehrer und Schulleitung. Laut Arbeitsplatzbeschreibung wird die Schulleitung von der Förderschullehrkraft in sonderpädagogischen Belangen beraten. Aus der Erfahrung heraus hat es sich als sinnvoll erwiesen, regelmäßige Gespräche miteinander zu führen. So ist die Schulleitung immer auf einem aktuellen Stand, gerade was die individuelle Förderung der Schüler mit anerkanntem sonderpädagogischen Unterstützungsbedarf und der spezifischen pädagogischen Maßnahmen andere Schüler angeht. Dabei ist darauf zu achten, dass diese Gespräche nicht ins Uferlose ausarten, sonst verliert man sich schnell in Nichtigkeiten und die Motivation für die nächsten Gespräche. Auch in der Schulentwicklungsgruppe und bei der Erarbeitung eines standortorientierten inklusiven Schulkonzeptes sind die sonderpädagogischen Kompetenzen und innovativen Ideen des Förderschullehrers gefragt.

In der Regel geht es meist auch um Fragen der Unterrichtsgestaltung und -entwicklung. Genau hier wird es nun heikel: denn in der Schulleitung tätige Personen sind Lehrer mit erweiterten Verantwortungsbereichen und jetzt können alle Schwierigkeiten und Fettnäpfchen auftreten, die in der Kooperation Förderschullehrer – Grundschullehrer bereits dargestellt wurden.

Kooperation Förderschullehrer – Eingliederungshelfer sowie Mitarbeitern der Freiwilligen Ganztagsschule

Wird ein Schüler von einem Eingliederungshelfer im Schulalltag begleitet, bedarf es eines kontinuierlichen Austauschs, Zuverlässigkeit und Professionalität im Umgang miteinander. Der Eingliederungshelfer ist kein Co-Lehrer und auch kein Elternersatz. Er soll dem Schüler im Unterricht assistierend zur Seite stehen, sich im besten Falle – der gelungenen Eingliederung – überflüssig machen und so viel Unterstützung wie nötig und gleichzeitig so wenig wie möglich geben.

Denn bei jedem Schüler steht die Selbstständigkeit im Vordergrund.

Doch zunächst müssen sich die Klassenlehrkraft und die Förderschullehrkraft darüber einig sein, welche individuellen Fördermaßnahmen für den Schüler getroffen und vor allem WIE sie umgesetzt werden sollen. Da Eingliederungshelfer oft aus ganz unterschiedlichen beruflichen Sparten kommen, bedarf es im kontinuierlichen Austausch immer wieder Anleitungen und Erklärungen zum WIE. Der Förderschullehrer muss sich darauf verlassen können, dass der Eingliederungshelfer die Fördermaßnahmen auch so umsetzt, wie diese besprochen wurden. Zum Beispiel bringt ein Verstärkerplan, der ein bestimmtes Verhalten verändern soll, nichts, wenn der Eingliederungshelfer diesen nicht umsetzt oder nach seinem Gutdünken variiert.

Ein guter Eingliederungshelfer ist Gold wert, denn er kann auf einer ganz anderen Ebene mit dem Schüler arbeiten und diesen in seiner Entwicklung enorm unterstützen und weiterbringen. Nicht selten ergeben sich aus gemeinsamen Gesprächen neue Ideen und Möglichkeiten zur individuellen Förderung, tiefere Einblicke in und Verständnis für den Schüler und gleichzeitig auch Verständnis füreinander.

Für die positive Entwicklung des Schülers und seine individuelle Förderung ist eine Kooperation zwischen den in der Klasse tätigen Lehrkräften und dem Eingliederungshelfer das A und O.

Auch die konstante Zusammenarbeit und ein regelmäßiger Informationsaustausch mit den Mitarbeitern im Nachmittagsbereich (z. B. in der Freiwilligen Ganztagsschule, sprich FGTS; Tagesgruppe) sind für den Förderschullehrer äußerst wichtig.

Hier können die Schüler oft ganz anders erlebt und wahrgenommen werden, da der Nachmittagsbereich keinem leistungsbezogenen Regelwerk unterliegt. Daraus lassen sich interessante und gewinnbringende Erkenntnisse für den Schulalltag ablesen.

Die Mitarbeiter haben einen guten Überblick über die Hausaufgabensituation und können diesbezüglich zeitnahe Rückmeldungen geben. Durch ihre Erfahrungen mit den einzelnen Schülern und ihren Beobachtungen der Kompetenzen, Interessen und individuellen Entwicklungsschritten kann ein ganzheitliches Bild dieser entstehen.

Die regelmäßige Teilnahme des Förderschullehrers an Teamsitzungen der FGTS erlauben sowohl einen gemeinsamen Austausch als auch das Treffen von Vereinbarungen bzgl. individueller Fördermaßnahmen, die auch im Nachmittagsbereich durchgeführt werden (z. B. Verstärkerplan, Regeln, ...).

Kooperation Förderschullehrer – Personensorgeberechtigte

Im Rahmen der Inklusion ist eine intensive Elternarbeit unerlässlich. Und zwar nicht nur mit den Personensorgeberechtigten der Schüler mit bereits anerkanntem sonderpädagogischen Unterstützungsbedarf, sondern vor allem auch mit den Eltern der nicht unterstützungsbedürftigen Schüler.

Schnell kann es zu Missverständnissen kommen, wenn die Regelschule nicht transparent über den Einsatz des Förderschullehrers informiert.

Wer ist für wen zuständig? Wer ist mein Ansprechpartner? Warum ist eine Förderschullehrkraft in der Klasse meines Kindes? Hat mein Kind Nachteile durch die inklusive Unterrichtung? Wieso arbeitet die Förderschullehrkraft mit meinem Kind? Mein Kind ist doch gar nicht behindert.

Hier bedarf es einer ganz umfassenden Aufklärung, denn auch die Personensorgeberechtigten müssen sich auf ein neues „Unterrichtssystem" einstellen, das ihnen, aus ihrer eigenen Schulzeit, nicht bekannt ist.

Eine gute Möglichkeit zur Klärung aller aufkommenden Fragen ist ein gemeinsam durchgeführter Elternabend. Entweder für die ganze Schule oder klassenweise.

Auch die Personensorgeberechtigten der Schüler mit bereits anerkanntem sonderpädagogischen Unterstützungsbedarf und denen, deren Kinder durch individuelle Lernarrangements (z. B. Nachteilsausgleich, Kleingruppe, spezielles Arbeitsmaterial, ...) gefördert werden, haben Fragen, die es zu beantworten gilt.

Wie kann mein Kind am „normalen Unterricht" teilnehmen? Welche Bücher wird mein Kind benutzen? Wie gehen die Mitschüler damit um, dass mein Kind andere Materialien und Hilfsmittel benutzt? Was macht das mit meinem Kind? Welche Noten werden für was gegeben und wie sieht das Zeugnis aus? Ist die inklusive Unterrichtung an der Grundschule der richtige Weg für mein Kind? Welche Formen der Unterstützung stehen meinem Kind zu und wie bekommt es sie?

Hinter diesen Fragen stecken oft Unsicherheiten und auch Ängste. Deshalb ist ein quantitativ und qualitativ hochwertiger Kontakt zwischen Schule und Personensorgeberechtigten unbedingt notwendig. Regelmäßige Rückmeldungen über das Hausaufgabenheft, Telefonate und persönliche Gespräche können viele dieser Unsicherheiten und Ängste nehmen. Dabei geht es nicht um eine 24-Stunden-Rundum-Versorgung und die Dauerstandleitung ins heimische Wohnzimmer, sondern um das Gefühl der Sicherheit, Unterstützung und Wertschätzung.

Gerade die Wirkung der positiven Kontaktaufnahme ist nicht zu unterschätzen: ein Lob im Hausaufgabenheft oder ein „Alles in Ordnung-Telefonat" kann zu großer Erleichterung und Entspannung in der Familie führen. Wichtig ist, eine wertschätzende Basis aufzubauen (unabhängig von Vorinformationen, Gerüchten und Tratsch), das Wohl des Kindes in den Vordergrund zu stellen und die Sorgen und Nöte ernst zu nehmen, dann sind auch unangenehme Gespräche leichter zu führen.

- **Wie kann Kooperation in der Inklusion gelingen und welche Vorteile ergeben sich?**

Es bedarf sicherlich mehr als die im Weiteren aufgeführten Faktoren und es besteht kein Anspruch auf Vollständigkeit.

Doch diese stehen ganz oben auf der Prioritätenliste und dürfen gerne individuell ergänzt werden:

Zeit

Dies ist die wichtigste Komponente, wenn es um Kooperation geht.

Man braucht sie in rauen Mengen und hat sie doch irgendwie nie. Deshalb ist es wichtig, gut mit ihr zu haushalten und sie sich bewusst zu nehmen. Sei es, um den neuen Teampartner kennenzulernen und sich an ihn zu gewöhnen; für regelmäßige Gespräche über Schüler, Fördermaßnahmen, Unterricht, Sorgen und Nöte und auch, um sich selbst auf die veränderten Strukturen und Anforderungen des Berufs „Lehrer“ und die Kooperationen einzulassen. Bewährt haben sich feste Beratungsstunden von Förderschullehrer – Grundschullehrer und Förderschullehrer – Schulleitung. Regelmäßig stattfindende Gespräche zwischen Förderschullehrer – Eingliederungshelfer und die Teilnahme des Förderschullehrers an Teamsitzungen der FGTS komplementieren die Kooperationsstrukturen und ergeben so eine stabile Einheit.

Offenheit, Ehrlichkeit und Fairness

Drei große Erwartungen.

Jeder hat und wünscht sie sich; zumindest die Offenheit des anderen für und den fairen Umgang mit der eigenen Person.

Bei der Ehrlichkeit sieht es da schon ein bisschen anders aus.

Nicht immer bekommt man das zu hören, was man gerne will, und gleichzeitig hat man doch nach der „ehrlichen Meinung“ des anderen gefragt.

„Lehrer sein“ ist eine höchst persönlichkeitsabhängige Tätigkeit und sehr schnell fühlt man sich angegriffen. Gerade das Allerheiligste des Lehrers – der Unterricht – ist hierfür besonders anfällig. Doch dieses Thema kann und darf nicht umgangen werden, wenn wir von Individualisierung und Inklusion in der Schule sprechen.

Und hier kommen die beiden anderen Erwartungen wieder ins Spiel. Sich mutig für neue Ideen zu öffnen, innovative und unbekannte Methoden auszuprobieren und sich manchmal auch eingestehen zu müssen, dass etwas nicht funktioniert hat, fällt schwer.

Ein bisschen leichter wird es jedoch in einem fairen, von gegenseitigem Respekt geprägten, partnerschaftlichen Austausch.

Professionalität

Zum professionellen kooperativen Arbeiten gehören transparente Absprachen, Regeln, Rollen- und Aufgabenverteilungen. Je mehr kooperierende Kräfte im Team sind, desto wichtiger sind sie. Es ergeben sich in kürzester Zeit Missverständnisse und es entsteht Unzufriedenheit, wenn Vereinbarungen nicht klar kommuniziert werden.

Persönliche Differenzen, Animositäten, Konkurrenzdenken und Missgunst sind pures Gift für eine Zusammenarbeit und haben im Setting Schule nichts verloren.

Und doch sind sie genau hier immer wieder anzutreffen, weil sie menschlich sind.

Oft erhält man den Eindruck, dass die Zusammenarbeit nur gut ist, wenn man auch in der unterrichtsfreien Zeit aufeinander gluckt und alles gemeinsam macht. Das kann sicherlich für eine gewisse Zeit die Stimmung heben und in einigen Fällen gut gehen, doch birgt eine zu enge persönliche Bindung vielfältige Gefahren für ein professionelles Miteinander, die das fragile Konstrukt Kooperation in sich zusammenstürzen lassen.

Eine klare und wertschätzende Kommunikation sowie ein von gesunder Distanz geprägter Umgang miteinander fördert Kooperation.

Kooperation in der Inklusion ist dann als erfolgreich zu bezeichnen, wenn alle Beteiligten

- die gleiche Absicht und das gleiche Ziel verfolgen, die individuelle Entwicklung und Förderung eines jeden Schülers.
- die hierbei anfallenden Anforderungen und Aufgaben gleichmäßig aufteilen.
- in ihren Kompetenzen zusammenwirken.

Gelungene Kooperationen entlasten Förderschullehrkraft und Grundschulehrkraft.

Die Verantwortung kann und darf geteilt werden und beim gemeinsamen Unterrichten besteht die Möglichkeit, Schüler intensiv zu beobachten, individuell mit ihnen zu arbeiten und neue Inspirationen für den eigenen Unterricht zu erhalten. Wenn es die Personalisierung hergibt, ist ein Klassenlehrerteam bestehend aus Förderschullehrer und Grundschullehrer sicher die Idealbesetzung und gewinnbringend für die Schüler und Lehrer.

Auch der gegenseitige Austausch von Unterrichtsmaterialien, Tricks und Tipps erleichtert den Arbeitsalltag.

Die gemeinsamen Gespräche bieten die Möglichkeit, über schwierige Situationen im Unterricht, in der Pause oder auch mit Personensorgeberechtigten zu sprechen. Dies führt zu einem vertrauensvollen Umgang, mehr Selbstsicherheit und Arbeitszufriedenheit, die dann im Unterricht den Schülern wieder zu Gute kommt.

Für die Schüler bedeutet das kooperative Unterrichten von Förderschullehrkraft und Grundschullehrkraft intensive Lernzeit, wenn z. B. in Gruppen differenziert wird oder einfach zwei Lehrer in Arbeitsphasen zur Verfügung stehen. Sie profitieren von der Methodenvielfalt und dem gemeinsamen Fachwissen. Gleichzeitig haben sie die Option, sich auf die weitere Bezugsperson in ihrem Lebensraum Schule einzulassen und so breitere emotionale und soziale Erfahrungen zu machen.

Das Aufgabengebiet des Förderschullehrers wird durch die Inklusion und die darin enthaltenen Kooperationen ausgeweitet. Vor allem im Bereich der Beratung.

Doch eine qualitativ gute Beratung nimmt viel Zeit in Anspruch. Hier bedarf es im Hinblick auf die Zuteilung sonderpädagogischer Ressourcen sicherlich einer Nachbesserung, um dem bestehenden Beratungsbedarf gerecht zu werden und die eigenen Kompetenzen zu erweitern.

Der Förderschullehrer muss äußerst flexibel sein, da er sich ständig (meist stündlich) auf neue Teampartner, Arbeitsweisen und Klassen einstellt. In einer zwei bis vierzügigen Grundschule kommen schnell ca. zehn Klassenlehrer/Kooperationspartner und ca. 250 Schüler zusammen.

Die „restlichen" Grundschullehrer des Kollegiums gilt es ebenfalls zu beraten und ein Auge auf deren Schüler zu haben.

Lehrer verfügen nicht über Superkräfte, die manchmal nötig wären, um alle an sie gestellten Erwartungen zu erfüllen. Doch bündeln sie ihre Kompetenzen und bilden starke, tragfähige Kooperationen, ist der Weg zur Inklusion bereitet.

2.7 Elternbildung – Neue Wege der Zusammenarbeit

Hier werden die persönliche Einschätzung und Position von Eltern gegenüber der schulischen Inklusion in einem Interview exemplarisch dargestellt. Im Anschluss an die Beschreibung der heterogenen Elternschaft werden notwendige Hilfestellungen zur Stärkung der Elternkompetenz und einige ganz konkrete Hinweise zum Übergang von der Kita in die Grundschule gegeben.

2.7.1 Was wollen und wünschen sich Eltern?

Die Einbindung von Kindern mit und ohne Behinderung in Kitas und Regelschulen steht ganz oben auf der gesellschaftlichen, politischen und schulischen Agenda. Fragen an betroffene Eltern sollen unsere Wahrnehmung schärfen und die Argumente für oder gegen die Inklusion im Einzelfall abwägen. Wie schätzen Eltern die aktuelle Situation der Inklusion in Deutschland ein? Hier zwei Interviews mit betroffenen Eltern.

- **Interview mit dem Vater eines Kindergartenkindes**

(Otto Band, Neurologe, Vater des Kindes, hat die folgenden Fragen schriftlich beantwortet.)

1. Können Sie ihre familiäre Situation kurz beschreiben?
Wir sind verheiratete Eltern und unsere Kinder im Alter von neun, sechs und vier Jahren leben mit uns in einer gemeinsamen eigenen Wohnung. Der Jüngste ist für sein Alter auffallend klein und motorisch sowie sehr deutlich auch sprachlich entwicklungsverzögert.

2. Was machen Sie beruflich?
Die Mutter ist als Ärztin in Vollzeit tätig und der Vater arbeitet mit geringem Pensum als Neurologe in einer Klinik.

3. Welche Aufgaben haben Sie als Eltern in der Kita übernommen?
Keine (abgesehen von der Teilnahme an Aktionstagen).

4. Könnten Sie vielleicht einige Daten und Hinweise zu ihrem Kind geben?
Der von Behinderung betroffene Vierjährige lebt glücklich mit seinen Geschwistern und macht seine sprachlichen und motorischen Entwicklungsschritte später bzw. langsamer als andere Kinder.

5. Wie verstehen sich ihr Sohn und die übrigen Geschwister?
In der Regel gut. Auf den Jüngeren wird oft Rücksicht genommen, aber es wird auch in alle Richtungen „ausgeteilt“, wenn es an der Zeit ist.

6. Welche Erfahrungen haben sie innerhalb der Gesellschaft gemacht? Stoßen sie auf Ablehnung?
Nein.

7. Finden Sie es gut und richtig, dass Eltern ein Wahlrecht haben, um zu entscheiden, wo ihr Kind hingehen soll?
Ja. Es sollte allerdings immer auch strukturiert, seriös, nach aktuellem Informationsstand vorbereitete Orientierungs- und Standortgesprächen geben.

8. Haben Sie das Gefühl, dass Ihr Kind seine Potentiale in der Regel-Kita optimal entwickeln konnte/kann?
Ja.

9. Wie stehen Sie der Idee der Inklusion gegenüber?
Eine bewusste Einstellung für Integration halte ich für angemessen. Für mich ist „Inklusion“ mehr eine ethische Haltung als eine Idee.

10. Was sollten Eltern tun, bevor sie sich für die eine oder andere Kita- oder Schulformen entscheiden?

Andere Eltern oder sogar Eltern von Kindern mit Behinderung fragen und idealerweise etwas Zeit in der Einrichtung verbringen (wie gehen die Mitarbeiter mit den Kindern um?).

11. Was müsste in den Schulen passieren, damit Inklusion gelingen kann?
Da in den Schulen anders als in Krippen oder in einer Kita neben der Vermittlung von Wissen (um soziale Beziehungen in zunehmendem Anteil auch Fähigkeiten und Faktenwissen) auch konkrete Rückmeldungen an die Schüler selbst erfolgen, sind dort mehr Vergleiche auch von Leistungen zu erwarten. Vermutlich wäre hier also intensive Begleitung zur Erfassung und Bewertung sowie das Gewähren von individuellem Unterstützungsbedarf sehr hilfreich.

Dagegen ist nach den Angaben des zuständigen Ministers im Saarland mit einer sehr geringen zusätzlichen personellen Ausstattung der Schulen (mit Inklusionspädagogen) zu rechnen (1/2 bzw. 3/2 Stellen für eine Grundschule mit acht Klassen). Die im Dienst befindlichen Lehrer (und die Lehramtsanwärter bis Ausbildungsabschlussjahr 2014) sind jedenfalls in der Regel nicht für „Inklusion" qualifiziert worden.

Ich bin sicher, dass von geistiger oder emotionaler Behinderung Betroffene vor allem durch motivierte und idealerweise auch qualifizierte Personen (die dann auch nicht hoffnungslos überlastet sein dürfen) profitieren können.

Ich selbst gehe also davon aus, dass die personellen Voraussetzungen geschaffen werden müssen.

12. Was läuft in der Inklusion zurzeit nicht besonders gut?
Als betroffener und interessierter Elternteil nehme ich es derzeit so wahr, dass noch viel im Aufbau ist. Die sicher nötigen finanziellen Ressourcen sind anders verteilt. Aktive Teilnahme und wo möglich Mitgestaltung durch Betroffene/ Eltern ist notwendig (was aber auch eine große Chance ist).

13. Was ist ihr größter Wunsch für ihren Sohn?
Das er weiter seinen Weg findet und wir ihn begleiten können.

14. Was ich noch spontan sagen und schreiben wollte:
Bislang habe ich überwiegend und teils sehr positive Erfahrungen mit Dritten im Bezug auf unsere eigenen Kinder machen können. Vor dem Hintergrund von Stigmatisierung (psychisch Kranker und geistig Behinderter) im Wandel der Zeit ist aber klar: für Toleranz und guten Umgang in einer Gesellschaft braucht es aktive Kräfte. Ich bin froh, dass Inklusion Thema ist.

- **Interview mit der Mutter eines Schulkindes**

(Frau Barbara Apel, Krankenschwester, Mutter des Kindes hat die Fragen schriftlich beantwortet.)

1. Können Sie ihre familiäre Situation kurz beschreiben?
Mein Name ist Barbara Apel. Ich bin 1974 geboren und seit 2002 mit meinem Mann Patrik verheiratet. 2004 kam unsere Tochter Ylvi mit einer angeborenen Querschnittslähmung zur Welt. Ende 2007 wurde unser Sohn Tove gesund geboren.

2. Was machen Sie beruflich?
Ich bin examinierte Krankenschwester, habe zunächst im Erwachsenenbereich auf Intensivstation und im Herzkatheterlabor gearbeitet. Seit 2009 bin ich in der mobilen Kinderpflege tätig.

3. Welche Aufgaben haben Sie als Mutter in der Schule übernommen?
Ich bin seit 2012 Schulelternsprecherin an der Förderschule meiner Tochter. Dieses Amt bereitet mir viel Freude und erfüllt mich sehr.

4. Könnten Sie vielleicht einige Daten und Hinweise zu ihrer Tochter Ylvi machen?
Ylvi wurde im Mai 2004 mit Spina bifida, Hydrocephalus und Chiari Malformation geboren. Sie hat dadurch eine hohe Querschnittslähmung und ist komplett auf den Rollstuhl angewiesen. Bis Ende 2008 musste sie sich 14 Operationen unterziehen. Entgegen allen Erwartungen hat sie sich toll entwickelt und besucht seit Sommer 2011 die Förderschule in Püttlingen Saar.

5. Wie verstehen sich ihr Sohn und ihre Tochter?

Unsere Kinder haben ein ganz normales Bruder-Schwester-Verhältnis. Wie überall fliegen auch mal die Fetzen, aber im Ernstfall halten sie dann doch immer zusammen.

Für Tove ist es ganz normal, dass seine Schwester im Rollstuhl sitzt; genauso wie es für Ylvi normal ist, dass Tove läuft. Sie kennen das nicht anders.

6. Welche Erfahrungen haben sie innerhalb der Gesellschaft gemacht? Stoßen sie auf Ablehnung?

Wir sind mit unserer Entscheidung, Ylvi auf einer Förderschule unterrichten zu lassen, oft auf Unverständnis gestoßen.

Viele verstehen inzwischen unsere Beweggründe, aber es gibt immer wieder Personen, für die Inklusion das Nonplusultra ist.

Man suggeriert der Gesellschaft, behinderte Menschen seien gleichzustellen, und es sei intolerant und nicht sozial, wenn man sie nicht in allen Bereichen des gesellschaftlichen Leben integriere.

Meiner Meinung nach ist dies eine sehr egoistische und einseitige Sichtweise von Nichtbetroffenen.

Toleranz und soziales Verhalten zeichnet sich für mich durch Akzeptanz des Einzelnen und seinen speziellen Bedürfnissen aus.

Man kann behinderte Kinder nicht in jedem Fall mit Gesunden gleich stellen.

Wie soll man einem kleinen Rollifahrer, der seinen Mitschülern in der Pause beim Fangen zuschaut oder der beim Sportunterricht am Rand steht, während die anderen dem Ball hinterherlaufen, plausibel machen, dass er gleich sei?

Ist ein pubertierender behinderter Schüler, mit dem im Schullandheim keiner das Zimmer teilen will, weil er vielleicht noch Windeln trägt, denn wirklich integriert?

Die reine Anwesenheit behinderter Kinder in Regelschulen bedeutet keines Falls, dass sie auch integriert und akzeptiert werden … im Gegenteil.

7. Finden Sie es gut und richtig, dass Eltern ein Wahlrecht haben, um zu entscheiden, wo ihr Kind hingehen soll?
Genauso wie wir für unseren gesunden Sohn später nach Vorlieben, Neigungen, Intellekt und Fleiß selbst entscheiden werden, ob Haupt-, Realschule oder Gymnasium besser für ihn geeignet ist, müssen wir auch das Recht haben, unsere beeinträchtigten Kinder je nach Ausprägung ihrer geistigen und körperlichen Einschränkungen auf für sie speziell zugeschnittene Schulen zu schicken.

8. Der Ruf in der Öffentlichkeit von Förderschulen ist nicht immer gut. Welche Erfahrungen haben Sie und ihre Familie mit der Förderschule gemacht?
Unserer Familie ist begeistert von den speziellen Rahmenbedingungen der Förderschule und der Art und Weise, wie die Schüler dort individuell nach ihren Fähigkeiten und Bedürfnissen gefördert werden.

Dazu muss man natürlich auch bereit sein, sich selbst ein Bild zu machen und die Schule zum Beispiel bei einer Veranstaltung besuchen. Nur von außen kann man sich schlecht ein Bild machen.

Der Eindruck, eine Förderschule sei eine Anstalt, in der Behinderte verwahrt oder gar vor der Gesellschaft versteckt werden, kann meiner Meinung nach nur bei Menschen entstehen, die noch nie einen Blick in eine solche Schule geworfen haben.

9. Wie erlebten Sie den Klassenverband innerhalb der Förderschule? Haben sich Freundschaften zwischen den Kindern entwickelt?
Dadurch, dass die Förderschule ein großes Einzugsgebiet hat, ist es natürlich schwierig, außerhalb der Schulzeit Freundschaften zu pflegen.

Dennoch ist der Klassenverband sehr stark und viele Freundschaften entstehen, was besonders wichtig ist, da die Erfahrung zeigt, dass es bei den Kinder doch eher selten zu engen Freundschaften in der Nachbarschaft kommt. Solange die Kinder klein sind, ist das vielleicht noch eher der Fall, aber spätestens ab der Pubertät klingelt nun mal kein Nachbarkind mehr, um gemeinsam ins Kino oder ins Schwimmbad zu gehen. Traurig, aber wahr.

Gerade die älteren Schüler, die an einer Inklusion gescheitert sind, in Regelschulen gemobbt und ausgeschlossen wurden, blühen an unserer Schule innerhalb kürzester Zeit auf, finden neue Freundschaften und teilweise auch die erste Liebe. Hier sind sie nicht der Eine unter Anderen, hier sind sie einer unter vielen. Körperliche und geistige Beeinträchtigungen fallen nicht auf, sind normal.

Der ewig Letzte und Schlechteste hat auf einmal die Chance auch einmal Erster und Bester zu sein, Erfolgserlebnisse zu haben.

10. Haben Sie das Gefühl, dass Ihr Kind seine Potentiale in der Förderschule optimal entwickeln konnte/kann?

Zu Beginn hätten wir uns nie erträumen lassen, dass Ylvi sich so positiv entwickelt.

Dazu beigetragen hat einwandfrei auch das spezielle Schulsystem der Förderschule.

Die Zeit, die man ihr lässt, das speziell geschulte Personal, die kleine Klassenstärke und die baulichen Gegebenheiten machen es möglich, dass sie ihr Potential optimal entwickeln kann.

Und der für uns wichtigste Faktor ist, dass sie gerne zur Schule geht, dort glücklich ist und viele Freunde hat … denn wie soll der Geist auch optimal gefördert werden, wenn die Seele krank ist!?!

11. Wie stehen Sie der Idee der Inklusion gegenüber?

Inklusion in einzelnen Fällen und vor allem vorrangig auf Wunsch der Kinder ist für mich absolut in Ordnung. Eine komplette Abschaffung der Förderschulen halte ich allerdings für nicht sinnvoll.

Selbst Finnland, laut EU ein Vorzeigeland in Punkto Inklusion, hat gemerkt, dass es ohne Förderschulen nicht geht. Offiziell wurden zwar alle Förderschulen geschlossen, inoffiziell wurden sie aber einfach in die Regelschulen integriert. In sogenannten „Tupa“ (was Schutzraum bedeutet) werden die Schüler, die besondere Bedingungen benötigen, in kleinen Gruppen getrennt von den Regelschülern unterrichtet. Zudem steht dort mehr Fachpersonal (Sonderpädagogen, Psychologen, Krankenpfleger) zur Verfügung, um einen optimalen Ablauf des Schulalltags zu gewährleisten.

Das finnische Modell ist für mich also nur auf dem Papier gelebte Inklusion, dennoch halte ich es für eine gute Methode und weitaus realistischer als die Wege, die bisher in Deutschland eingeschlagen werden.

12. Was sollten Eltern tun, bevor sie sich für die eine oder andere Schulform entscheiden?

Eltern sollten sich frühzeitig ein Bild sowohl von Regel- als auch von Förderschulen machen. Ein Besuch in den Schulen, um sich genau über die Möglichkeiten der Förderung und die baulichen Gegebenheiten zu informieren, sowie Gespräche mit betroffenen Eltern beider Seiten sind sicher hilfreich. Auch das Kind sollte mit dabei sein, denn so sieht man am ehesten, wo es sich wohl fühlt und wo man es sich am besten als kleinen ABC-Schützen vorstellen kann.

13. Was müsste in den Schulen passieren, damit Inklusion gelingen kann?

Wie bereits erwähnt, könnte ich mir die Umsetzung des finnischen Modells noch am ehesten vorstellen, sprich spezielle „Schutzräume", kleine Klassen, und vor allem ausreichend spezialisiertes Personal ... also eigentlich genau das, was wir in Förderschulen bereits vorfinden. Warum also diese schließen und eine neue Großbaustelle eröffnen?

14. Wie gehen ihre Familie, ihre Freunde und Verwandte damit um, dass Sie ihr Kind bewusst auf die Förderschule geschickt haben?

Familie, Freunde und Verwandte sehen, wie toll sich Ylvi durch den Besuch der Förderschule entwickelt, wie gerne sie zur Schule geht und was sie für ein glückliches Kind ist. Das allein reicht, um unsere Beweggründe zu verstehen.

15. Als Schulelternsprecherin haben Sie einen guten Draht zu den Eltern und einen guten Überblick über die aktuelle Situation in den Schulen. Was läuft in der Inklusion zurzeit nicht besonders gut?

Die soziale Entwicklung und das seelische Wohlergehen werden einfach komplett ignoriert. Nur ein zufriedenes und glückliches Kind, dem auch die Möglichkeit gegeben wird, Erfolgserlebnisse zu haben, wird sich optimal entwickeln können. Zudem hat man in Regelschulen weder ausreichend Fachpersonal noch Zeit, um sich individuell um den einzelnen Schüler zu kümmern.

16. Hat ihre Tochter Ylvi später nach der Förderschule auch die Chance, beruflich das zu machen, was sie wirklich will?

Wir sind der Meinung, dass ihr dort die Wege geebnet und Türen geöffnet werden, anhand ihrer Fähigkeiten einen schönen Beruf zu erlernen.

Frühe Berufs- und auch Alltagsorientierung haben an der Förderschule einen sehr hohen Stellenwert.

Gerade körperlich und/oder geistig behinderte junge Menschen müssen lernen, wie ihr Leben als Erwachsener aussehen soll. Nicht nur in beruflicher Hinsicht, sondern auch was die spätere Wohnsituation und das Verrichten alltäglicher Dinge angeht, werden sie hier besonders geschult und beraten.

Einen besseren Einstieg in das zukünftige berufliche und weitgehend selbstständige Leben können wir uns für Ylvi nicht vorstellen.

17. Was ist ihr größter Wunsch für ihre Tochter?

Ich wünsche mir, dass Ylvi so zufrieden und glücklich bleibt, wie sie ist, und immer die Möglichkeit haben wird, individuell ihrem Potenzial entsprechend zu lernen und zu leben.

18. Was ich noch spontan sagen und schreiben wollte:

Wir sollten die Betroffenen selbst entscheiden lassen und nicht über deren Köpfe hinweg, ohne jemals eine Förderschule samt Personal, Schüler- und Elternschaft kennengelernt zu haben.

Lasst denen doch einfach ihren Schutzraum, die ihn brauchen, um sich weiterentwickeln zu können und glücklich zu werden.

Die Antworten der beiden Elternteile stehen stellvertretend für die Polarisierung innerhalb der Elternschaft: Auf der einen Seite die Befürworter der Inklusion ohne Wenn und Aber und auf der anderen Seite die Befürworter der Förderung in den Förderschulen. Von daher ist das in allen Bundesländern festgeschriebene Wahlrecht der Eltern ein wichtiger Garant der Inklusion aus der Sicht der betroffenen Eltern und deren Kinder.

2.7.2 Zur Heterogenität der Elternschaft und wichtige Herausforderungen

Die Heterogenität innerhalb der Elternschaft hat sich in den letzten Jahren kontinuierlich erhöht. Auch hier haben wir es mit einer zunehmenden Vielfalt zu tun. Folgende Gruppen von Eltern können grob unterschieden werden:

- Erwerbstätige Eltern;
- Nichterwerbstätige Eltern mit drohender Armut;
- Alleinerziehende als immer größer werdende Gruppe;
- Patchworkfamilien;
- Eltern mit Migrationshintergrund mit Sprach- und Verständnisschwierigkeiten und der Forderung nach einer einfachen und verständlichen Sprache;
- Eltern von Kindern mit Behinderung oder mit speziellen Problemen innerhalb der Familie und im Umgang mit der Behinderung bzw. einer drohenden Behinderung;
- Eltern, die ihre Kinder vernachlässigen und sich nicht oder nur sehr spärlich um die schulischen Belange ihrer Kinder kümmern;
- Eltern, die sich übermäßig um ihre Kinder kümmern, auch wenn sie keine Probleme haben, sie in einer Schonraumatmosphäre halten und sie übermäßig behüten; Helikoptereltern, die ihre Kinder verwöhnen.

Es kann nicht als gegeben vorausgesetzt werden, dass die Zusammenarbeit zwischen Eltern und pädagogischem Fachpersonal von Wertschätzung, Transparenz und Vertrauen geprägt ist. Daran muss aktiv und professionell von Seiten der Institutionen gearbeitet werden. Eltern sind zunehmend verunsichert in Bezug auf die Erziehung ihrer Kinder, sie brauchen die Unterstützung der pädagogischen Fachkräfte und Lehrer. Insbesondere im Hinblick auf inklusive Lernkonzepte besteht große Irritation bezüglich der pädagogischen Arbeit. Eltern müssen inklusive Konzepte transparent gemacht werden, um zu verdeutlichen, dass Inklusion nicht das Wegrationalisieren von Unterschiedlichkeiten bedeutet, eine damit einhergehende Gleichbehandlung aller und letztendlich sogar ein Verlust von Bildungsqualität. Der Heterogenität von Eltern gerecht zu werden ist eine weitere Herausforderung bei der Umsetzung von Inklusion. Insbesondere die Familien, die ein besonderes Entwicklungspotenzial mitbringen, bedürfen einer intensiveren Zusammenarbeit. Es muss darum gehen, Differenzen zu erkennen und diese konstruktiv zu bearbeiten. Die Zusammenarbeit mit Migranteneltern beispielsweise bringt häufig besondere Herausforderungen mit sich und ist oft gefärbt durch einseitige, stereotype Verhaltenszuschreibungen. Sie kommen nicht zum Elternabend – also interessieren sie sich nicht für die pädagogische Arbeit (Wagner 2013, 224 f.) Die pädagogischen Fachkräfte stehen im Alltag von Kita und Schule bezüglich der Zusammenarbeit mit Eltern vor zwei entscheidenden Herausforderungen:

- Die erste Herausforderung besteht darin, die Eltern in ihrer Unterschiedlichkeit zu erkennen und zwar möglichst vorurteilsbewusst. Bildungsinstitutionen repräsentieren als gesellschaftliche Institution die Normen und Werte der Dominanzkultur. Pädagogische Fachkräfte und Lehrer vertreten meist diese Normen und Werte. Status oder Machtunterschiede wirken sich auf die Beziehungen zu Eltern und Kindern aus (Wagner, 2013, 224). Wichtig ist das Bewusstsein pädagogischer Fachkräfte dafür, dass die Beziehung zu Eltern häufig durch persönliche Emotionen gelenkt wird. Das Bewusstsein darüber erleichtert bereits einen konstruktiveren Blick. Auch hier hat die eigene bildungsbiografische Arbeit der Fachkräfte einen positiven Einfluss auf die Zusammenarbeit. Außerdem muss ein Bewusstsein dafür bestehen, dass, neben der eigenen Sozialisation und Bildungsbiografie der Eltern, die individuellen Bedürfnisse ihrer eigenen Kinder den Blick auf die jeweilige Bildungsinstitution in einem sehr subjektiven Maße beeinflussen. Das kann sich in der Zusammenarbeit schwierig gestalten. Neben Einstellungen und Haltungen beeinflussen auch die Familienkonstellation die Bedürfnisse der Eltern entscheidend. Hier ist es wichtig, dass jede Familie das Gefühl hat, in ihrer Einzigartigkeit willkommen zu sein.
- Die zweite Herausforderung ist, Eltern für die Idee und Umsetzung von Inklusion zu sensibilisieren. Hier bestehen erhebliche Unterschiede in den jeweiligen Einstellungen von Eltern, bedingt durch die verschiedenen Lebenssituationen und Bildungsbiografien. Es muss also darum gehen, die verschiedenen Ausgangspositionen zu analysieren und dementsprechend Aufklärungsarbeit zu leisten. Optimal ist es, wenn verschiedene Zugangsformen für aktive Zusammenarbeit geschaffen werden, zum Beispiel in Form

von Eltern-Cafés, Elterngesprächskreisen oder Möglichkeiten der Hospitation im Unterricht. Aufklärungsarbeit in den Bildungsinstituten ist ein unerlässlicher Schritt, wenn, neben dem Verständnis darüber, was Inklusion bedeutet, auch ein gegenseitiges Verständnis für die Lebenssituationen der jeweiligen Familien geschaffen werden soll. Hierzu müssen Begegnungsmöglichkeiten geschaffen werden, die ein Kennenlernen ermöglichen, das nach Möglichkeit professionell begleitet wird. Insbesondere der Übergang von der Kita in die Grundschule verunsichert Eltern seit der flächendeckenden Umsetzung von Inklusion. Am Ende dieses Kapitels wird darum ein Elternabend im Zuge von Kooperation Kita-Grundschule exemplarisch dargestellt.

2.7.3 Einfache Sprache

Die Kommunikation mit den Eltern findet ja meist in Form von kurzen Gesprächen zwischen Tür und Angel beim Abholen oder Bringen des Kindes oder in Form von Telefonaten bei schulischen Problemen statt. Seltener wird von den Eltern eine SMS oder eine Mail, ein kurzer Text unter die Hausaufgaben oder ins Elternheft geschrieben – sofern ein solches geführt wird. Die schriftliche Information der Eltern durch die Lehrer und die Schule findet ein oder zwei Mal pro Jahr statt bei eher offiziellen Veranstaltungen mit entsprechenden Einladungen, wie z. B. zum Elternabend, zum Sommerfest oder die Information zum geplanten Wandertag oder ein Besuch im Theater, Museum oder Zoo. Dabei übersehen wir allzu oft, dass die mündlichen und schriftsprachlichen Kompetenzen einiger Eltern in der gesprochenen und in der geschriebenen Sprache nicht ausreichen, um über diese Art der Kommunikation eine enge Zusammenarbeit eingehen zu können. Manchmal sind es auch einfach Ängste und Unsicherheiten, wie soll ich die Lehrer informieren und ansprechen. Man denke an folgende Eltern:

– zugwanderte Eltern, die meist nur die Muttersprache in der Familie sprechen und kein oder nur wenig Deutsch sprechen und verstehen; als aktuelles Beispiel kann der Zustrom syrischer oder irakischer Flüchtlinge genannt werden, deren Kinder ohne Deutschkenntnisse eingeschult werden. Wie sollen die Eltern dieser Kinder uns auch nur annähernd verstehen? Hier

müssen wir neue Wege ausdenken und gehen, wie z. B. ehrenamtliche oder professionelle Dolmetscher einzusetzen.
- Eltern mit einem sehr geringen Bildungsniveau und ohne Schulabschluss, die nur mühsam die deutsche Sprache in Wort und Schrift beherrschen und aus diesem Grunde schon nicht motiviert sind, mit den Lehrerinnen und Lehrern zu kommunizieren.
- die nicht geringe Zahl der Analphabeten unter den Eltern – mindestens 10 % der Eltern in Deutschland können nicht lesen und schreiben.

Aus dem bisher Gesagten ergibt sich die Notwendigkeit, die Eltern in angemessener Form, d. h. in einer sehr einfachen und verständlichen Sprache anzusprechen oder anzuschreiben. Wir sollten hier auch die Heterogenität der Elternschaft akzeptieren und die einzelnen Eltern nicht global und pauschal mit dem gleichen Brief „überraschen" und uns dann wundern, wenn darauf keine Reaktionen erfolgen. Wir unterstellen dann meist allzu rasch Desinteresse, in Wirklichkeit aber sind die Botschaften und der Inhalt des Briefes oder des Flyers bei den betroffenen Eltern nicht angekommen, d. h. sie konnten einfach damit nichts anfangen. Jede Schule sollte eine Arbeitsgemeinschaft (AG) „Einfache Sprache" einrichten, die sich mit dieser Thematik und Problematik auseinandersetzt. Allein schon die Sensibilisierung der Kolleginnen und Kollegen untereinander und das Bewusstsein, wir müssen sehr individuell auch an die Eltern herantreten, ist schon der Schlüssel zum Erfolg. Vielleicht finden sich ehrenamtliche Senioren und ehemalige Kollegen, die sich zusammen mit Kollegen, betroffenen Eltern und dem Träger in dieser AG zusammenfinden und mit dem Thema der einfachen Sprache in unserer Schule beschäftigen.

2.7.4 Schüler mit geistiger Behinderung als Zankapfel

Im Jahr 2014 hat die geplante Einschulung des elfjährigen Henry aus dem baden-württembergischen Walldorf in ein Gymnasien bundesweit zu einer kontrovers geführten Diskussion zwischen Anhängern und Kritikern der Inklusion geführt. Dabei kam es auch zu persönlichen Verunglimpfungen und einer sehr emotional geführten Inklusionsdebatte. Zwischen den Eltern von Schülern ohne Behinderung und den Eltern – insbesondere von Schülern mit einer geistigen Behinderung – gibt es der bisherigen Erfahrung nach erheblichen Diskussionsbedarf und die Notwendigkeit einer ruhigen und sachlichen Aufklärung. Hier sind die Schulleitung und das Kollegium der allgemeinen Schule im Vorfeld gefordert, in Gesprächen und Konferenzen eine abgestimmte Haltung und Einstellung zu erarbeiten und dann aber auch geschlossen nach außen zu vertreten. Es geht dabei um die Verunsicherungen der Lehrkräfte, die sich mit folgenden Fragen quälen:

- Bin ich als Gymnasiallehrer auf den Umgang mit einem geistig behinderten Kind vorbereitet?
- Wie soll ich mich in bestimmten Situationen des Schulalltags und im Unterricht, wie z. B. Physik oder Mathematik dem Schüler gegenüber verhalten?
- Wie kann ich didaktisch und methodisch mit dem Schüler in allen Fächern so arbeiten, dass er zufrieden ist, sich wohlfühlt und dabei noch optimal im Rahmen seiner Möglichkeiten gefördert wird?
- Welche Medien und Materialein sind auf dem Markt, um mit den geistig behinderten Kindern erfolgreich arbeiten zu können?
- Welche Möglichkeiten der Leistungsfeststellung – Notengebung, Zeugnisse, Versetzung – stehen mir zur Verfügung?

Wir sollten diese Fragen der Lehrkräfte nicht einfach unter den Teppich kehren und möglicherweise seitens des Dienstherrn mit einer dienstlichen Anordnung drohen; damit lösen wir diese prekäre Situation in der Schule nicht. Es ist nicht damit getan, dass die betroffenen Eltern behaupten, dies tut ihren Kindern gut und die bisherige Integration in der Grundschule war doch erfolgreich. Subjektive Meinungen sind wichtig, sollten aber nicht die Grundlage solch schwieriger Diskussionen und Entscheidungen sein. Wir bewegen uns hier auf sehr „dünnem Eis". Auf der einen Seite soll das Wahlrecht der Eltern respektiert und akzeptiert werden und auf der anderen Seite soll die aufnehmende Schule ohne Wenn und Aber bereit sein, das behinderte Kind aufzunehmen und optimal zu fördern.

Wir können bei den Eltern der behinderten und den Eltern der nichtbehinderten Schüler unterschiedliche Einschätzungen und Beurteilungen hinsichtlich der Inklusion beobachten. Die folgende Vier-Felder-Tafel soll kurz in die Problematik einführen und in etwa die Befragung von Eltern auf einer Skala von 1 bis 10 wiedergeben:

Eltern behinderter Kinder	Eltern nichtbehinderter Kinder
Zwei Drittel der Eltern haben eine hohe positive Bewertung des inklusiven Unterrichts – zwischen 8 und 10	Zwei Drittel haben eine eher negative Bewertung gegenüber der Inklusion zwischen 3 und 5
Ein Drittel eine eher negative Einschätzung des inklusiv ausgerichteten Unterrichts – zwischen 4 und 6	Ein Drittel eine eher positive Einschätzung der Inklusion zwischen 6 und 8

Tab.: Vierfeld-Tafel der Elterneinschätzung

2.7.5 Stärkung der Elternkompetenz – Experten und Netzwerke

- Kompetenzen der Eltern

Es wird deutlich, dass die Zusammenarbeit mit Eltern in den letzten Jahren an Bedeutung zugenommen hat. Die Umsetzung von Inklusion hat zu starken Verunsicherungen von Eltern geführt in Bezug auf die besten Bildungsmöglichkeiten ihrer Kinder. Es ist wichtig hierauf zu reagieren, denn auch die Eltern tragen entscheidend dazu bei, dass Inklusion gelingt. Von Seiten der Kitas und Schulen sollte Beratung zu den Bildungsverläufen der einzelnen Kinder stattfinden können. Das beginnt mit der Begleitung der Schulwahl, die verschiedenen Bildungsoptionen müssen Eltern transparent gemacht werden, besonders jenen, deren Kinder einen besonderen Bildungsanspruch haben. Ein wichtiges Ziel ist hierbei auch die Stärkung der Elternkompetenz als solche, gemeint ist ein kompetenzorientierter Blick darauf, was Eltern bereits mitbringen und in der Zusammenarbeit einbringen können. Dabei muss eine Haltung erkennbar sein, die wertschätzend, authentisch, selbstreflektierend und emphatisch ist. Individuell sollte jede Bildungsinstitution ihre geeignete Form der Zusammenarbeit mit Eltern entwickeln. Es gibt kein Patentrezept, das flächendeckend und erfolgreich umgesetzt werden kann. Hierzu ist eine genaue Bedarfsanalyse, eine Planung der Angebote und der Partizipation der Eltern gefragt (Wagner 2013, 238). Ganz entscheidend ist dafür die Aus- und Weiterbildung von pädagogischen Fachkräften und Lehrern bezüglich ihrer eigenen Beratungskompetenz.

Sie müssen mit Hintergrundwissen und Beratungskompetenzen ausgestattet werden. Träger sind dabei in der Verantwortung, genügend Zeit- und Geldressourcen zur Verfügung zu stellen, so dass Fort- und Weiterbildungen in diesen Bereichen stattfinden können (Lehrer-Eltern-Workshops).

- Experten und Netzwerke

Multiprofessionelle Teams müssen – wenn nicht bereits vorhanden – in den Schulen entstehen und gebildet werden. Sozialpädagogen und Schulpsychologen sollten in jeder Schule vor Ort zur Verfügung stehen. Es ist natürlich nicht möglich, das gesamte Spektrum an Beratungsbedarf von Seiten der pädagogischen Fachkräfte und Lehrer aufzufangen. Sehr hilfreich kann hier das Schaffen eines Netzwerkes mit wirksamen Hilfsangeboten sein. Exemplarisch wird an dieser Stelle das Netzwerk wirksamer Hilfen des Landkreises St. Wendel – liegt im Saarland – vorgestellt:

- Beratung: Schwangerschaft und Geburt, Vorsorge, Rat und Hilfe mit dem Sorgerecht, der Vaterschaftsanerkennung und Not- und Konfliktsituationen wie Gewaltanwendung, Migration, Gesundheit, spezielle und aktuelle Flüchtlingsprobleme, Suchtprobleme
- Betreuung und Schule: Krippe- und Kita-Platz, Grundschule, Weiterführende Schule, Förderschule, Gymnasien, Berufsbildende Schulen, Ganztagsschulen und Horte, Schulbuchausleihe, Schulschwänzen, Sitzenbleiben, Nachteilsausgleich, Schulpsychologischer Dienst bei Problemen in der Schule
- Arbeit und Ausbildung: Informationen über mögliche Berufsausbildungsgänge, duale Ausbildung in Voll- und Teilzeit, Bundesagentur für Arbeit, Ausbildungsförderung
- Bildung und Weiterbildung: Vereine in der Umgebung, Musikschulen, Freizeitangebote, Bibliotheken, Volkshochschule
- Öffentliche Leistungen: Mutterschaftsgeld, Kindergeld, Ämter und Behördengänge, Jobcenter, Wirtschaftliche Jugendhilfe, Jugendamt, Sozialamt, Bildungs- und Teilhabepaket, Fahrtkostenzzuschuss, Elternzeit, Elterngeld, Betreuungsgeld, Unterhalt, Gerichtskostenbeihilfe

Ein solches Netzwerk bietet professionelle Hilfe in allen Lebenslagen und trägt so entscheidend zur Entlastung der jeweiligen Fachkräfte vor Ort bei. Es besteht

Klarheit darüber, wo die eigenen Grenzen der Fachkräfte sich befinden, aber auch an wen in solchen Fällen verwiesen werden kann.

2.7.6 Wie Eltern den Übergang meistern

Der Übergang von der Kita in die Schule ist nicht nur für Kinder, sondern auch für Eltern eine entscheidende Veränderung in ihrem privaten und auch beruflichen Leben, wenn es um die Vereinbarkeit von Schule und Beruf geht. Eltern erleben einen Übergangsprozess und teilweise einen heftigen Rollenwechsel. Sie werden – ohne speziell darauf vorbereitet zu sein oder durch andere Personen und Institutionen darauf vorbereitet zu werden – von Kita-Eltern zu Schulkinder-Eltern. Generell fühlen sich viele Eltern in dieser Phase stark verunsichert – welche Schule soll mein Kind besuchen, ist es wirklich schon schulreif, wer wird in seiner Klasse sein und eben ganz aktuell welchen Einfluss hat ein inklusives Bildungssystem auf die Bildungsqualität? In der Kindertagesstätte stößt Inklusion meist noch auf ein größeres Verständnis, da entgegen jeglichen wissenschaftlichen Erkenntnissen die Kita nicht primär als Bildungsinstitution anerkannt ist. Das bedeutet, an dieser Stelle besteht noch nicht so stark die Befürchtung durch Inklusion könnte den übrigen Kindern ein Bildungsnachteil entstehen. In der Schule ändert sich diese Haltung sehr schnell. Dieser Einstellung kann vorgebeugt werden, indem von Beginn an, also bereits in der Phase des Übergangs aufgeklärt wird, was Inklusion bedeutet und welche Konsequenzen sie für die Gestaltung von Schule hat. Die Kooperationen zwischen Kindertagesstätten und Grundschulen, die in vielen Ländern von Seiten der Ministerien initiiert worden sind, bieten hierzu eine sehr gute Basis. Es besteht ebenso eine große Unsicherheit darüber, welche Kriterien letztendlich darüber entscheiden, ob ein Kind schulreif ist oder nicht. Für Kindertagesstätten bietet sich hier die Zusammenarbeit mit weiteren Experten an, um Eltern auch beispielsweise aus medizinischer Sicht aufzuzeigen, welche Kriterien letztendlich entscheidend sind. In der Evangelischen Kita Saarlouis finden in regelmäßigen Abständen Elternabende mit externen Referenten statt. Bezüglich der Schulreife hat es sich bewährt mit Schulmedizinern zusammenzuarbeiten. Einer von diesen Medizinern ist Dr. Ullrich aus Saarbrücken, der ein ausführliches Konzept in Bezug auf Schulreife ausgearbeitet hat. Hier wird präzise benannt, welche Kriterien tatsächlich ausschlaggebend sind.

- **Schulreifekriterien nach Dr. med. Ullrich**

Der Begriff der „Schulreife" wurde vor einiger Zeit in Deutschland ersetzt durch den Begriff der „Schulfähigkeit". Ursache war der Versuch, das Einschulalter generell zu senken, um im europäischen Raum konkurrenzfähig zu bleiben.

Mit Schulfähigkeit ist die Fähigkeit des Kindes gemeint, den Übergang in die Schule und die daraus entstehenden Herausforderungen erfolgreich zu bewältigen. Um beurteilen zu können, ob ein Kind schulfähig ist, muss der gesamte Entwicklungsstand des Kindes betrachtet werden. Irrtümlicherweise wird die kognitive Entwicklung des Kindes bei der Beurteilung der Schulfähigkeit immer noch in den Fokus gestellt. Die Schulreife ist von zwei Kriterien abhängig:

(1) von der Entwicklung des Kindes selbst

(2) von dem Schulsystem und dessen schulischen Anforderungen

Zunächst wird ein Kind mit einer Gesellschaftsgruppe eingeschult, die ein gewisses Durchschnittsalter aufweist. Das Kind wird im Schnitt die nächsten zwölf oder dreizehn Jahre mit dieser Gruppe verbringen und innerhalb dieser Gruppe wesentliche seelische und emotionale Entwicklungen vollziehen. Es ist also bei der Einschulung unbedingt auf die Altersstruktur der zukünftigen Klasse zu schauen. Ein Junge, der ein Jahr jünger ist als der Klassendurchschnitt, wird es schwer haben in die Klassengemeinschaft integriert zu werden, denn Jungen sind in ihrer gesamt Entwicklung langsamer als Mädchen. Es macht auch wenig Sinn, ein Mädchen mit sechs Jahren von der Einschulung zurückzustellen, wenn die Klasse, die sie besuchen wird, eher eine junge Klasse ist. Wird sie ein Jahr später eingeschult, ist sie deutlich älter als ihre Klassenkameraden und wird es schwer haben einen Anschluss zu finden. In den ersten sechs bis sieben Schuljahren geht es primär um das soziale Lernen. Lesen, Schreiben und Rechnen lernen sollte dabei im Idealfall nebenbei geschehen.

Im Folgenden wird beschrieben, in welchen unterschiedlichen Entwicklungsbereichen eine bestimmte Reife bestehen muss, um den Anforderungen der Schule gerecht zu werden.

– Körperliche Schulreife

Während der Vorschulzeit befinden sich die Organe des Kindes noch in der Reifung und das eigene Immunsystem wird ausgebildet. Schulreife im körperlichen Sinne bedeutet Abschluss der Organbildung und Abnahme der Infektanfälligkeit.

Es bedeutet auch die Beherrschung der Motorik zum Beispiel beim Balancieren oder Springen auf einem Bein. In Bezug auf die Feinmotorik bedeutet es eine korrekte Stifthaltung sowie knöpfen und binden zu können.

Die sprachliche Entwicklung sollte so weit vorangeschritten sein, dass die Koordination von Kehlkopf, Lippen und Zunge ausgebildet ist.

Der Zahnwechsel und der erste Wachstumsschub, der die Veränderungen der körperlichen Proportionen vom rundlichen Vorschulkind mit dem runden Kopf hin zum gestreckten Schulkind bewirkt, sollten vollzogen sein.

Außerdem ist der Fuß, das Auge und die Hand einer Körperseite führend.

Die körperliche Schulreife ist aus der Sicht vieler Mediziner die entscheidende. Ist sie nicht vorhanden, kann das Kind in der Schule nicht die Kräfte mobilisieren, die es zum Lernen braucht. Kinder, die häufig Infekte haben oder die feinmotorischen Abläufe nicht richtig beherrschen, werden es sehr schwer haben die Herausforderungen der Schule zu bewältigen.

– Sozial Schulreife

Der wichtigste Punkt ist die Fähigkeit, eine Autorität, in diesem Falle die des Lehrers, anzuerkennen. Das Kind muss dazu fähig sein, sich in eine Gruppe integrieren zu können. Die Fähigkeit, eine feste Freundschaft zu entwickeln, gehört zur sozialen Schulreife genauso, wie über Spannungen hinweg Regeln zu akzeptieren. Dabei geht es nicht darum, diese komplett zu verstehen, aber es ist unbedingt notwendig sich an Regeln halten zu können. Die vermutlich wichtigste Fähigkeit im sozialen Bereich ist die des Verlieren-Könnens.

– Seelische Schulreife

Die soziale und seelische Schulreife hängen sehr eng miteinander zusammen. Die ersten sechs bis sieben Schuljahre stehen sehr stark unter dem Einfluss dieser Entwicklung. Unter die seelische Schulreife zählt auch die Fähigkeit der

Freundschaft, die Krisen überstehen kann – hierzu muss ein gesundes Selbstbewusstsein vorhanden sein.

Entscheidend ist die Fähigkeit, sich auf neue Situationen einzulassen, zum Beispiel jeden Tag in die Schule zu gehen. Die Entwicklung eines gesunden Selbstbewusstseins spielt bei der seelischen Entwicklung eine entscheidende Rolle. Auch wenn ich mal verliere oder eine schlechte Note schreibe, ist mein Wert als Mensch nicht in Frage gestellt.

Auch die Fähigkeit des Mitleidens sollte ausgebildet sein, damit ist gemeint sich auf das Leiden eines anderen einzulassen, ihn wirklich wahrzunehmen und sich selbst in den Hintergrund zu stellen.

Das Ichbewusstsein ist auch eine Voraussetzung der Kritikfähigkeit, also der Fähigkeit, Kritik anzunehmen und Kritik zu üben.

Ein eigenes Bewusstsein darüber, ob man selbst im Recht ist oder nicht, ist ein weiteres Kriterium. Damit ist eine Art Beharrlichkeit gemeint, zum Beispiel dass das Kind, wenn es weiß, dass es im Recht ist, sich nicht verunsichern oder davon abbringen lässt.

Die seelische Schulreife ist die Entwicklung eines selbstständigen Selbstbewusstseins.

– Die Fähigkeit der Impulskontrolle

Hier geht es um die Entwicklung der Willenskräfte. Diese Kräfte bewegen Menschen dazu, etwas zu tun oder nicht zu tun. Sie stehen am Anfang jeder Aktion, sind aber nicht die Aktion an sich.

Schulreife Kinder sind in ihren Impulsen nicht von Instinkt, Trieb oder Begierde getrieben. Sie können motiviert entscheiden. Ich möchte in die Schule gehen, um Lesen zu lernen.

Sie können ihre Impulse kontrollieren, wenn etwas eher Unangenehmes von ihnen verlangt wird. „Ich möchte jetzt gerne draußen spielen, aber ich muss zuerst Hausaufgaben machen."

Die Konzentration ist eine Frage dieser Fähigkeit, es geht darum, seine Willensimpulse durch ein Motiv zu kontrollieren. Ein Schulkind hat diese Kontrolle am Anfang der Schule im Durchschnitt sieben Minuten.

Viele Schulprobleme sind vermutlich auf mangelhaft entwickelte Willenskräfte und damit einhergehende Konzentrationsprobleme zurückzuführen.

Immer weniger Kinder haben eine ausreichend entwickelte Impulskontrolle. Sie sind dadurch nicht in der Lage, den Willen bewusst auf Dinge zu richten, die sie nicht gerne machen.

– Kognitive Schulreife

Leider ist es immer noch so, dass sowohl Eltern als auch Pädagogen die Schulreife überwiegend an der kognitiven Entwicklung messen. Kann ein Kind bereits schreiben und rechnen, muss es so schnell wie möglich in die Schule. Es könnte beginnen, sich in der Kita zu langweilen. Häufig ist es so, dass diese Kinder nur gut im Malen und Wiedererkennen von Wortbildern sind und nicht wirklich schreiben oder rechnen können. Die kognitive Fähigkeit ist nur eine Fähigkeit, die entwickelt sein sollte, wenn Kinder in die Schule gehen. Hier ist ausschlaggebend, dass das Kind überhaupt kognitiv lernen kann.

Kinder im Vorschulalter lernen vorwiegend durch Nachahmung und nicht durch Verstehen. Die Fähigkeit des Nachahmens ist also ein wesentliches Schulreifekriterium. Erkennbar ist diese Fähigkeit beispielsweise bei komplexeren Rollenspielen. Eine korrekte, grammatikalisch fehlerfreie Beherrschung der Muttersprache ist ein weiteres kognitives Schulreifekriterium.

Ein beginnendes Symbolverständnis, also Interesse an Buchstaben und Zahlen, und ein differenziertes Mengenverständnis im Zahlenraum bis 10 sollte bereits vorhanden sein.

Erkennt man, dass es in vielen verschiedenen Entwicklungsbereichen Schulreifekriterien gibt, so muss man zu dem Ergebnis kommen, dass eine altersbedingte Einschulung eigentlich nicht existieren dürfte.

Die Entwicklung dieser Fähigkeiten ist absolut individuell. Hier ist die inter- und intraindividuelle Individualität zu betrachten. In einem Kind entwickeln sich die beschriebenen Fähigkeiten unterschiedlich schnell und stark. Innerhalb einer Klasse unterscheiden sich die Fähigkeiten der einzelnen Kinder stark voneinander.

Der Schweizer Kinderarzt Prof. Remo Largo hat in Langzeitstudien festgestellt, dass die Fähigkeit, Lesen und Schreiben zu lernen, in einer Spanne von vier bis zehn Jahren liegt. Das heißt, bereits Vierjährige können Symbolverständnis, Sprachfähigkeit und motorische Fähigkeiten entwickelt haben, die Voraussetzung für Lesen- und Schreibenlernen sind.

Das heißt aber auch innerhalb einer Klasse haben wir Kinder, die mit Schreiben in der Schule unterfordert sind, und solche, die damit überfordert sind, und genau hier kommt der individuelle, differenzierte Unterricht wieder zur Sprache. Nur so kann der Individualität des einzelnen Kindes entsprochen werden.

• Beispiel eines Elternabends mit Thema Übergang von der Kita in die Grundschule

Die Evangelische Kindertagesstätte Saarlouis lädt Anfang des neuen Jahres alle Eltern der zukünftigen Schulkinder in die Kindertagesstätte zu einem Schulkinderelternabend ein. Die Lehrer der kooperierenden Grundschule sind an diesem Abend ebenfalls anwesend. Gemeinsam wird das Konzept der Kooperation mit inklusivem Kontext vorgestellt.

(1) Zunächst beginnt der Abend mit der Vorstellung derjenigen, die durch den Abend moderieren. Der Ablauf des Abends wird vorgestellt.

(2) Im nächsten Schritt wird meist durch eine Power-Point-Präsentation, die viele Fotos beinhaltet, die Arbeit mit den Kindern vorgestellt. Es sollte deutlich werden, dass Lernen dann am nachhaltigsten passiert, wenn die Lernthemen an den Interessen der Kinder anknüpfen. Die Lernmethoden, die in der Kita umgesetzt werden, können an dieser Stelle angesprochen werden. Es wird jedoch immer deutlich darauf hingewiesen, dass die Vorbereitung auf die Schule mit Beginn der Kindergartenzeit beginnt. Kinder lernen beispielsweise von Anfang an ihre Bedürfnisse zu äußern und können ihren Tag weitgehend selbst gestalten.

Besonders die Kinderkonferenz als Partizipationsforum fördert die sprachliche und die Entwicklung des Selbstbewusstseins. Hier können Kinder die Woche über Themen sammeln, die sie dann in der Konferenz besprechen. Moderiert wird diese Konferenz von einem Kinderparlament, das am darauffolgenden Tag die Teamsitzung besucht und dort die Ergebnisse der Konferenz vorstellt. Es ist sehr wichtig Eltern diese Lernsettings zu erläutern, um deutlich zu machen, dass Schulvorbereitung in der ganzen Kindergartenzeit geschieht.

Im letzten Kindergartenjahr werden die Themen der Kinder aufgegriffen und in Werkstätten oder Lernstraßen bearbeitet. Diese Methoden werden den

Eltern mit vielen Fotos erläutert. Natürlich besteht jederzeit die Möglichkeit, Fragen zu stellen. Es soll den Eltern verdeutlicht werden, dass die angewandten Lernmethoden ein differenziertes, individuelles Lernen ermöglichen und dadurch alle Kinder ihre Entwicklungspotentiale optimal entwickeln können. An erster Stelle steht auch hier die Partizipation und Selbstwirksamkeit der Kinder. Sie sind an der gesamten Gestaltung ihres letzten Jahres aktiv beteiligt. Sie planen verschiedene Exkursionen, die Besuche zur Grundschule, die Abschiedsfeier und den Abschiedsgottesdienst im Sommer. Inklusion in diesem Kontext bedeutet, dass differenzierte Lernangebote geschaffen werden, durch die alle Kinder Lernerfolge erleben können, aber eben auch alle gemäß ihren Möglichkeiten gefördert werden können. Den Befürchtungen der Eltern, dass Kinder mit erhöhten Förderbedarfen die Bildungsqualität generell verringern, kann so vorgebeugt werden.

(3) Nachdem die Arbeit mit den Kindern vorgestellt worden ist, beginnen die Lehrer die inhaltliche Arbeit in der Schule vorzustellen. Es ist wichtig an dieser Stelle die Zielsetzung des Kooperationsjahres generell noch einmal zu verdeutlichen, da nicht alle Kinder in die aktiv kooperierenden Grundschulen wechseln werden. Hier bietet es sich an, die Gegebenheit der Klassenteams zu erläutern, die in den meisten Grundschulen bereits vorhanden sind. Die meisten Eltern stellen sich unter Schule noch das traditionelle Modell mit einem Klassenlehrer vor, der die Kinder unterrichtet. Von den aktuellen Klassenteams, die sich aus Lehrern, Integrationspädagogen, Integrationshelfern und diversen Praktikanten zusammensetzen, haben die meisten zumindest keine konkrete Vorstellung. Hier kann z. B. geklärt werden, was die Förderschulpädagogin in der Klasse und die Integrationshelferin mit dem behinderten Kind konkret tun dürfen und sollen und was auch nicht. Das Wissen darüber verschafft aber eine größere Sicherheit dahingehend, was ihre Kinder in der Schule erwartet, und vor allem, wie pädagogisch auf die immer größer werdende Heterogenität reagiert werden kann, Es geht in diesem Jahr darum, Kinder behutsam auf den Übergang zur Grundschule vorzubereiten, mit anschlussfähigen Lernmethoden, der Möglichkeit des behutsamem Hineinwachsens in die neue Rolle, dem Kennenlernen von Lehrern und Schulgebäuden. Dies alles sollte in gemeinsamer Zusammenarbeit der Akteure passieren, die die Kinder in die Schule entlassen, und derer, die sie dort empfangen.

3. Aktuelle Gedanken einer jungen Grundschullehrerin

Christina Sutter

Denke ich an Inklusion, so kommen mir eine Reihe von positiven Aspekten in den Sinn. Jeder Mensch, egal ob mit oder ohne Beeinträchtigung, wird überall akzeptiert und so angenommen, wie er ist: in der Schule, am Arbeitsplatz, im sozialen Umfeld und in der Freizeit. Jeder ist willkommen.

An all diese positiven Aspekte denke ich, wenn ich mich mit dem weiten Gebiet der schulischen Inklusion befasse. Allerdings birgt die inklusive Thematik immer noch einige Fragen und Ungewissheiten.

Im Juli 2015 habe ich meinen Vorbereitungsdienst für das Lehramt an Grundschulen beendet und ab September 2015 übernahm ich an einer saarländischen Grundschule die Klassenleitung einer ersten Klasse.

Ich freue mich sehr auf diese neuen Aufgaben und Herausforderungen – einerseits. Andererseits sehe ich dem kommenden Schuljahr durchaus mit gemischten Gefühlen und einer gewissen Unsicherheit entgegen.

Ich bin bereits darüber informiert, dass sich meine zukünftige 1. Klasse aus 20 Jungen und Mädchen zusammensetzt. Diese Kinder sind allesamt Individuen mit unterschiedlichem Vorwissen und differierenden (Lern-)Voraussetzungen: einige Schüler und Schülerinnen weisen einen Migrationshintergrund auf und haben noch zum Teil große Schwierigkeiten sich auszudrücken und zu verständigen, andere wiederholen die 1. Klasse. Es gibt Kinder, die bei Pflegefamilien aufwachsen und somit bereits in ihren jungen Jahren, zum Teil sehr negative und prägende Erfahrungen gemacht haben. Im Gegensatz hierzu befinden sich in der Klasse aber auch Kinder, die in ihrer Entwicklung bereits sehr weit fortgeschritten sind und sich in einigen Fächern durchaus nicht mehr auf dem Niveau eines Erstklässers befinden. Für mich ergeben sich aus dieser großen Heterogenität einige Fragen, die mir durchaus Kopfzerbrechen bereiten:

- Wie gelingt es mir, inklusiv zum Wohle aller Kinder meiner Klasse zu unterrichten, obwohl weder an der Universität noch im Vorbereitungsdienst das dringend notwendige Wissen hierfür vermittelt wurde?
- Wie kann ich den Kompetenzerwerb aller Schüler und Schülerinnen fördern, das bedeutet, sie alle mit ins „Boot zu holen", sie genau dort abzuholen, wo sie stehen und somit kein Kind zu über-, bzw. zu unterfordern?
- Welche Materialien zur Förder- und Forderung stehen mir zur Verfügung und wie setze ich diese sinnvoll und zweckmäßig ein? Hierzu gehört auch das Schreiben von Förderplänen, wobei ich hier auf die Hilfe und Unterstützung von erfahrenen Kolleginnen oder der Förderschullehrkraft angewiesen bin.
- Wie schaffe ich es Beeinträchtigungen wie z. B. ADS oder ADHS zu erkennen, LRS oder Legasthenie voneinander abzugrenzen und die notwendigen Schritte einzuleiten, um das betroffenen Kind bestmöglich zu fördern, so dass es gemeinsam mit den anderen Kindern in einer angenehmen Lernatmosphäre lernen kann?
- Gelingt die Zusammenarbeit mit der zuständigen Förderschullehrkraft und wie genau wird sich diese fachliche und zwischenmenschliche Kooperation gestalten?

Wie gehe ich jetzt also konkret vor, um all diese Fragen zu meiner Zufriedenheit und zum Wohle aller Kinder in meiner Klasse zu beantworten und somit meinen Unterricht inklusiv und lernförderlich für die gesamte Lerngruppe zu gestalten?

Im Rahmen meiner Masterarbeit habe ich mich bereits über das große Feld der Inklusion informiert und – zumindest in der Theorie – Einblick darüber erhalten, wie inklusiver Unterricht in all seiner Facettenhaftigkeit und im Idealfall ablaufen sollte.

Zusätzlich zu Informationsquellen aus der Fachliteratur ist es unumgänglich, sich mit der Schule und dem schulischen Umfeld vertraut zu machen und auseinanderzusetzen. Wird schon inklusiv gearbeitet und wenn ja, wie geht diese Arbeit vonstatten? Gibt es bereits Teams oder Ansprechpartner, deren Zuständigkeit es ist, inklusive Arbeit an der Schule voranzutreiben? Gibt es Integrationshelfer und Förderschullehrer, die die Grundschullehrer in ihrem Schulalltag unterstützen? Wie sieht diese Unterstützung konkret aus und welche Aufgaben hat beispielsweise die Förderschullehrkraft im Gegensatz zur Grundschullehrkraft?

Zudem ist auch die Zusammenarbeit zwischen den Grundschullehrern untereinander von großer Bedeutung und Wichtigkeit. Ich bin sehr froh, dass die parallel arbeitende Kollegin bereits einige Jahre als Grundschullehrerin tätig ist und mir so mit Rat und Tat zur Seite steht. Eine solche Unterstützung halte ich gerade in den ersten Berufsjahren für enorm wichtig, um sich nicht „allein gelassen" zu fühlen. Im Sinne einer derartigen Kooperation sollte auch ein stufenübergreifender Erfahrungsaustausch oder möglicherweise eine Hospitation über die inklusive Arbeit an der Schule stattfinden. Sinnvoll ist es zudem, Teams oder Arbeitsgruppen zu bilden, die ein Konzept zur bestmöglichen Umsetzung inklusiver Praxis an der Schule entwickeln und vorantreiben. Regelmäßige Zusammenkünfte sind hierbei unabdingbar.

Außerdem ist es von Vorteil, die bereits geleistete Arbeit immer wieder (kritisch) zu reflektieren und stetige Verbesserungen und Optimierungen anzustreben, auch im Hinblick auf das, was uns am meisten am Herzen liegen sollte: das Wohl unserer Schüler. Darauf sollte stets der Fokus liegen.

Des Weiteren halte ich das Besuchen von Fort- und Weiterbildungen zum Thema Inklusion für sinnvoll und dringend notwendig. Auf diese Weise können Ängste und Hemmungen, inklusiven Unterricht durchzuführen, abgebaut werden und konkrete Handreichungen erarbeitet werden, wie inklusiver Unterricht ablaufen kann. Auch von den faktischen Erfahrungen der Pilotschulen im Saarland sollte profitiert werden. Wichtig ist in diesem Rahmen auch, das Fördern und Weiterentwickeln der diagnostischen Kompetenzen der Lehrkräfte. Somit können Unsicherheiten bezüglich der Diagnose und Abgrenzung von Beeinträchtigungen wie z. B. der Lese-Rechtschreib-Schwäche und der Lese-Rechtschreib-Störung für die Lehrkräfte transparenter und anschaulich gemacht werden. Gerade in dieser Hinsicht fühle ich mich (noch) nicht ausgebildet genug, richtige und tragfähige Entscheidungen zu treffen.

Nun unterrichte ich seit knapp fünf Wochen im Schuljahr 2015/16 in meiner neuen ersten Grundschulklasse und bemerke zunehmend, dass die anfangs von mir geschilderten Unsicherheiten und Ungewissheiten in der Praxis zu noch größeren Herausforderungen werden als in der Theorie zunächst angenommen. So ist beispielsweise die Entwicklungsschere zwischen einigen Schülerinnen und Schülern weitaus größer, als ich zunächst angenommen habe:

In meiner Klasse gibt es Schülerinnen und Schüler, die bereits hervorragend lesen und schreiben können. Dann gibt es wiederum Kinder, die das Lesen und Schreiben in der Schule erlernen und hierbei mal mehr oder weniger auf Hilfe und Unterstützung durch die Lehrkraft angewiesen sind. Allerdings habe ich auch Schüler, die es nicht schaffen, trotz stundenweiser Betreuung durch eine Förderschullehrkraft und intensiver Förderung durch mich als Klassenlehrerin, sich die einzelnen Buchstaben und deren Lautierung zu merken, geschweige denn in der Lage sind, diese zu einem Wort zusammenzufügen.

Die gleiche Problematik besteht im Fach Mathematik: Viele Kinder kennen die Zahlen im Zahlenraum bis 10 und sind in der Lage, selbstständig mehr oder weniger weit zu zählen. Andere Kinder wiederum haben große Probleme beim Erwerb der Zahlwortreihe, dem Abzählen und der Benennung der fortfolgenden Zahl. Teilweise ist es diesen Kindern nicht möglich, die Zahlen von eins bis drei in der richtigen Reihenfolge zu nennen oder diesen Zahlen ihre Mengen zuzuordnen.

Zudem gibt es noch Schüler mit Migrationshintergrund, die zum Teil nur sehr schlecht oder gar kein Deutsch sprechen und die ebenfalls eine besondere Förderung benötigen.

Das Problem, das sich hieraus ergibt, liegt auf der Hand: Die Entwicklungsschere zwischen den einzelnen Schülerinnen und Schülern wird immer größer.

Wie gehe ich nun als Klassenlehrerin an diese Sache heran? Ich werde es schon aus rein zeitlichen Gründen nicht schaffen, mich so intensiv wie eigentlich notwendig um die Bedürfnisse und eine optimale Lernentwicklung eines jeden einzelnen meiner 20 Schüler zu kümmern, noch stehen mir die hierfür notwendigen differenzierten Lehrwerke zur Verfügung. Ich bin zwar sehr dankbar für die gut funktionierende Unterstützung durch eine Förderschulkollegin, aber drei Stunden in der Woche sind für eine intensive, erfolgreiche und kontinuierliche Förderung zu wenig! Dieser Missstand geht immer auf die Kosten der Schüler!

Ich bin sehr froh, Grundschullehrerin zu sein und erledige meine Aufgaben mit Freude, allerdings fühle ich mich im Moment ein wenig hilflos im Hinblick auf die Problematik. Ich möchte gerne alle Schülerinnen und Schüler mit ins Boot holen, deren individuelle Entwicklung berücksichtigen, die Heterogenität der Klasse sinnvoll nutzen, die Schüler bestmöglich fördern und fordern, ohne einzelne zu unter- bzw. zu überfordern, aber zur Zeit leuchtet mir nicht ein, wie dies zum Wohle aller Schüler gelingen soll.

Literatur

Amt für Jugend, Familie, Senioren und Soziales der Stadtverwaltung Koblenz (Hrsg.) (2012): Arbeitshilfe „Integrationshilfe an Schulen“. Koblenz.

Amtsblatt des Saarlandes (2009): Richtlinien zur Förderung von Schülerinnen und Schülern mit besonderen Schwierigkeiten beim Erlernen des Lesens und/oder Rechtschreibens, S. 1814ff.

Autorengruppe Bildungsberichterstattung (Hrsg.) (2014): Bildung in Deutschland 2014. Ein indikatorengestützter Bericht mit einer Analyse zur Bildung von Menschen mit Behinderungen. Bielefeld.

Baligand, Heike (2013): Flex und Flora. Lernpaket Deutsch. Braunschweig.

Bauer, Roland/Maurach, Jutta (2011): Einsterns Schwester 1. Lese- und Schreiblehrgang für offenes Arbeiten. Berlin.

Bayerisches Staatsministerium für Bildung und Kultus, Wissenschaft und Kunst (Hrsg.) (2013): Inklusion an Schulen in Bayern. Informationen für Beratungslehrkräfte und Schulpsychologen. München.

Bechstein Manfred (2010): Psychomotorik, Dortmund, 11 veränderte Auflage.

Bertelsmann Stiftung (Hrsg.) (2007): Von der Kita in die Schule. Gütersloh.

Beutel, Silvia-Iris/Veith, Hermann (2015): Lernen in heterogenen Gruppen. Gemeinsam Lernen 3, S. 28-33.

Beyer, Julia/Dühlmeier, Bernd (2013): Wie differenziere ich erfolgreich. Grundschule Heft 3, S. 1-16.

Boban, Ines/Hinz Andreas (Hrsg.) (2003): Index für Inklusion. Lernen und Teilhabe in Schulen der Vielfalt entwickeln. Halle.

Borchert, Johann (2007): Einführung in die Sonderpädagogik. München.

Bräu, Karin (2006): Lehrerhandeln im individualisierenden Unterricht. Vortrag auf der Konferenz „Vielfalt in der Schule: Heterogenität nutzen – individuell fördern“ in Dortmund am 22. September 2006.

Bräu, Karin (2013): Zwischen Standards und Persönlichkeit. In: Bildung SPEZIAL Heft 11, 10-11.

Bundesministerium für Familie, Senioren, Frauen und Jugend (Hrsg.) (2012): Familienreport 2012. Leistungen, Wirkungen, Trends. Berlin.

Bundesvereinigung Lebenshilfe e.V. (Hrsg.) (2014): Gesellschaftliche Teilhabesituation von Menschen mit Behinderung. Berlin.

Deutsches Institut für Medizinische Dokumentation und Information, DIMDI (Hrsg.) (2004): Internationale Klassifikation der Funktionsfähigkeit, Behinderung und Gesundheit. WHO Genf.

Deutscher Verein für öffentliche und private Fürsorge (Hrsg.) (2011): Fachlexikon der sozialen Arbeit. 7. Völlig überarbeitete und aktualisierte Auflage. Baden-Baden: Nomos Verlagsgesellschaft.

Drave, Wolfgang/Rumpler, Franz/Wachtel, Peter (Hrsg.) (2000): Empfehlungen zur sonderpädagogischen Förderung. Allgemeine Grundlagen und Förderschwerpunkte (KMK) mit Kommentaren. Würzburg.
Fritsch, Susanne (2012): Die Individualität des Kindes als pädagogische Herausforderung: Unveröffentlichte Bachelor Arbeit Koblenz 2012.
Grunefeld, Maike/Schmolke, Silke (2011): Individuelles Lernen mit System. Mühlheim an der Ruhr.
Günther, Herbert/Fritsch, Susanne (2015): Sprache und Schrift in der Kita. Weinheim und Basel.
Günther, Herbert/Trömer, Werner (2013): Lexikon: Sprachliche Bildung. Berlin.
Häcker, Thomas/Walm, Maik (Hrsg.) (2015): Inklusion als Entwicklung. Konsequenzen für Schule und Lehrerbildung. Bad Heilbrunn.
Hinz, Andreas (2008): Inklusion – historische Entwicklungslinien und internationale Kontexte. In: Hinz, Andreas/Körner, Ingrid/Niehoff, Ulrich (Hrsg.): Von der Integration zur Inklusion. Grundlagen – Perspektiven – Praxis. Marburg. S. 33-52.
Hinz, Andreas (2014): Inklusion als Nordstern und Perspektiven für den Alltag. In: Peters, Susanne/Widmer-Rockstroh, Ulla (Hrsg.): Gemeinsam unterwegs zur inklusiven Schule. Frankfurt/M. S. 18-31.
Hinz, Andreas (2009): Inklusion – massive Herausforderung für das selektive deutsche Bildungswesen. In: GGG-Journal Heft 2, S. 3-6.
Hofmann-Lun, Irene (2014): Mit der Ganztagsschule auf dem Weg zur Inklusion. Deutsches Jugendinstitut. München.
Höchst, Thomas/Masyk, Thomas (2013): Inklusion ist möglich! Erfahrungen und praktische Unterrichtsbeispiele aus dem Schulalltag einer inklusiven Gesamtschule. Hamburg.
Kocaj, Aleksander/Kuhl, Poldi/Kroth, Anna J./Pant, HansAnand/Stanat, Petra (2014): Wo lernen Kinder mit sonderpädagogischem Förderbedarf besser? Ein Vergleich schulischer Kompetenzen in der Primarstufe. In: Kölner Zeitschrift für Soziologie und Sozialpsychologie 66 S. 165-191.
Kultusministerium Sachsen-Anhalt (2013): Handreichung zur sonderpädagogischen Förderung in Sachsen-Anhalt. Magdeburg.
Landkreis St. Wendel (Hrsg.) (2013): Der Alleinerziehenden-Kompass. Netzwerke wirksamer Hilfen für Alleinerziehende. St. Wendel.
Laewen, Hans-Joachim/Andres, Beate (Hrsg.) (2002): Bildung und Erziehung in der frühen Kindheit. Weinheim und Basel.
Lerbs, Fabian (2009): Das Normalisierungsprinzip und dessen Einfluss auf den sonderpädagogischen Diskurs in der BRD. München, Ravensburg.
Mays, Daniel (2014): Förderkinder scheitern am geringen Selbstwert. In: Grundschule, Heft 10, S. 30-31.
Ministerium für Bildung und Kultur (2013): Informationen zur gemeinsamen Unterrichtung von Kindern mit und ohne Beeinträchtigungen an Regelschulen, hier: Antragsmodalitäten und Nachteilsausgleich, Saarbrücken, Mai 2013.
Ministerium für Bildung und Kultur Saarland (2013): Informationen zur gemeinsamen Unterrichtung von Kindern mit und ohne Behinderungen an Regelschulen. Saarbrücken.

Ministerium für Bildung und Kultur Saarland (2014): Arbeitsplatzbeschreibung von Förder-/Grundschullehrkraft im gemeinsamen Unterricht bei Budgetierung im Schuljahr 2014/2015. Saarbrücken.

Ministerium für Schule und Weiterbildung des Landes Nordrhein-Westfalen (Hrsg.) (2013): Arbeitshilfe: Gewährung von Nachteilsausgleichen für Schülerinnen und Schüler mit Behinderungen und/oder sonderpädagogischem Förderbedarf für die Zentralen Prüfungen 10 – Eine Orientierungshilfe für Schulen. Düsseldorf.

Montag Stiftung Jugend und Gesellschaft (Hrsg.) (2011): Inklusion vor Ort. Der Kommunale Index für Inklusion – Ein Praxishandbuch. Berlin.

Nielsen, Lilli (1992): Bist du blind? Entwicklungsförderung sehgeschädigter Kinder. Würzburg: Ed. Bentheim.

Nielsen, Lilli (1993): Das Ich und der Raum. Aktives Lernen im „Kleinen Raum". Würzburg: Ed. Bentheim.

Nielsen, Lilli (1992): Greife und du kannst begreifen. Würzburg: Ed. Bentheim.

Nielsen, Lilli (1996): Schritt für Schritt. Frühes Lernen von sehgeschädigten und mehrfach behinderten Kindern. Würzburg: Ed. Bentheim.

Niesel, Renate/Griebel, Wilfried/Netta, Brigitte (2008): Nach der Kita kommt die Schule. Mit Kindern den Übergang schaffen. Freiburg im Breisgau.

Prengel, Annedore (2014): Inklusive Bildung: Grundlagen, Praxis, Offene Fragen. In: Häcker, Thomas/Walm, Maik (Hrsg.) (2014): Inklusion als Entwicklung. Konsequenzen für Schule und Lehrerbildung. Bad Heilbrunn, S. 27-46.

Schneider, Michael (2015). Zerreißproben – Roberts Entwicklung. In: Verband Bildung und Erziehung B & E (Hrsg.): Das bildungspolitische Magazin des VBE-Bundesverbandes. Zerreißproben. Heft 2, 2015. Berlin. S. 4-8.

Seiwert, Thomas (2011): Aufgabensammlung zum Zahlenrechnen im ersten Schuljahr. Beckingen.

Sekretariat der Ständigen Konferenz der Kultusminister der Länder in der Bundesrepublik Deutschland: Empfehlungen zum Förderschwerpunkt Hören, 1996.

Sekretariat der Ständigen Konferenz der Kultusminister der Länder in der Bundesrepublik Deutschland: Empfehlungen zum Förderschwerpunkt Sehen, 1998.

Sekretariat der Ständigen Konferenz der Kultusminister der Länder in der Bundesrepublik Deutschland (2000): Empfehlungen zum Förderschwerpunkt emotionale und soziale Entwicklung.

Sekretariat der Ständigen Konferenz der Kultusminister der Länder in der Bundesrepublik Deutschland/Gemeinsame Wissenschaftskonferenz (Hrsg.) (2013): Aufstieg durch Bildung. Die Qualifizierungsinitiative für Deutschland. Bericht zur Umsetzung 2013. Berlin.

Sekretariat der Ständigen Konferenz der Kultusminister der Länder in der Bundesrepublik Deutschland (KMK) (Hrsg.) (1996): Empfehlungen zum Förderschwerpunkt Hören, Berlin.

Sekretariat der Ständigen Konferenz der Kultusminister der Länder in der Bundesrepublik Deutschland (KMK) (Hrsg.) (1996): Empfehlungen zum Förderschwerpunkt Sehen. Berlin.

Sekretariat der Ständigen Konferenz der Kultusminister der Länder in der Bundesrepublik Deutschland (KMK) (Hrsg.) (2000): Empfehlungen zum Förderschwerpunkt emotionale und soziale Entwicklung. Berlin.

Standop, Jutta (2014): Inklusion als Aufgabe der Schulentwicklung: Paradigmenwechsel in der Schule. In: Pädagogik Leben 2, S. 10-11.
Ullrich, Bernhard (2012): Schulreifekriterien: Gehaltener Vortrag in der Evangelischen Kindertagesstätte Saarlouis.
Vanier, Dietlinde H./Conrady, Peter (2013): Professionelles Differenzieren. Grundschule, Heft 3, S. 10-12.
Wagner, Petra (2001): Kinderwelten Berlin: Bildung konsequent inklusiv. Ein Interview mit Petra Wagner. In: TPS. Leben, Lernen und Arbeiten in der Kita. Inklusion statt Integration!? Ausgabe 1/2011. S. 32-35.
Wagner, Petra (2013): Handbuch Inklusion-Grundlagen vorurteilsbewusster Bildung und Erziehung. Freiburg im Breisgau.
Werning, Rolf/Arndt, Ann-Kathrin (2014): Inklusion: Kooperation und Unterricht entwickeln. Bad Heilbrunn.
Wiesner, Reinhard (2011): SGB VIII Kinder- und Jugendhilfe. Kommentar. München.
Zimmermann von, Nina/Wachtel, Peter (2013): Nachteilsausgleich aus pädagogischer Perspektive. In: SVBL Nichtamtlicher Teil, S. 449-452.

Heterogenität im Klassenzimmer

Methoden, Bespiele und Übungen zur Menschenrechtsbildung

Fühlen Sie sich als Pädagogin oder Pädagoge auch wenig vorbereitet auf die „Pluralität im Klassenzimmer“? Nehmen Sie verstärkt diskriminierendes, gewaltförmiges Geschehen in Ihrer Lerngruppe wahr? Sind Sie mit antisemitischen, islamfeindlichen und antihomosexuellen Verhaltensweisen konfrontiert und tun Sie sich schwer damit, das Geschehen einzuordnen und entsprechende Handlungsoptionen zu entwickeln?

In diesem Buch werden Ideen und Erfahrungen präsentiert, wie eine Auseinandersetzung mit Heterogenität im Klassenzimmer aussehen kann. Die Autoren reflektieren Alltagssituationen im pädagogischen Raum, strukturieren diese und entwickeln Handlungsoptionen für Ihren (Schul)Alltag. Die theoriegeleiteten Analysen der pädagogischen Praxis sind mit zahlreichen methodischen Anregungen gespickt und bieten erprobte Handlungsempfehlungen aus der Praxis für Ihre Praxis.

ISBN 978-3-95414-041-1, 208 S., € 22,80

Die Autoren

Christa Kaletsch
M.A. Fachjournalismus Geschichte, Trainerin, Beraterin und Programmentwicklerin in den Bereichen konstruktive Konfliktbearbeitung, Mediation, Partizipation und Zivilcourage.

Stefan Rech
M.A. Kulturanthropologe, Mediator und Dialogprozessbegleiter. Seit 15 Jahren freier Trainer, Konzeptentwickler und Berater für Demokratiepädagogik in der schulischen und außerschulischen Bildungsarbeit.

debus PÄDAGOGIK

Adolf-Damaschke-Str. 10, 65824 Schwalbach/Ts.
Tel.: 06196/86065, Fax: 06196/86060
info@debus-paedagogik.de
www.debus-paedagogik.de